新世纪高职高专
汽车运用与维修类课程规划教材

汽车单片机
与局域网技术

第二版

主　编　刘　岩　冯　琳
副主编　郭雯雯　郭金元
主　审　李文涛

大连理工大学出版社

图书在版编目(CIP)数据

汽车单片机与局域网技术 / 刘岩，冯琳主编. -- 2版. -- 大连：大连理工大学出版社，2021.11(2025.1重印)
新世纪高职高专汽车运用与维修类课程规划教材
ISBN 978-7-5685-2881-8

Ⅰ. ①汽… Ⅱ. ①刘… ②冯… Ⅲ. ①汽车－微控制器－高等职业教育－教材②汽车－局域网－高等职业教育－教材 Ⅳ. ①U463.6

中国版本图书馆CIP数据核字(2021)第000414号

大连理工大学出版社出版

地址：大连市软件园路80号　邮政编码：116023
营销中心：0411-84707410　84708842　邮购及零售：0411-84706041
E-mail:dutp@dutp.cn　URL:https://www.dutp.cn
大连图腾彩色印刷有限公司印刷　　大连理工大学出版社发行

幅面尺寸：185mm×260mm　印张：10.75　字数：262千字
2016年3月第1版　　　　　　　　2021年11月第2版
2025年1月第2次印刷

责任编辑：康云霞　　　　　　　　　　　责任校对：唐　爽
　　　　　　　　　封面设计：张　莹

ISBN 978-7-5685-2881-8　　　　　　　　定　价：36.80元

本书如有印装质量问题，请与我社营销中心联系更换。

前　言

《汽车单片机与局域网技术》(第二版)是新世纪高职高专教材编审委员会组编的汽车运用与维修类课程规划教材之一。

本教材根据高职高专院校汽车专业"汽车单片机与局域网技术"课程教学的基本要求,结合本课程教学改革的实践经验,为适应高职高专教育的需要编写而成。

本教材在编写过程中力求突出以下特色:

1. 以项目为导向,以实践引领为教学目标

本教材内容设计遵循"能力渐进"的学习规律,从汽车单片机基本知识到实际编程和烧录,到由单片机为核心部件的汽车电脑的原理与检修,再到由多个汽车电脑构成的车载局域网的工作原理与检修,内容设计由简单到复杂。为了提高学生的动手能力而引入项目化教学方法,将汽车单片机与局域网技术分解成若干小项目,形成配套的项目体系;再以维修案例进行任务驱动,达到解决实际问题的能力。

2. 引入常见车型中的真实案例,校企"双元"育人

教材中引用大众车系、奥迪车系、丰田车系、通用车系常见车型的故障实例,介绍了故障诊断的思路,充分调动学生的积极性。

3. 创新"纸质教材+多媒体平台"的新形态一体化教材体系

本教材以"互联网"技术为支撑,创新"纸质教材+多媒体平台"的新形态一体化教材体系,以满足"互联网+职业教育"的新需求。教材中以二维码形式嵌入课程微视频,网站资源涵盖教学设计、课件等资源,读者可登录职教数字化服务平台下载。

4. 以"立德树人"为根本任务,"德+技"并修双育人

本教材在遵循思想政治工作规律、教书育人规律和学生成长规律的基础上,将教育内容从知识维度、能力维度深入到价值维度。以"立德树人"为根本任务,将学生实践从"小我"融入"大我"的过程确定为素质目标。"小我"是指学生要具备"工程思维和工匠精神",在实践过程

中,将"工程思维和工匠精神"所必备的"匠心、专注、标准、精准、创新、完美"的品质融合到基本知识传授中。"大我"是指具有担当和奉献精神,在工作中做到恪尽职守、热爱劳动、乐于奉献,在社会中要诚实守信,做到内化于心、外化于行,在与人交往中做到相互尊重、团结协作。将"爱国、敬业、诚信、友善"的价值观融入学生能力培养,让学生在掌握知识、实践技能的过程中践行社会主义核心价值观,实现"德+技"并修双育人。

本教材共包括4个单元。第1单元为汽车单片机基础,主要内容有汽车单片机基本知识、寻址方式、指令系统、程序设计、实际程序编写和烧录;第2单元为汽车电脑原理,主要内容有汽车电脑介绍、汽车电脑内部电路分析、汽车电脑的检修、汽车电脑软件程序的检修(读写);第3单元为车身总线系统,主要内容有车身总线基础、CAN总线、LIN总线、车载MOST总线系统、车载蓝牙系统、车载VAN总线系统和车载LAN总线系统以及实例故障检测;第4单元为典型汽车车载网络系统原理与实例,主要内容有大众车系CAN总线、奥迪车系车载网络系统、丰田车系车载网络系统、通用车系车载网络系统、汽车车载网络系统常见故障及诊断,用于提高学生们的实践能力。

本教材由大连职业技术学院刘岩、冯琳任主编;大连职业技术学院郭雯雯、武汉船舶职业技术学院郭金元任副主编;大连太乙汽车服务有限公司王飞飞任参编。其中,第1,2单元由刘岩编写;第3单元由冯琳编写;第4单元由郭雯雯、郭金元编写;微课视频制作由王飞飞指导完成。全书由刘岩负责统稿。河北机电职业技术学院李文涛担任主审,提出了中肯的建议,在此表示感谢!

在编写本教材的过程中,我们参考、引用和改编了国内外出版物中的相关资料以及网络资源,在此对这些资料的作者表示深深的谢意!请相关著作权人看到本教材后与出版社联系,出版社将按照相关法律的规定支付稿酬。

由于作者水平有限,书中仍可能存在错误和疏漏之处,恳请读者批评指正。

编 者
2021年11月

所有意见和建议请发往:dutpgz@163.com
欢迎访问职教数字化服务平台:https://www.dutp.cn/sve/
联系电话:0411-84707424　84708979

目 录

第1单元 汽车单片机基础 ·· 1
  1.1 汽车单片机基本知识 ·· 1
    1.1.1 计算机运算基础——数制 ·································· 1
    1.1.2 汽车单片机结构 ·· 4
    1.1.3 汽车单片机工作过程 ······································ 17
  1.2 汽车单片机寻址方式 ·· 20
  1.3 汽车单片机指令系统 ·· 22
    1.3.1 汽车单片机指令符号说明 ································ 22
    1.3.2 数据传送类指令 ·· 23
    1.3.3 算术运算类指令 ·· 27
    1.3.4 逻辑运算及移位类指令 ···································· 30
    1.3.5 控制转移类指令 ·· 32
    1.3.6 常用伪指令 ·· 37
  1.4 汽车单片机程序设计 ·· 39
  1.5 项目实践:流水灯电路板的焊接和程序编写及烧录 ·········· 42
    1.5.1 流水灯电路板的焊接 ······································ 42
    1.5.2 流水灯程序的编写 ··· 47
    1.5.3 流水灯程序的烧录 ··· 60
  思考与练习 ·· 60

第2单元 汽车电脑原理 ··· 62
  2.1 汽车电脑介绍 ··· 62
  2.2 汽车电脑内部电路分析 ·· 68
  2.3 汽车电脑的检修 ·· 73
    2.3.1 汽车电脑常见故障和检修方法 ························· 73
    2.3.2 汽车电脑维修实例 ·· 74
  2.4 汽车电脑软件程序的检修(读写) ································ 75
  2.5 项目实践:玛瑞利单点喷射系统 ECU 的 CPU 编程 ········ 78
  思考与练习 ·· 80

第3单元 车身总线系统 ··· 81
  3.1 车身总线基础 ··· 82
    3.1.1 总线的概念与作用 ·· 82
    3.1.2 总线系统常用术语 ·· 86
  3.2 CAN 总线 ·· 89
    3.2.1 CAN 总线构成 ··· 89

3.2.2 高速 CAN 系统 ··· 92
3.2.3 高速(驱动)CAN 总线的波形分析 ··· 94
3.2.4 低速 CAN 系统 ··· 98
3.2.5 低速 CAN 总线的波形分析 ··· 99
3.3 LIN 总线 ··· 106
3.4 车载 MOST 总线系统 ··· 108
3.5 车载蓝牙系统 ··· 110
3.6 车载 VAN 总线系统和车载 LAN 总线系统 ··· 114
3.7 项目实践:CAN 总线的波形和终端电阻测量方法 ··· 117
思考与练习 ··· 122

第 4 单元　典型汽车车载网络系统原理与实例 ··· 123
4.1 大众车系 CAN 总线 ··· 123
4.1.1 大众车系 CAN 总线简介 ··· 123
4.1.2 检修大众车系 CAN 总线故障 ··· 127
4.1.3 故障诊断案例 ··· 130
4.2 奥迪车系车载网络系统 ··· 131
4.2.1 奥迪 A6 轿车车载网络系统简介 ··· 131
4.2.2 奥迪 A6 轿车网络故障维修实例 ··· 136
4.3 丰田车系车载网络系统 ··· 137
4.3.1 丰田车系车载网络系统简介 ··· 137
4.3.2 雷克萨斯轿车网络系统 ··· 140
4.3.3 丰田凯美瑞轿车网络系统 ··· 143
4.3.4 丰田锐志轿车车身网络系统 ··· 143
4.3.5 丰田凯美瑞 CAN 网络通信故障实例 ··· 147
4.4 通用车系车载网络系统 ··· 150
4.4.1 通用车系车载网络系统简介 ··· 150
4.4.2 别克君威 Class-2 串行通信网络 ··· 151
4.4.3 别克荣御轿车车载网络系统 ··· 153
4.4.4 别克轿车故障实例 ··· 156
4.5 汽车车载网络常见故障及诊断 ··· 157
4.5.1 汽车电源系统故障机理及实例 ··· 157
4.5.2 节点故障机理及实例 ··· 158
4.5.3 链路故障及实例 ··· 159
4.5.4 车载网络传输系统的基本诊断步骤和检测方法 ··· 160
4.6 项目实践:上海别克 GL 轿车 ABS 报警灯亮故障 ··· 161
思考与练习 ··· 162

参考文献 ··· 164

数字资源列表

序号	名称	页码	序号	名称	页码
1	单片机在汽车电子控制系统中的应用	5页	26	高速CAN数据总线上的电控单元	93页
2	汽车单片机结构	5页	27	高速CAN总线的数据传输	93页
3	汽车单片机工作过程	17页	28	高速CAN总线正常波形分析	94页
4	汽车电脑组成	63页	29	高速CAN故障波形一:CAN-H与CAN-L短路波形分析	95页
5	汽车电脑的特点	68页	30	高速CAN总线故障波形二:CAN-H对正极短路波形分析	95页
6	汽车ECU的常见故障	73页	31	高速CAN总线故障波形三:CAN-H对地短路波形分析	96页
7	汽车电脑检修方法	74页	32	高速CAN总线故障波形四:CAN-L对地短路波形分析	96页
8	数据总线概念	82页	33	高速CAN总线故障波形五:CAN-L对正极短路波形分析	97页
9	汽车数据总线传输介质	83页	34	高速CAN总线故障波形六:CAN-H断路波形分析	97页
10	车载网络系统组成	84页	35	高速CAN总线故障波形七:CAN-L断路波形分析	98页
11	网关	85页	36	低速CAN总线构成	98页
12	局域网概念	86页	37	低速CAN总线正常波形分析	100页
13	多路传输	86页	38	低速CAN总线故障波形一:CAN-H与CAN-L之间短路波形分析	100页
14	模块/节点	86页	39	低速CAN总线故障波形二:CAN-H对地短路波形分析	101页
15	总线型拓扑结构	88页	40	低速CAN总线故障波形三:CAN-H对正极短路波形分析	101页
16	星型拓扑结构	88页	41	低速CAN总线故障波形四:CAN-L对地短路波形分析	102页
17	环型拓扑结构	88页	42	低速CAN总线故障波形五:CAN-L对正极短路波形分析	102页
18	车载网络结构	89页	43	低速CAN总线故障波形六:CAN-L断路波形分析	103页
19	CAN总线结构	89页	44	低速CAN总线故障波形七:CAN-H断路波形分析	103页
20	信息交换过程	90页			
21	数据发送过程	90页			
22	数据接收过程	90页			
23	网络传输协议	91页			
24	CAN总线数据传输特点	91页			
25	传输仲裁	91页			

续表

序号	名称	页码	序号	名称	页码
45	低速 CAN 总线故障波形八:CAN-H 对正极通过连接电阻短路波形分析	104 页	66	高速 GM-LAN 通信网络结构和数据传输特点	117 页
46	低速 CAN 总线故障波形九:CAN-H 通过连接电阻对地短路波形分析	104 页	67	中速 GM-LAN 通信网络结构和数据传输特点	117 页
47	低速 CAN 总线故障波形十:CAN-L 对正极通过连接电阻短路波形分析	105 页	68	低速 GM-LAN 通信网络结构和数据传输特点	117 页
48	低速 CAN 总线故障波形十一:CAN-L 通过连接电阻对地短路波形分析	105 页	69	CAN 网络波形拾取与分析	117 页
49	低速 CAN 总线故障波形十二:CAN-H 与 CAN-L 之间通过连接电阻短路波形分析	106 页	70	网络电阻的测量	120 页
50	LIN 总线构成	106 页	71	大众车系总线构成形式	123 页
51	LIN 总线特点	107 页	72	大众车系驱动 CAN 总线系统组成和数据传输特点	125 页
52	LIN 总线信号波形	107 页	73	大众车系舒适 CAN 总线系统组成和数据传输特点	126 页
53	MOST 总线的特点	108 页
54	MOST 总线的组成	109 页	74	大众车系信息 CAN 总线系统组成和数据传输特点	126 页
55	MOST 数据传输特点	109 页	75	大众车系总线颜色介绍	127 页
56	MOST 总线在汽车上的应用	109 页	76	LIN 总线在汽车上的应用	128 页
57	通用 MOST 网络结构	110 页	77	检测 CAN 数据总线波形	129 页
58	蓝牙系统的特点	111 页	78	LIN 网络波形拾取	130 页
59	车载蓝牙系统的组成	111 页	79	大众车系网络故障实例	130 页
60	蓝牙数据传输特点	111 页	80	通用车系网络组成形式	153 页
61	蓝牙技术在汽车上的应用	112 页	81	通用车系网络故障实例	156 页
62	典型汽车车载网络系统课程	112 页	82	汽车电源系统故障机理	157 页
63	LAN 总线系统结构	116 页	83	节点故障机理	158 页
64	LAN 的数据传输	116 页	84	链路故障机理	159 页
65	LAN 总线在汽车上的应用	116 页	85	车载网络传输系统的基本诊断步骤	160 页

第 1 单元

汽车单片机基础

教学目标

一、知识目标
1. 了解汽车单片机的结构和工作过程。
2. 熟悉汽车单片机的寻址方式。
3. 掌握汽车单片机的指令系统。

二、技能目标
1. 会汽车单片机程序的识读。
2. 会汽车单片机的实际编程和烧录。

1.1 汽车单片机基本知识

1.1.1 计算机运算基础——数制

常用的数制有十进制、二进制和十六进制。单片机通常能处理的是二进制数据,而我们熟悉的是十进制数据。所以必须对常用的几种数制进行转化。下面对这几种数制进行介绍。

一、数制基本知识

1. 十进制 ND(简化符号是 D)

十进制有 10 个数码:0~9,进率是逢十进一。

例:$1234.5 = 1 \times 10^3 + 2 \times 10^2 + 3 \times 10^1 + 4 \times 10^0 + 5 \times 10^{-1}$。

按权展开式以 10 为基数,各位系数为 0~9。

一般表达式为
$$ND = d_{n-1} \times 10^{n-1} + d_{n-2} \times 10^{n-2} + \cdots + d_0 \times 10^0 + d_{-1} \times 10^{-1} + \cdots$$

2. 二进制 NB(简化符号是 B)

二进制有两个数码:0、1,进率是逢二进一。

例:$1101.101 = 1 \times 2^3 + 1 \times 2^2 + 0 \times 2^1 + 1 \times 2^0 + 1 \times 2^{-1} + 0 \times 2^{-2} + 1 \times 2^{-3}$。

按权展开式以 2 为基数,各位系数为 0、1。

一般表达式为
$$NB = b_{n-1} \times 2^{n-1} + b_{n-2} \times 2^{n-2} + \cdots + b_0 \times 2^0 + b_{-1} \times 2^{-1} + \cdots$$

3. 十六进制 NH(简化符号是 H)

十六进制有 16 个数码:0~9、A~F,进率是逢 16 进一。

例:$DFC.8 = 13 \times 16^2 + 15 \times 16^1 + 12 \times 16^0 + 8 \times 16^{-1}$。

按权展开式以 16 为基数,各位系数为 0~9、A~F。

一般表达式为
$$NH = h_{n-1} \times 16^{n-1} + h_{n-2} \times 16^{n-2} + \cdots + h_0 \times 16^0 + h_{-1} \times 16^{-1} + \cdots$$

二、不同数制之间的转换

1. 二进制数与十进制数相互转换

十进制数转换成二进制数时,由于整数和小数的转换方法不同,所以先将十进制数的整数部分和小数部分分别转换后,再加以合并。

(1)十进制整数转换为二进制整数

十进制整数转换成二进制整数,只要把十进制数依次除以 2 并记下每次所得的余数,所得的余数倒向排列即相应的二进制数,即"除 2 取余"法。

例:把十进制数 25 转换成二进制数。

```
2|25
2|12    ... 1
2|6     ... 0
2|3     ... 0
2|1     ... 1
  0     ... 1
```

所以,$(25)_{10} = (11001)_2$。

(2)十进制小数转换为二进制小数

十进制小数转换成二进制小数采用"乘 2 取整,顺序排列"法。具体做法是:用 2 乘十进制小数,可以得到积,将积的整数部分取出,再用 2 乘余下的小数部分,又得到一个积,再将积的整数部分取出,如此进行,直到积中的小数部分为零,此时 0 或 1 为二进制的最后一位。或者达到所要求的精度为止。

把取出的整数部分按顺序排列起来,先取的整数作为二进制小数的高位有效位,后取的整数作为低位有效位。

例：$(0.625)_{10} = (0.101)_2$。

$0.625 \times 2 = 1.25$ …… 取出整数部分 1
$0.25 \times 2 = 0.5$ …… 取出整数部分 0
$0.5 \times 2 = 1$ …… 取出整数部分 1

例：$(0.7)_{10} = (0.101100110)_2$。

$0.7 \times 2 = 1.4$ …… 取出整数部分 1
$0.4 \times 2 = 0.8$ …… 取出整数部分 0
$0.8 \times 2 = 1.6$ …… 取出整数部分 1
$0.6 \times 2 = 1.2$ …… 取出整数部分 1
$0.2 \times 2 = 0.4$ …… 取出整数部分 0
$0.4 \times 2 = 0.8$ …… 取出整数部分 0
$0.8 \times 2 = 1.6$ …… 取出整数部分 1
$0.6 \times 2 = 1.2$ …… 取出整数部分 1
$0.2 \times 2 = 0.4$ …… 取出整数部分 0

（3）二进制数转换为十进制数

把二进制数按位权展开，利用十进制数运算法则求和，即可得相应的十进制数。

例：把二进制数 11101110.01 转换为十进制数。

$(11101110.01)_2 = 1 \times 2^7 + 1 \times 2^6 + 1 \times 2^5 + 0 \times 2^4 + 1 \times 2^3 + 1 \times 2^2 + 1 \times 2^1 + 0 \times 2^0 + 0 \times 2^{-1} + 1 \times 2^{-2} = (238.25)_{10}$

2. 十六进制数与十进制数之间的转换

十进制数转换为十六进制数的方法和十进制数转换为二进制数的方法类似，只要将基数 2 换成 16 即可，即整数部分用"除 16 取余"，小数部分用"乘 16 取整"。把十六进制数按位权展开，利用十进制数运算规则求和，则可得相应的十进制数。

例：将十六进制数 FA 转换成十进制数。

$(FA)_{16} = 15 \times 16^1 + 10 \times 16^0 = (250)_{10}$

3. 二进制数和十六进制数之间的转换

1 位十六进制数需要 4 位二进制数表示。

例：将十六进制数 8E 转换为二进制数。

$(8E)_{16} = (10001110)_2$

例：将二进制数 10110101 转换为十六进制数。

$(10110101)_2 = (B5)_{16}$

为了区别不同的数制，通常还可以在数字后面加上一个后缀，B 表示二进制，H 表示十六进制。

三、各数制的对应关系

各数制的对应关系见表1-1。

表1-1　　　　　各数制的对应关系

十进制	二进制	十六进制
0	0000	0
1	0001	1
2	0010	2
3	0011	3
4	0100	4
5	0101	5
6	0110	6
7	0111	7
8	1000	8
9	1001	9
10	1010	A
11	1011	B
12	1100	C
13	1101	D
14	1110	E
15	1111	F

1.1.2　汽车单片机结构

汽车ECU作为车载网络的智能设备起着重要的作用,它主要以大规模集成芯片以及外部电路的形式进行应用,因此,必须先了解单片机的基本知识。

一、单片机的概念

单片机是单片微型计算机的简称,是微型计算机的一个重要分支,常用英文单词Micro Control Unit(微控制单元)的缩写MCU表示单片机。单片机是将中央处理器(CPU)、存储器(ROM和RAM)、实时控制器件(定时器/计数器)、输入/输出接口电路(I/O接口)都集成到一块集成电路芯片上的微型计算机。组成框图如图1-1所示。

早期的单片机都是8位或4位的。其中最成功的有Intel的8031,因为简单可靠、性能不错而获得了很多好评。此后在8031基础上发展出了MCS-51系列单片机系统。基于这一系统的单片机系统直到现在还在广泛使用。随着工业控制领域要求的提高,开始出现了16位单片机,但因为性价比不理想并未得到很广泛的应用。20世纪90年代后随着消费类电子产品大发展,单片机技术得到了很大提高。随着Intel i960系列特别是后来的ARM系列的广泛应用,32位单片机迅速取代16位单片机的高端地位,并且进入主流市场。而传统的8位单片机的性能也得到了飞速提高,处理能力比起20世纪80年代提高了数百倍。目

第1单元　汽车单片机基础

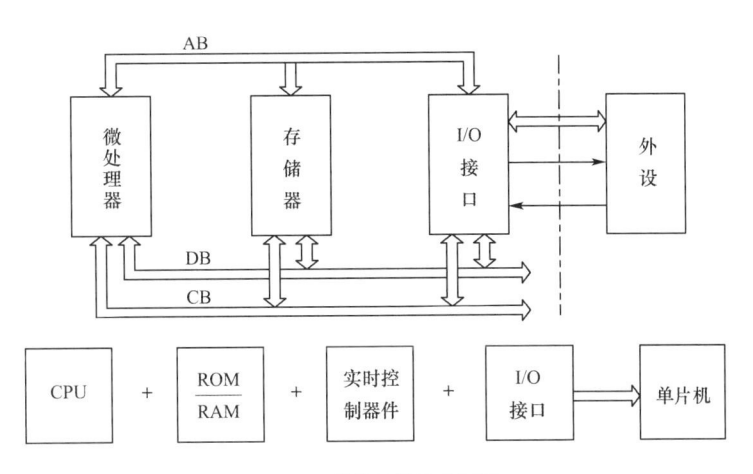

图 1-1　单片机的组成框图

前,高端的 32 位单片机主频已经超过 300 MHz,性能直追 20 世纪 90 年代中期的专用处理器,而普通的型号出厂价格跌落至 1 美元,最高端的型号也只有 10 美元。当代单片机系统已经不再只在裸机环境下开发和使用,大量专用的嵌入式操作系统被广泛应用在全系列的单片机上。而作为掌上电脑和手机核心处理的高端单片机甚至可以直接使用专用的 Windows 和 Linux 操作系统。

二、单片机在汽车电子控制系统中的应用

在现代汽车中,电子设备比比皆是,其控制装置中的单片机既有功能强大的 16 位机和 32 位机,也有低性能的 8 位机。

现代汽车发动机的功能越来越完善,其控制系统也越来越复杂,它需要不断地采集各个传感器的信息,按照预定的程序进行实时计算,因而对单片机的运算速度、数据字长、与外部设备的接口等方面不断提出新的要求。目前,发动机控制系统内单片机的总线频率已经提高到几十兆赫兹,机型多为 16 位机或 32 位机。

单片机在汽车电子控制系统中的应用

车身电子系统大量采用电子技术,其目标是提高驾驶舒适程度并为驾驶员提供车况信息。如空调系统、座椅调节系统、电动车窗、电动后视镜等,这些应用系统通常以较低的速率进行数据传输,但要求有大电流驱动模块来驱动电动机和执行机构。由于控制对象数目众多,必须考虑成本,因而廉价的 8 位控制器就成了首选。

另外,随着汽车上电子控制单元的增多,为易于布线和抗干扰,以及在各控制单元之间快速地传输信息,网络技术已成为有效的手段。

三、单片机的结构

以 MCS-51 系列单片机为例介绍单片机的结构。MCS-51 系列单片机包括 8031、8051、8751 等型号,其代表型号是 8051。主要以 8051 单片机的代表来介绍 MCS-51 系列单片机的基本知识。8051 单片机的组成结构如图 1-2 所示。它由中央处理器、存储器和输入/输出设备三大基本单元组成。各部分介绍如下:

汽车单片机结构

— 5 —

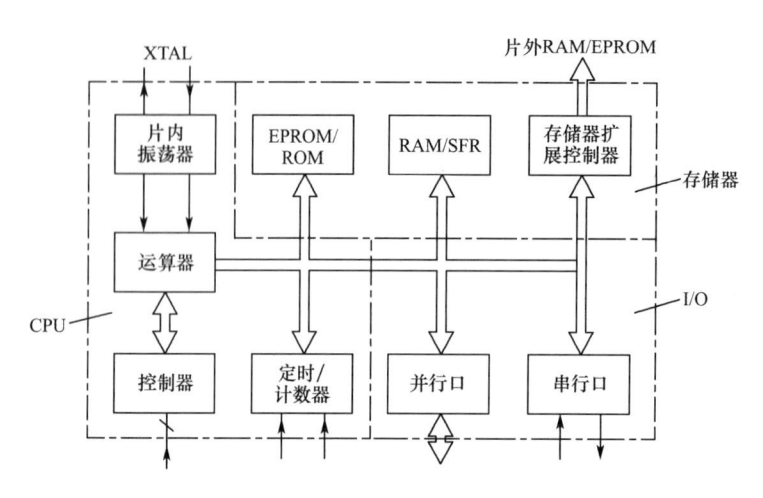

图 1-2　8051 单片机的组成结构

1. 8 位中央处理器 CPU

中央处理器是 MCS-51 系列单片机的核心,完成运算和控制操作。故 CPU 由运算器和控制器两大部分组成。

(1)运算器。该模块的功能是实现数据的算术运算、逻辑运算、位变量处理和数据传送等操作。它由算术逻辑部件 ALU、位处理器、累加器 A、寄存器 B、暂存器以及程序状态寄存器 PSW 等组成。ALU 的功能十分强大,它不仅可对 8 位变量进行逻辑"与""或""异或"、循环、求补和清零等基本操作,还可以进行加、减、乘、除等基本运算。ALU 还具有一般的计算机 ALU 所不具备的功能,即位处理操作,它可以位(bit)变量进行处理,如置位、清零、求补、测试转移及逻辑"与""或"等操作。由此可见,ALU 在算术运算及控制处理方面能力是很强的。累加器 A 是一个 8 位累加器,从功能上看,它与一般计算机的累加器相比没什么特别之处,但需要说明的是 A 的进位标志 Cy 是特殊的,因为它同时又是位处理器的一位累加器。寄存器 B 是为执行乘法和除法操作设置的,在不执行乘、除法操作的一般情况下可把它当作一个普通寄存器使用。MCS-51 的程序状态寄存器 PSW 是一个 8 位可读写的寄存器,它的不同位包含了程序状态的不同信息,掌握并牢记 PSW 各位的含义是十分重要的,PSW 各位的定义如下:

	D7	D6	D5	D4	D3	D2	D1	D0
PSW	Cy	AC	F0	RS1	RS0	OV	—	P

PSW 位于单片机片内的特殊功能寄存区,字节地址为 D0H。PSW 的不同位包含了程序运行状态的不同信息,PSW 中各个位的功能如下:

①Cy(PSW.7)进位标志位。用于表示加法运算中的进位和减法运算中的借位,加法运算中最高位有进位或减法运算中最高位有借位时,则 Cy 位置 1,否则为 0。Cy 位是累加器的进位、借位标志。对于无符号数的运算,Cy 位就可以表示其是否溢出。但如果是有符号数,则不能按 Cy 标志来判断。

②AC(PSW.6)辅助进位标志位。在执行加法和减法运算时,当低半个字节向高半个字节有进位或借位时,AC 标志位被置 1,否则被清零。在 BCD 码运算时,它用作十进制调整,同 DA 指令结合起来使用。

③F0(PSW.5)标志位。它是用户使用的一个状态标志位,可用软件来使它置1或清0,也可由指令来测试它,由测试结果控制程序的流向。

④RS1、RS0(PSW.4、PSW.3)。4组工作寄存器区选择控制位1和位0。这两位用来选择4组工作寄存器区中的哪一组为当前工作寄存器区,4组寄存器在单片机内的RAM区中。它们与4组工作寄存器区的对应关系见表1-2。

表1-2　　　　　　　　　4组工作寄存器区的对应关系

RS1	RS0	所选的4组寄存器
0	0	0区(内部RAM地址00H~07H)
0	1	1区(内部RAM地址08H~0FH)
1	0	2区(内部RAM地址10H~17H)
1	1	3区(内部RAM地址18H~1FH)

⑤OV(PSW.2)溢出标志位。当执行算术指令时,由硬件置1或清0,以指示运算是否产生溢出。当有符号数运算结果不能用8位二进制数表示时(超范围),OV=1,运算结果错误;OV=0,运算结果正确。

⑥PSW.1位。保留位,未用。

⑦P(PSW.0)奇偶标志位。该标志位用来表示累加器A中为1的位数是奇数还是偶数。P=1,则A中"1"的个数为奇数;P=0,则A中"1"的个数为偶数。此标志位对串行口通信中的串行数据传输有重要的意义,在串行通信中,常用奇偶检验的方法来检验数据传输的可靠性。

(2)控制器。用来统一控制和协调单片机进行工作的部件。控制部件是微处理器的神经中枢,以主振频率为基准。控制器控制CPU的时序,对指令进行译码,然后发出各种控制信号,将各个硬件环节组织在一起。CPU的时序为每个机器周期(12个振荡周期)由6个状态周期组成,即S1、S2、…、S6,而每个状态周期由两个时相P1、P2组成。

控制器的主要任务是识别指令,并根据指令的性质去控制单片机各功能部件,从而保证单片机各部分能自动而协调地工作。控制器主要包括程序计数器、程序地址寄存器、指令寄存器(IR)、指令译码器、条件转移逻辑电路及时序控制逻辑电路。

①程序计数器(PC)。程序计数器是控制器中最基本的寄存器,是一个独立的计数器,存放着下一条要执行的指令在程序存储器中的地址。PC中的内容变化决定程序的流向。PC的位数为16位(64K),故可对64KB的程序存储器进行寻址。

a.当程序顺序执行时,程序计数器自动加1,这也是该寄存器被称为计数器的原因。

b.执行有条件或无条件转移指令时,程序计数器将被置入新的数值,从而使程序的流向发生变化。

c.在执行调用子程序指令或响应中断时,单片机自动完成如下操作:将PC的现行值,即下一条将要执行的指令的地址,也就是断点值,自动压入堆栈,保护起来。将子程序的入口地址或中断向量的地址送入PC,程序流向发生变化,去执行子程序或中断服务子程序。子程序或中断服务子程序执行完毕,遇到返回指令RET或RETI时,将栈顶的断点值弹到PC中,程序的流向又返回到断点处,从断点处继续执行程序。

②指令寄存器、指令译码器及逻辑电路。指令寄存器用来存放指令操作码,其输出送指

令译码器,然后对该指令进行译码,译码结果送时序控制逻辑电路,控制单片机的各部件进行相应的工作。

2. 内部数据寄存器(内部 RAM)

MCS-51 系列单片机的 CPU 能处理 8 位二进制。MCS-51 数据存储器在物理上和逻辑上都分为两个地址空间:内部、外部数据存储器空间。访问内部数据存储器,用 MOV 指令,访问外部数据存储器,用 MOVX 指令。而 MOVC 是查表指令,用于将程序存储器里的内容和其他存储单元进行传递,主要用于累加器 A 和程序存储器的数据传送。8051 芯片中共有 256 个 RAM 单元,但其中后 128 个单元被专用寄存器占用,能作为寄存器供用户使用的只是前 128 个单元,用于存放可读写的数据。因此,通常所说的内部数据存储器就是指前 128 个单元,简称内部 RAM。基本型单片机内部数据存储器地址范围是 00H~7FH。增强型单片机(如 80C52)片内除地址范围在 00H~7FH 的 128 B RAM 外,又增加了 80H~FFH 高 128 B 的 RAM,这一部分为特殊寄存器区,共有 21 个特殊寄存器,如图 1-3 所示。

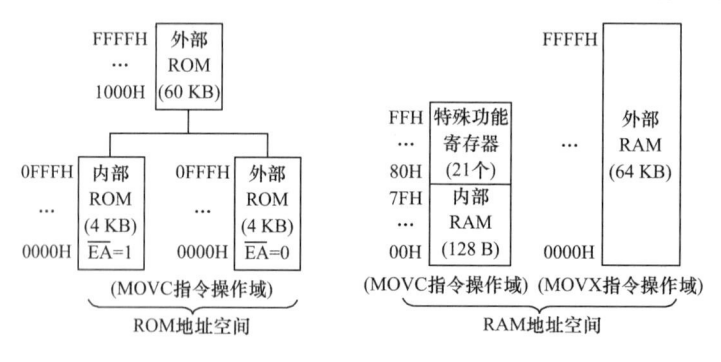

图 1-3　8051 存储空间配置图

(1)内部数据存储器低 128 单元

8051 内部 RAM 共有 256 个单元,通常按其功能划分为两部分:单元地址 00H~7FH 为低 128 单元,单元地址 80H~FFH 为高 128 单元。低 128 单元是单片机的真正 RAM 存储器。按其用途划分为三个区域:内部数据存储器的 00H~1FH(共 32 个单元)为 4 个寄存器工作区,每个寄存器工作区 8 个寄存器,表示为 R0~R7。由于每个寄存器工作区的 8 个寄存器都记为 R0~R7,因此每次只能选择 1 个寄存器工作区。寄存器工作区的选择通过状态标志寄存器 PSW 的第 3、4 位,即 RS1、RS0 进行。内部数据存储器 20H~2FH(16 个单元)既可按字节寻址,作为一般工作单元,又可以按位 CPU 直接寻址,进行位操作。内部数据存储器 30H~7FH(共 80 个单元)是用户 RAM 区。对用户 RAM 区的使用没有任何规定或限制。但在一般应用中常把堆栈开辟在此区中。

(2)内部数据存储器高 128 单元

单元地址为 80H~FFH,内部 RAM 高 128 单元是供给专用寄存器使用的,称为特殊功能寄存器,也称为专用寄存器,8051 共有 21 个专用寄存器。其中与运算器相关的寄存器 3 个,与指针相关的寄存器 3 个,与接口相关的寄存器 7 个,与中断相关的寄存器 2 个,与定时/计数器相关的寄存器 6 个。现把部分寄存器简单介绍如下:

①与运算器相关的寄存器(3个)

a.累加器(A 或 ACC)。累加器为8位寄存器,是最常用的专用寄存器,功能较多,地位重要。它既可用于存放操作数,也可用来存放运算的中间结果。MCS-51系列单片机中大部分单操作数指令的操作数就取自累加器,许多双操作数指令中的一个操作数也取自累加器。

b.B 寄存器。B 寄存器是一个8位寄存器,主要用于乘除运算。乘法运算时,B 是乘数。乘法操作后,乘积的高8位存于 B 中。除法运算时,B 是除数。除法操作后,余数存于 B 中。此外,B 寄存器也可作为一般数据寄存器使用。

c.程序状态字(PSW.0~PSW.7)。前面已经讲述过了,这里不再赘述。

②与指针相关的寄存器(3个)

a.数据指针(DPTR)。数据指针为16位寄存器,它是 MCS-51 中一个16位寄存器。编程时,DPTR 既可以按16位寄存器使用,也可以按两个8位寄存器分开使用,即 DPH DPTR 为高位字节,DPL DPTR 为低位字节。

DPTR 通常在访问外部数据存储器时作为地址指针使用,由于外部数据存储器的寻址范围为64 KB,故把 DPTR 设计为16位。

b.堆栈指针(SP)。堆栈是一个特殊的存储区,用来暂存数据和地址,它是按"先进后出"的原则存取数据的。堆栈共有进栈和出栈两种操作。

MCS-51系列单片机由于堆栈设在内部 RAM 中,因此 SP 是一个8位寄存器。系统复位后,SP 的内容为07H,使得堆栈实际上从08H 单元开始。但08H~1FH 单元分别属于工作寄存器1~3区,如程序中要用到这些区,则最好把 SP 值改为1FH 或更大的值。一般来说,堆栈最好在内部 RAM 的30H~7FH 单元中开辟。SP 的内容一经确定,堆栈的位置也就跟着确定下来,由于 SP 可初始化为不同值,因此堆栈的位置是浮动的。

③与接口相关的寄存器(7个)

a.并行 I/O 接口 P0、P1、P2、P3,均为8位;通过对这4个寄存器的读和写,可以实现数据从相应接口的输入和输出。

b.串行接口数据缓冲器 SBUF。

c.串行接口控制寄存器 SCON。

d.串行通信波特率倍增寄存器 PCON(一些位还与申源控制相关,所以又称为电源控制寄存器)。

④与中断相关的寄存器(2个)

a.中断允许控制寄存器 IE。

b.中断优先级控制寄存器 IP。

⑤与定时/计数器相关的寄存器(6个)

a.定时/计数器 T0 的两个8位计数初值寄存器 TH0、TL0,它们可以构成16位的计数器,TH0 存放高8位,TL0 存放低8位。

b.定时/计数器 T1 的两个8位计数初值寄存器 TH1、TL1,它们可以构成16位的计数器,TH1 存放高8位,TL1 存放低8位。

c.定时/计数器的工作方式寄存器 TMOD。

d.定时/计数器的控制寄存器 TCON。

⑥程序计数器(PC)

PC 是一个 16 位的计数器,它总是存放着下一个要取的指令的 16 位存储单元地址,它的作用是控制程序的执行顺序。其内容为将要执行指令的地址,寻址范围达 64 KB。PC 有自动加 1 功能,从而实现程序的顺序执行。PC 没有地址,是不可寻址的。因此,用户无法对它进行读写。但可以通过转移、调用、返回等指令改变其内容,以实现程序的转移。因地址不在 SFR 之内,一般不计作专用寄存器。这 21 个可寻址的特殊寄存器,地址见表 1-3。

表 1-3　　　　　　　　　　MCS-51 特殊寄存器地址

SFR 符号	地址	SFR 符号	地址
ACC	E0H	IE	A8H
B	F0H	TMOD	89H
PSW	D0H	TCON	88H
SP	81H	TH0	8CH
DPL	82H	TL0	8AH
DPH	83H	TH1	8DH
P0	80H	TL1	8BH
P1	90H	SCON	98H
P2	A0H	SBUF	99H
P3	B0H	PCON	87H
IP	B8H		

3. 程序存储器(ROM)

根据有无片内 ROM,8051 单片机有三个品种,即无 ROM 版本为 8031,工厂掩膜只读 ROM 版本为 8051,EPROM 版本为 8751。8051 共有 4 KB 掩膜 ROM,用于存放程序、原始数据或表格,简称内部 ROM。程序存储器空间为 0000H～FFFFH,共 64 KB,其结构如图 1-3 所示。其中低 4 KB(0000H～0FFFH)可以在单片机外部(8031),也可以在内部(8051,8751)。对没有片内 ROM 的 8031,只要在硬件设计时使 $\overline{EA}=0$,就可以使程序执行始终在外部 ROM 中进行;对有片内 ROM 的 8051 和 8751,只要在硬件设计时使 $\overline{EA}=1$,程序开始执行的前 4 KB 总是在片内 ROM 中进行,超过 0FFFH(4 KB)时,在片外 ROM 中进行。RAM 和 ROM 的空间配置见图 1-3。

无论 $\overline{EA}=0$,还是不为零,都由 16 位程序计数器(PC)作为寻址装置。

计算机的工作是按照事先编制好的程序命令序列一条条顺序执行的,程序存储器就是用来存放这些已编好的程序和表格常数的,它由只读存储器 ROM 或 EPROM 组成。计算机为了有序地工作,设置了一个专用寄存器——程序计数器 PC,用于存放将要执行的指令地址。每取出指令的 1 个字节后,其内容自动加 1,指向下一字节地址,使计算机依次从程序存储器取出指令予以执行,完成某种程序操作。由于 MCS-51 单片机的程序计数器为 16 位,因此,可寻址的地址空间为 64 KB。

8051 程序存储器的空间地址使用有下列三种方法:

第一种方法:单独使用片内 ROM。8051 片内有 4 KB 的 ROM,地址从 0000H～0FFFH。

此种方法要求控制引脚$\overline{EA}$接+5 V 高电平,即$\overline{EA}=1$。此种方法适合小容量程序。

第二种方法:片内 ROM+片外 ROM。如果片内 ROM 容量不够,可以另加片外 ROM。片外 ROM 最多可扩展 60 KB,地址从 1000H～FFFFH。此种方法片内和片外 ROM 是统一编址的。此种方法也要求$\overline{EA}=1$。CPU 的程序计数器 PC 从片内 ROM 的 0000H 开始访问,当 PC 值超过 0FFFH,会自动转向片外 ROM 地址 1000H～FFFFH。

第三种方法:完全使用片外 ROM。片外 ROM 的容量最大为 64 KB,地址从 0000H～FFFFH。此种方法要求控制引脚$\overline{EA}$接低电平,即$\overline{EA}=0$。虽然片外 ROM 的低端地址 0000H～0FFFH 与片内 ROM 地址完全相同,但因$\overline{EA}=0$,CPU 不访问片内 ROM。此种方法适用程序调试。

MCS-51 单片机有 6 个程序的特殊入口地址,即 1 个单片机复位入口和 5 个中断入口。每一个入口有一个确定的地址。单片机上电或复位后,程序从复位入口 0000H 开始执行。程序在执行过程中,5 个中断源中如果有中断请求,程序则转到相应的中断入口地址,执行中断程序。在整个程序存储器的 64 KB 空间中,0000H～0023H 空间只能用于存放中断服务子程序的向量地址,还有一组特殊单元是 0003H～002AH,共 40 个单元。这 40 个单元被均匀地分为五段,作为五个中断源的中断地址,见表 1-4。

表 1-4　　　　　　　　　　中断向量的入口地址

中断源名称	地址
外中断 0(INT0)	0003H
定时器 0 溢出(T0)	000BH
外中断 1(INT1)	0013H
定时器 1 溢出(T1)	001BH
串行口	0023H

4. 外部寄存器(外部 RAM)

MCS-51 单片机内部有 128 B 的 RAM 作为数据存储器,当此 128 B 的 RAM 不够用时,则需要外扩数据存储器,MCS-51 单片机最多可外扩 64 KB 的 RAM。地址范围是 0000H～FFFFH。与程序存储器地址空间不同的是,片外 RAM 地址空间与片内 RAM 地址空间在地址的低端 0000H～007FH 是重叠的。这就需要采用不同的寻址方式加以区分。访问片外 RAM 时采用专门的指令 MOVX 实现,这时读$\overline{RD}$或写$\overline{WR}$信号有效,而访问片内 RAM 使用 MOV 指令,无读与信号产生。另外,与片内 RAM 不同,片外 RAM 不能进行堆栈操作。

5. 定时器/计数器

8051 有两个 16 位定时器/计数器(T0,T1),它们由特殊功能寄存器 TMOD 和 TCON 分别选择它们的工作方式和表示它们的状态。在定时器功能中,每个机器周期定时器加 1,可以认为它是机器周期计数器,由于 1 个机器周期包含 12 个振荡周期,定时器计数到的脉冲为振荡频率的 1/12。

6. 并行 I/O 接口

MCS-51 共有四个 8 位 I/O 接口(P0、P1、P2、P3),以实现数据的并行输入/输出。每个端口都由8位数据输出锁存器和驱动电路、8位数据输入缓冲器组成。每个端口的8位数据输出锁存器也是该端口的特殊功能寄存器,称为P0、P1、P2、P3,见表1-3。

CPU输出数据可以在8位数据输出锁存器中锁存,外来数据输入可以在8位数据输入缓冲器中得到缓冲。MCS-51单片机有不少指令可直接进行端口操作。

(1)P0口

P0口的字节地址为80H,位地址为80H～87H。P0口是一个三态准双向口,可作为地址/数据分时复用口,也可作为通用I/O接口。P0口某一位的结构如图1-4所示。P0口由8个这样的电路组成。锁存器起输出锁存作用,8个锁存器构成了特殊功能寄存器P0;场效应管V_1、V_2组成输出驱动器,以提高带负载能力;三态门2用于读锁存器端口;与门3、反相器4及转换开关MUX构成了输出控制电路。

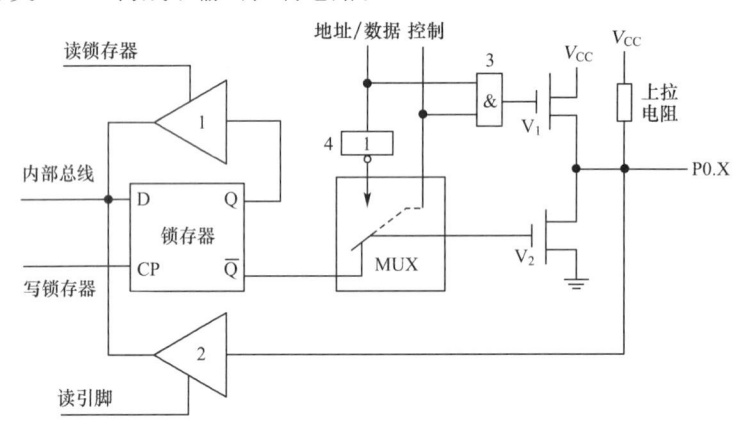

图1-4 P0口某一位的结构

P0口的作用如下:

①P0口用作地址/数据总线

P0口在实际使用中,绝大多数情况下都是作为单片机系统的地址/数据总线使用。当传送地址或数据时,控制端为1,电路使MUX开关打向上方,这时与门的输出由地址/数据总线的状态而定。

CPU在执行输出指令时,低8位地址和数据信息分时地出现在地址/数据总线上。若地址/数据总线的状态为"1",则V_1导通,V_2截止,引脚P0.X的状态为"1";若地址/数据总线的状态为"0",则V_2导通,V_1截止,引脚P0.X的状态为"0"。可见引脚的状态正好与地址/数据总线的信息相同。

CPU在执行输入指令时,首先低8位地址信息出现在地址/数据总线上。引脚的状态与地址/数据总线的地址信息相同,MUX打向下方,此时控制端为0,V_1截止,同时"读引脚"信号有效,数据经缓冲器进入内部数据总线。

由上可见,P0口作为地址/数据总线使用时是一个真正的双向口。

②P0口用作通用I/O接口

当系统不进行外部程序存储器和数据存储器扩展时,P0也可作为通用的I/O接口使用。这时,CPU发来的"控制"信号为0,封锁了与门,并将V_1截止,而MUX开关打向下方,与D锁存器的$\overline{Q}$端接通。当P0口作为输出口使用时,来自CPU的"写入"脉冲加在D锁存器的CP端,内部总线上的数据写入D锁存器,并向端口引脚P0.X输出。因为这时V_1

截止,由于输出电路是开路,必须外接上拉电阻才能有高电平输出。

当 P0 作为输入口使用时,应区分执行的是"读引脚"还是"读锁存器"的指令。为此,在 P0 口电路中有两个用于读入的三态缓冲器。"读引脚"就是直接读取引脚 P0.X 上的状态,这时由"读引脚"信号把下方的缓冲器打开,引脚上的状态经缓冲器读入内部总线;而"读端口"则是"读锁存器"信号打开上方的缓冲器,把锁存器 Q 端的状态读入内部总线。"读锁存器"可以避免因外部电路原因使 P0 口引脚的状态发生变化而造成误读。例如用一根口线驱动一个晶体管的基极,在晶体管的射极接地的情况下,当向端口写"1"时,晶体管导通,并把引脚的电平拉低到 0.7 V。这时,若从引脚读数据,会把状态为"1"的数据误读为"0",若从锁存器读,则不会读错。当 P0 口作为输入口使用时,还要注意在执行输入指令前,一定要先向端口写入"1",目的是使 V_2 截止,从而使引脚处于悬浮状态,可以作为高阻抗输入。否则,在作为输入方式之前曾向锁存器输出过"0", V_2 导通会使引脚钳位在"0"电平,使输入的"1"电平无法读入。所以,P0 口用作通用 I/O 接口时,属于准双向口。

(2)P1 口

P1 口是 MCS-51 单片机的唯一单功能口,字节地址为 90H,位地址为 90H~97H。P1 口只能作为通用的 I/O 使用,其结构比 P0 口简单。把图 1-4 中的与门 3、反相器 4、转换开关 MUX、V_2 去掉。锁存器的 Q 端直接与 V_1 连接,外接上拉电阻移入单片机内部,就是 P1 口的结构。P1 口仅具有数据输入/输出功能,是一个准双向口。

(3)P2 口

P2 口的字节地址为 A0H,位地址为 A0H~A7H。P2 口的结构和功能与 P0 口基本相同,也是地址/数据分时复用口。一是作为通用 I/O 接口,具有数据输入/输出功能,是一个准双向口;二是作为地址总线时,输出的是 16 位地址线的高 8 位地址线。

(4)P3 口

P3 口的字节地址为 B0H,位地址为 B0H~B7H。P3 口某一位的结构如图 1-5 所示。P3 口除了用作 I/O 接口外,还可以作为第二功能使用。这要根据需要来选择。

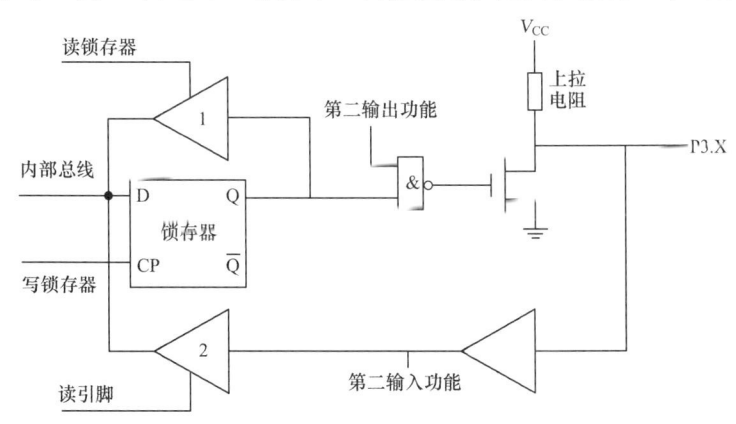

图 1-5　P3 口某一位的结构

①P3 口用作通用 I/O 接口

当 CPU 对 P3 口进行字节或位寻址时,电路会把第二功能输出线置"1"。这时对应口线为通用 I/O 方式。这时,与非门对于输入端口来说相当于非门,位结构与 P2 口完全相同,因此,P3 口用作通用 I/O 接口时的功能和使用方法与 P2 口、P1 口相同。

② P3 口作为第二功能使用

当 CPU 不对 P3 口进行字节或位寻址时,电路自动将锁存器的 Q 端置"1"。这时,P3 口可以作为第二功能使用。P3 作为第二功能定义见表 1-5。

表 1-5　　　　　　　　　　P3 口作为第二功能定义

引脚	第二功能
P3.0	RxD(串行输入口)
P3.1	TxD(串行输出口)
P3.2	$\overline{INT0}$(外部中断 0 输入)
P3.3	$\overline{INT1}$(外部中断 1 输入)
P3.4	T0(定时器 0 外部计数输入)
P3.5	T1(定时器 1 外部计数输入)
P3.6	$\overline{WR}$(外部数据存储器写选通输出)
P3.7	$\overline{RD}$(外部数据存储器读选通输出)

7. 串行口

MCS-51 系列单片机有一个全双工的串行口,以实现单片机和其他设备之间的串行数据传送。该串行口功能较强,有四种工作方式,方式 0 的功能是同步移位器,方式 1、2、3 的功能是异步通信收发器。下面分别介绍。

在串行异步通信中,被传送的信息通常是一个字符代码或一个字节数据,它们都以规定的相同传递格式(字符帧格式)一帧一帧地发送或接收。在传递信息时可以连续传送,也可以出现间隙,即空闲状态。串行异步通信的发送设备和接收设备是相互独立、互不同步的,双方各用自己的时钟源来控制发送和接收。

① 发送数据。方式 1 为 10 位异步通信。一帧 10 位信息中,8 位数据位,1 位起始位,1 位停止位,其波特率是可变的。当发送中断标志位 T1=0 时,CPU 执行一条写 SBUF 的指令,如 MOV SBUF,A 就启动了发送过程。最终串行数据脉冲就被发送到输出引脚 TxD 上。8 位数据(一帧)发送完毕后,如果要再次发送数据,必须用软件将 T0 清零,并再次执行写 SBUF 指令。

② 接收数据。允许接收位 REN=1 时,串行数据从输入端 RxD 输入,如果条件满足,8 位数据最终装入 SBUF 接收缓冲器中。

方式 2、方式 3 都是 11 位异步通信,发送或接收一帧信息由 11 位组成,其中 1 位起始位、9 位数据位和 1 位停止位。方式 2 与方式 3 仅波特率不同。

在方式 2、方式 3 时,发送、接收数据的过程与方式 1 基本相同,所不同的仅在于对第 9 位数据位的处理上。发送数据时,发送控制寄存器将起始位、8 位数据位、第 9 位数据位和停止位自动组成一帧信息,从 TxD(P3.1)端串行移位输出。

接收数据时,当第 9 位数据移入移位寄存器后,若条件允许,将 8 位数据输入接收缓冲寄存器 SBUF,第 9 位数据装入控制寄存器 SCON 中的 RB 8 位。

③ 波特率设置。串行口的四种工作方式对应着三种波特率模式。

方式 0,波特率是固定的,为晶振频率的 1/12。方式 2,波特率由晶振频率和电源控制寄存器 PCON 中的第 8 位 SMOD 决定。当 SMOD=0 时,波特率是晶振频率的 1/64;当

SMOD=1时,波特率为晶振频率的1/32。方式1和方式3,波特率由定时器T1的溢出率和SMOD决定,也是可变的。

8. 中断控制系统

所谓中断,就是中断正在进行的工作,转而去处理另一项较为紧急的事情。处理完毕后再转回来继续处理原来的事情。MCS-51系列单片机的中断功能较强,以满足控制应用的需要。8051单片机的中断源分为内部中断源和外部中断源两种。外部中断源一般是外部设备中断源、控制对象中断源和传感器中断源。8051单片机共有5个中断源,即外部中断2个,定时/计数中断2个,串行中断1个。MCS-51系列单片机的外部中断信号从引脚$\overline{INT0}$和$\overline{INT1}$输入。MCS-51内部中断源有定时器/计数器中断源和串行通信口中断源。当定时器/计数器T0、T1的定时或计数到溢出时,便向CPU申请中断。当串行口发送完或接收完一帧信息,向CPU申请中断。

计算机在没有中断的情况下是按照设定好的程序一条一条地去执行程序,为了把事情分成轻重缓急就使用了中断。单片机在执行"中断"程序时,先记录下断点地址,然后转去执行中断程序,在中断程序执行完毕后自动返回中断的主程序地址,继续执行原主程序。比如汽车行驶中有许多传感器信号要传送给单片机处理,这些信号就要分轻重缓急,系统按照设定好的优先级处理这些信号,但是如果车辆突然发生了碰撞,此时碰撞传感器的优先级变得非常高,这时系统会暂停其他信号的处理,先处理碰撞传感器的信号,此时,碰撞传感器的信号就是系统优先级最高的中断信号。也就是说一个单片机系统可能有多个中断源,而单片机CPU在某一时刻只能响应一个中断源中断请求,当多个中断源同时向CPU发出中断请求时,系统按照优先级级别顺序确定先执行哪个中断请求。8051单片机的优先级由高到低的次序是:外部中断0、定时器T0中断、外部中断1、定时器T1中断、串行通信口中断。优先级高的中断可以中断优先级低的中断,同级或低级优先级的中断却不能中断正在执行的中断。比如系统正在执行某个中断程序,又有新的中断源输入中断请求,新的中断源如果是同级或低级中断源,则不能中断正在进行的中断程序,新的中断源如果是优先级较高的中断源,则可以中断正在进行的中断程序,转为优先级较高的中断源的程序,执行完高级别的中断源后再回来执行低级别中断源的程序。

9. 时钟电路

MCS-51芯片的内部有时钟电路,但石英晶体和微调电容需外接。时钟电路为单片机产生时钟脉冲序列。系统允许的最高晶振频率为12 MHz。从上述内容可以看出,MCS-51虽然是一个单片机芯片,但作为计算机应该具有的基本部件它都包括,因此实际上它是一个简单的微型计算机系统。

MCS-51系列单片机的时钟信号通常用两种电路形式得到:内部振荡方式和外部振荡方式。在引脚XTAL1和XTAL2外接晶体振荡器或陶瓷谐振器,就构成了内部振荡方式。由于单片机内部有一个高增益反相放大器,当外接晶振后,就构成了自激振荡器并产生振荡时钟脉冲。两种不同的时钟电路如图1-6所示。

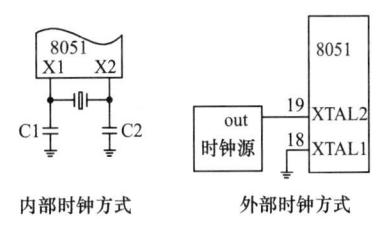

图1-6 内部和外部时钟电路

对于内部振荡方式的外部电路,电容器 C1、C2 起稳定振荡频率、快速起振的作用,其电容值一般为 5～30 pF。晶振频率的典型值为 12 MHz,采用 6 MHz 的情况也比较多。内部振荡方式所得的时钟信号比较稳定,实用电路中使用较多。外部振荡方式是把外部已有的时钟信号引入单片机内。这种方式适宜用来使单片机的时钟与外部信号保持同步。外部振荡信号由 XTAL2 引入,XTAL1 接地。为了提高输入电路的驱动能力,通常使外部信号经过一个带有上拉电阻的 TTL 反相门后介入 XTAL2。

MCS-51 的时序(时序是用定时单位来说明的)定时单位共有 4 个,从小到大依次是:拍节、状态、机器周期和指令周期。把振荡脉冲的周期定义为拍节(用 P 表示)。振荡脉冲经过二分频后,就是单片机的时钟信号,把时钟信号的周期定义为状态 s。一个状态包含两个拍节,其前半周期对应的拍节叫拍节 1(P1),后半周期对应的拍节叫拍节 2(P2)。MCS-51 采用定时控制方式,因此它有固定的机器周期。一个机器周期总共有 12 个拍节,分别记作 S1P1、S1P2、…、S6P2。由于一个机器周期共有 12 个振荡脉冲周期,因此机器周期就是振荡脉冲的 12 分频,当振荡脉冲频率为 12 MHz 时,一个机器周期为 1 μs;当振荡脉冲频率为 6 MHz 时,一个机器周期为 2 μs。指令周期是最大的时序定时单位,执行一条指令所需要的时间称为指令周期。MCS-51 的指令周期根据指令的不同,可包含 1～4 个机器周期。

四、8051 单片机引脚功能

MCS-51 以及 80C51 系列中各种型号芯片的引脚是互相兼容的。MCS-51 系列单片机多采用 40 只引脚的双列直插封装(DIP)方式,如图 1-7 所示,在 40 条引脚中,按其功能来分,可分为三类。

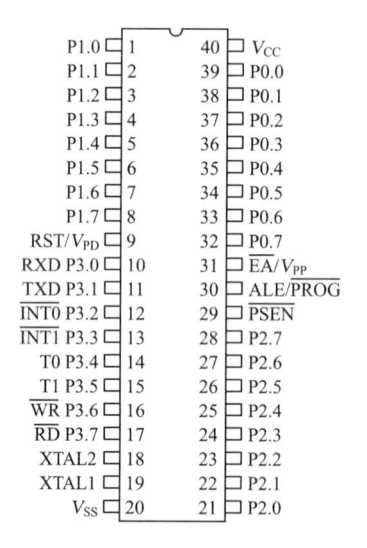

图 1-7 8051 单片机的引脚

(1)电源及时钟引脚:V_{SS} 和 V_{CC},XTAL1 和 XTAL2。
(2)控制引脚:$\overline{PSEN}$、ALE/$\overline{PROG}$、$\overline{EA}/V_{PP}$、RESET(RST/V_{PD})。
(3)I/O 接口引脚:P0、P1、P2、P3,为 4 个 8 位 I/O 接口的外部引脚。
下面分别叙述各引脚的功能。

1. 主电源引脚 V_{SS} 和 V_{CC}

V_{SS}(20)接地，V_{CC}(40)正常操作时接+5 V电源。

2. 外接晶振引脚 XTAL1 和 XTAL2

当使用内部振荡电路器时，XTAL1(19)和XTAL2(18)分别接在外接晶体振荡器两端；当采用外部时钟方式时，XTAL1接地，XTAL2接外来振荡信号。

3. 控制引脚 RST/V_{PD}、ALE/$\overline{PROG}$、$\overline{PSEN}$、$\overline{EA}$/V_{PP}

(1) RST/V_{PD}(9)：当振荡器正常运行时，在此引脚上出现两个机器周期以上的高电平使微处理器复位；V_{CC}掉电期间，此引脚可接备用电源，以保持内部RAM的数据。

(2) ALE/$\overline{PROG}$(30)：当访问外部存储器时，由微处理器的P2口送出地址的高8位，P0口送出地址的低8位，数据通过P0口传送。

(3) $\overline{PSEN}$(29)：程序存储器读选通信号，低电平有效。

(4) $\overline{EA}$/V_{PP}(31)：当$\overline{EA}$端保持高电平时，访问内部程序存储器(4 KB)，但当PC(程序计数器)值超过0FFFH时，将自动转向执行外部程序存储器内的程序；当$\overline{EA}$保持低电平时，则只访问外部程序存储器(从0000H地址开始)，而不管微处理器内部是否有程序存储器。

4. I/O 接口引脚

80C51共有4个8位并行I/O接口：P0、P1、P2、P3口，共32个引脚。P3口还具有第二功能，用于特殊信号输入/输出和控制信号(属控制总线)。

P0.0～P0.7(39～32)：P0口是一个漏极开路型准双向I/O接口。在访问外部存储器时，它是分时多路转换的地址(低8位)和数据总线，在访问期间激活了内部的上拉电阻。在EPROM编程时，它接收指令字节，而在验证程序时，则输出指令字节。验证时，要求外接上拉电阻。

P1.0～P1.7(1～8)：P1口是带内部上拉电阻的8位双向I/O接口。在EPROM编程和程序验证时，它接收低8位地址。

P2.0～P2.7(21～28)：P2口是一个带内部上拉电阻的8位双向I/O接口。在访问外部存储器时，它送出高8位地址。在EPROM编程和程序验证期间，它接收高8位地址。

P3.0～P3.7(10～17)：P3口是一个带内部上拉电阻的8位双向I/O接口。在MCS-51中，这8个引脚还兼有专用功能。

1.1.3 汽车单片机工作过程

一、单片机的工作方式

1. 复位方式

单片机复位如同计算机在启动运行前需要复位一样，也是使CPU和系统中的其他功能部件都处在一个确定的初始状态，并从这个状态开始工作。例如：复位

汽车单片机
工作过程

后 PC=0000H,使单片机从第一个单元取指令。无论是在单片机刚开始接上电源时,还是断电后或者故障后都要复位。

单片机的复位条件是当 MCS-51 系列单片机的复位引脚 RST(全称 RESET)出现 2 个机器周期以上的高电平时,单片机就执行复位操作。如果 RST 持续为高电平,单片机就处于循环复位状态。例如:若时钟频率为 12 MHz,每机器周期为 1 μs,则只需 2 μs 以上的时间的高电平。在 RST 引脚出现高电平后的第二个机器周期执行复位。

根据应用的要求,复位操作通常有两种基本形式:上电复位和上电或按键复位。上电复位要求接通电源后,自动实现复位操作。上电或按键复位要求电源接通后,单片机自动复位,并且在单片机运行期间,用开关操作也能使单片机复位。单片机常见的复位电路如图 1-8 所示。

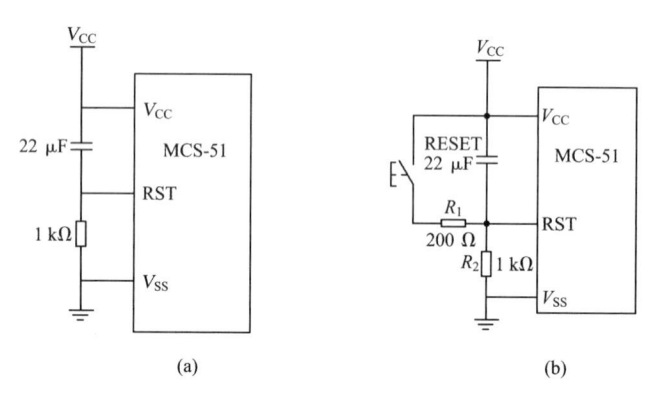

图 1-8 单片机常见的复位电路

图 1-8(a)为上电自动复位电路,它是利用电容充电来实现的。在加电瞬间,RST 端的电位与 V_{CC} 相同,随着充电电流的减少,RST 的电位逐渐下降。只要保证 RST 为高电平的时间大于 2 个机器周期,便能正常复位。

图 1-8(b)为按键复位电路。该电路除具有上电复位功能外,若要复位,只需按图 1-8(b)中的 RESET 键,此时电源 V_{CC} 经电阻 R_1、R_2 分压,在 RST 端产生一个复位高电平。

单片机复位期间不产生 ALE 和 $\overline{PSEN}$ 信号,即 ALE=1 和 $\overline{PSEN}$=1。这表明单片机复位期间不会有任何取指令操作。

2. 程序执行方式

单片机的工作过程实质上是执行用户编制程序的过程,一般程序的机器码都已固化到存储器中,单片机上电复位和上电或按键复位后,单片机便可进入连续执行程序的状态。由于复位时已把 PC 值清零。所以,程序将从 0000H 单元开始执行。如果用户需要从其他起始地址开始执行程序,则必须先把该起始地址输入单片机,然后才能从该起始地址执行。单片机从执行程序开始除非遇到设定断点或软件出现故障,否则中途不会停止,直到程序执行完毕。执行指令又是取指令和执行指令的周而复始的过程。

假设指令 MOV A,♯08H,机器码 74H、08H 已存在 0000H 开始的单元中,表示把 08H 这个值送入 A 累加器中。下面我们来说明单片机的工作过程。

接通电源开机后,PC=0000H,取指令过程如下:

(1)PC 中的 0000H 送到片内的地址寄存器。

(2)PC 的内容自动加 1 变为 0001H,指向下一个指令字节。

(3)地址寄存器中的内容 0000H 通过地址总线送到存储器,经存储器中的地址译码选中 0000H 单元。

(4)CPU 通过控制总线发出读命令。

(5)被选中单元的内容 74H 送内部数据总线上,该内容通过内部数据总线送到单片机内部的指令寄存器。至此取指令过程结束,进入执行指令过程。

执行指令过程:

(1)指令寄存器中的内容经指令译码器译码后,说明这条指令是取数指令,即把一个立即数送 A 中。

(2)PC 的内容为 0001H 送地址寄存器,译码后选中 0001H 单元,同时 PC 的内容自动加 1 变为 0002H。

(3)CPU 同样通过控制总线发出读命令。

(4)0001H 单元的内容 08H 读出经内部数据总线送至 A,至此本指令执行结束。PC=0002H,机器又进入下一条指令的取指令过程。一直重复上述过程直到程序中的所有指令执行完毕,这就是单片机的基本工作过程。

3. 低功耗方式

8051 在掉电保护情况下,由备用电源给单片机低功耗供电,因此掉电保护方式实际上就进入了低功耗方式。但与 HMOS 的 8051 不同,CHMOS 的 80C51 却有两种低功耗方式,即待机方式和掉电保护方式。

要想使单片机进入待机或掉电保护方式,只要执行一条能使 IDL 或 PD 位为 1 的指令就可以完成。如果使用指令使 PCON 寄存器 IDL 位置 1,则 80C51 即进入待机方式。这时振荡器仍然运行,并向中断逻辑、串行口和定时器/计数器电路提供时钟,但向 CPU 提供时钟的电路被阻断,因此 CPU 不能工作,与 CPU 有关的如 SP、PC、PWS、ACC 以及全部通用寄存器也都被"冻结"在原状态。在待机方式下,中断功能继续存在。

4. 掉电保护方式

单片机系统在运行过程中,如发生掉电故障,将会丢失 RAM 和寄存器中的程序和数据,其后果有时是很严重的。为此 MCS-51 系列单片机设置有掉电保护措施,进行掉电保护处理,具体做法是,先把有用信息转存,然后再启用备用电源维持供电。

信息转存是指当电源出现故障时,应立即将系统的有用信息转存到内部 RAM 中。信息转存是通过中断服务程序完成的。

信息转存后还应维持内部 RAM 的供电,才能保护转存信息不被破坏。为此,系统应装有备用电源,并在掉电后立即接通备用电源。备用电源由单片机的 RST/V_{PD} 引脚引入。

1.2 汽车单片机寻址方式

一、单片机的指令简介

1. 指令概述

单片机能执行什么样的操作,是在单片机设计时确定的。一条指令对应着一种基本操作。由于单片机只能识别二进制数,所以指令也必须用二进制形式来表示,称为指令的机器码或机器指令。

MCS-51 单片机的指令系统共有 111 条指令,共有 33 种功能。其中单字节指令 49 条,双字节指令 45 条,三字节指令 17 条。从指令的执行时间来看,单机器周期指令 64 条,双机器周期指令 45 条,只有乘、除两条指令的执行时间为 4 个机器周期。

2. 指令的格式

指令的表示方法称之为指令格式,其内容包括指令的长度和指令内部信息的安排等。一条指令通常由两部分组成,即操作码和操作数。

采用助记符表示的汇编语言指令格式如下:

[标号:]操作码 [操作数][,源操作数][;注释]

标号是加在指令的前面表示该指令位置的符号地址,可有可无,标号由 1~8 个字母或数字组成,第一个字符必须是英文字母,不能是数字或其他符号,标号后必须用":"结尾。操作码是由助记符表示的字符串,表示指令的操作功能。如 MOV 表示数据传送操作,ADD 表示加法操作等。操作数指出了参加操作的数据或数据地址。操作数一般有以下几种形式:没有操作数项,操作数隐含在操作码中,如 RET 指令;只有一个操作数,如 CLRP 1.0 指令;有两个操作数,如 MOV A,#0EFH 指令,操作数之间以逗号相隔;有三个操作数,如 CJN EA,#08H,NEXT 指令,操作数之间也以逗号相隔。注释是对指令功能的说明,用以提高程序的可读性,注释前必须加";"。计算机对它不做处理,注释部分不影响指令的执行。

二、寻址方式

从指令格式知道,指令的重要组成部分是操作数,指出了参与操作的数据或数据的地址。寻找操作数地址的方式称为寻址方式。一条指令采用什么样的寻址方式,是由指令的功能决定的,寻址方式越多,指令功能就越强。

MCS-51 共有 7 种寻址方式,包括立即数寻址、直接寻址、寄存器寻址、寄存器间接寻址、变址寻址、相对寻址和位寻址。现介绍如下:

1. 立即数寻址

在这种寻址方式中,指令多是双字节的。操作数直接出现在指令中,紧跟在操作码的后面,作为指令的一部分与操作码一起存放在程序存储器中,可以立即得到并执行,不需要经过别的途径去寻找,故称为立即寻址。汇编指令中,在一个数的前面冠以"♯"符号作为前缀,就表示该数为立即数寻址。例如:MOV A,♯30H 指令中 30H 就是立即数。这一条指令的功能是执行将立即数 30H 传送到累加器 A 中的操作。

2. 直接寻址

在这种寻址方式中,把存放操作数的内存单元的地址直接写在指令中,以供取数或存数的寻址方式。例如:MOV A,40H 指令中的源操作数就是直接寻址,40H 为操作数的地址。该指令的功能是把片内 RAM 地址为 40H 单元的内容送到 A 中。MCS-51 系列单片机的直接寻址可用于访问片内、外数据存储器,也可用于访问程序存储器。

3. 寄存器寻址

在指令选定的某寄存器中存放或读取操作数,以完成指令规定的操作,称为寄存器寻址。

例如:MOV A,R0 指令中源操作数和目的操作数都是寄存器寻址。该指令的功能是把工作寄存器 R0 中的内容传送到累加器 A 中,如 R0 中的内容为 30H,则执行该指令后 A 的内容也为 30H。寄存器寻址按所选定的工作寄存器可以是 R0~R7、累加器 A、通用寄存器 B、地址寄存器 DPTR 等。

4. 寄存器间接寻址

由指令指出某一寄存器的内容作为操作数地址的寻址方法,称为寄存器间接寻址。这里需要强调的是:寄存器中的内容不是操作数本身,而是操作数的地址,到该地址单元中才能得到操作数。寄存器起地址指针的作用。例如:MOV A,@R1 指令的源操作数是寄存器间接寻址。该指令的功能是将以工作寄存器 R1 中的内容为地址的片内 RAM 单元的数据传送到累加器 A 中去。例如:若 R1 中的内容为 80H,片内 RAM 地址为 80H 的单元中的内容为 2FH,则执行该指令后,片内 RAM 80H 单元的内容 2FH 被送到累加器 A 中。寄存器间接寻址示意图如图 1-9 所示。

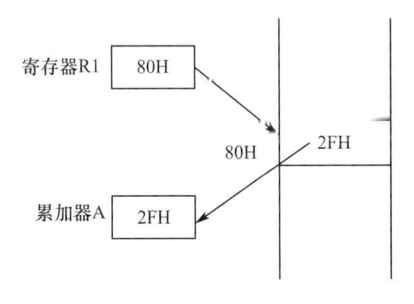

图 1-9 寄存器间接寻址示意图

5. 变址寻址

在这种寻址方式中,是将基址寄存器与变址寄存器的内容相加,结果作为操作数的地址。DPTR 和 PC 是基址寄存器,累加器 A 是变址寄存器。该类寻址方式主要用于查表操作。

例如：指令 MOVC A，@A+DPTR 执行的操作是将累加器 A 和基址寄存器 DPTR 的内容相加，相加结果作为操作数存放的地址，再将操作数取出来送到累加器 A 中。设累加器 A=0A4H，DPTR=1234H，外部 ROM(12D8H)=3FH，则指令 MOVC A，@A+DPTR 的执行结果是累加器 A 中的内容 3FH。该指令的执行过程如图 1-10 所示。

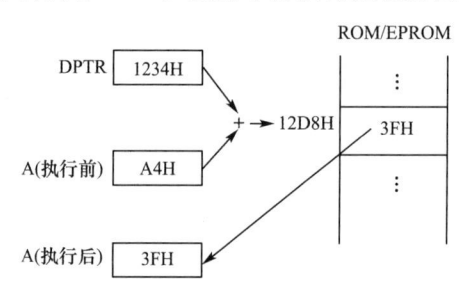

图 1-10 变址寻址的执行示意图

6. 相对寻址

相对寻址是以当前程序计数器 PC 值加上指令中给出的偏移量 rel，而构成实际操作数地址的寻址方法。它用于访问程序存储器，常出现在相对转移指令中。

在使用相对寻址时要注意以下两点：

(1) 当前 PC 值是指相对转移指令的存储地址加上该指令的字节数。例如：JZ rel 是一条累加器 A 为零就转移的双字节指令。若该指令的存储地址为 2050H，则执行该指令时的当前 PC 值即为 2052H。即当前 PC 值是对相对转移指令取指结束时的值。

(2) 偏移量 rel 是有符号的单字节数。以补码表示，其值的范围是 −128～+127(00H～FFH)，负数表示从当前地址向前转移，正数表示从当前地址向后转移。所以，相对转移指令满足条件后，转移的地址（目的地址）为：目的地址＝当前 PC 值＋rel＝指令存储地址＋指令字节数＋rel。

7. 位寻址

位寻址是在位操作指令中直接给出位操作数的地址，可以对片内 RAM 中的 128 位和特殊功能寄存器 SFR 中的 93 位进行寻址。

1.3 汽车单片机指令系统

1.3.1 汽车单片机指令符号说明

在介绍指令系统前，我们先了解一些特殊符号的意义，对今后程序的编写有很大的帮助。指令中操作数的描述符号：

Rn——工作寄存器 R0～R7。

Ri——间接寻址寄存器 R0、R1。
direct——直接地址,包括内部 128 B RAM 单元地址、26 个 SFR 地址。
♯data——8 位常数。
♯data16——16 位常数。
addr16——16 位目的地址。
addr11——11 位目的地址。
rel——8 位带符号的偏移地址。
DPTR——16 位外部数据指针寄存器。

1.3.2 数据传送类指令

一、指令系统

MCS-51 单片机指令系统共 111 条指令,按功能可以划分为五类:
(1)数据传送类指令(29 条);
(2)算术运算指令(24 条);
(3)逻辑运算指令(24 条);
(4)控制转移指令(17 条);
(5)位操作指令(17 条)。

二、数据传送类指令

首先介绍数据传送类指令。数据传送类指令共有 29 条,数据传送类指令是最常用、最基本的一类指令,包括内部 RAM、寄存器、外部 RAM 以及程序存储器之间的数据传送。

数据传送操作是指把数据从源地址传送到目的地址,源地址内容不变。

1. 访问片内数据存储器的一般数据传送指令

该类指令共有 15 条,功能是实现数据在片内 RAM 单元之间、寄存器之间、寄存器与 RAM 单元之间的传送。所有指令具有统一的格式,其格式如下:

MOV <目的操作数>,<源操作数>;目的操作数单元←源操作数(或单元)

操作码助记符都是 MOV,目的操作数和源操作数不同寻址方式的组合就派生出该类的全部指令。因此,记忆这类指令的关键在于掌握两个操作数的各种寻址方式的组合关系。

(1)以累加器 A 为目的地址的传送指令(4 条)

助记符格式	相应操作	指令说明	机器周期
MOV A,Rn	(Rn)→A	n=0~7	1
MOV A,direct	(direct)→A		1
MOV A,@Ri	((Ri))→A	i=0,1	1
MOV A,♯data	♯data→A		1

说明:以上传送指令的结果影响程序状态字寄存器 PSW 的 P 标志。

例 1.1 已知(A)=40H,(R0)=50H,(40H)=60H,(50H)=20H,请指出每条指令执行后相应单元内容的变化。

  MOV A,#30H； (A)=30H
  MOV A,40H； (A)=60H
  MOV A,R0；   (A)=50H
  MOV A,@R0； (A)=20H

(2) 以 Rn 为目的地址的传送指令(3 条)

助记符格式	相应操作	指令说明	机器周期
MOV Rn,A	(A)→Rn	n=0~7	1
MOV Rn,direct	(direct)→Rn	n=0~7	1
MOV Rn,#data	#data→Rn	n=0~7	1

说明:以上传送指令的结果不影响程序状态字寄存器 PSW 标志。
例如:
  MOV R0,A
  MOV R3,30H
  MOV R7,#45H
  MOV R1,#40
  MOV R6,#01100011B

(3) 以直接地址为目的地址的传送指令(5 条)

助记符格式	相应操作	指令说明	机器周期
MOV direct,A	(A)→direct		1
MOV direct,Rn	(Rn)→direct	n=0~7	1
MOV direct2,direct1	(direct1)→direct2		2
MOV direct,@Ri	((Ri))→direct	i=0,1	2
MOV direct,#data	#data→direct		2

说明:以上传送指令的结果不影响程序状态字寄存器 PSW 标志。
例如:
  MOV 35H,A
  MOV P1,R2
  MOV 39H,60H
  MOV TL0,@R1
  MOV 58H,#38H

(4) 以寄存器间接地址为目的地址的传送指令(3 条)

助记符格式	相应操作	指令说明	机器周期
MOV @Ri,A	(A)→(Ri)	i=0,1	1
MOV @Ri,direct	(direct)→(Ri)	i=0,1	2
MOV @Ri,#data	#data→(Ri)	i=0,1	1

说明:以上传送指令的结果不影响程序状态字寄存器 PSW 标志。

例如：
　MOV @R0,A
　MOV @R1,46H
　MOV @R0,SBUF
　MOV @R1,♯56
　MOV @R0,♯0B6H

注意 不允许的操作有：@Ri→@Ri、Rn→Rn、@Ri→Rn、Rn→@Ri。

例 1.2 已知相应单元的内容，请指出下列指令执行后各单元内容相应的变化。
寄存器(R0)＝50H,寄存器(R1)＝66H,寄存器(R6)＝20H,内部 RAM(50H)＝60H,内部 RAM(66H)＝45H,内部 RAM(70H)＝35H。
①MOV A,R6
②MOV R7,70H
③MOV 70H,50H
④MOV 40H,@R0
⑤MOV @R1,♯88H

解：①MOV A,R6 执行后(A)＝20H
②MOV R7,70H 执行后(R7)＝35H
③MOV 70H,50H 执行后(70H)＝60H
④MOV 40H,@R0 执行后(40H)＝60H
⑤MOV @R1,♯88H 执行后(66H)＝88H

2. 16 位数据传送指令(1 条)

助记符格式	相应操作	指令说明	机器周期
MOV DTPR,♯data16	♯data16→DPTR		2

说明：以上传送指令的结果不影响程序状态字寄存器 PSW 标志。
例如：
　MOV DPTR,♯3267H
上述操作同：
　MOV DPH,♯32H
　MOV DPL,♯67H

3. 外部数据传送指令(4 条)

助记符格式	相应操作	指令说明	机器周期
MOVX A,@DPTR	((DPTR))→A		2
MOVX A,@Ri	((Ri))→A	i＝0,1	2
MOVX @DTPR,A	(A)→(DPTR)	结果不影响 P 标志	2
MOVX @Ri,A	(A)→(Ri)	i＝0,1,结果不影响 P 标志	2

说明：
(1)外部 RAM 只能通过累加器 A 进行数据传送；
(2)累加器 A 与外部 RAM 之间传送数据时只能用间接寻址方式，间接寻址寄存器为 DTPR、R0、R1；

(3)以上传送指令结果通常影响程序状态字寄存器 PSW 的 P 标志。

例 1.3 把外部 RAM 的 2000H 单元的内容存入单片机内部 RAM 的 20H 单元。

MOV DPTR,♯2000H
MOVX A,@DPTR
MOV 20H,A

注意

(1)外部 RAM 单元和外部 I/O 口的地址为 16 位;

(2)外部 RAM 单元和外部 I/O 口的信息必须通过累加器 A 才能进入单片机的 CPU。

4. 交换和查表类指令

数据交换主要是在内部 RAM 单元与累加器 A 之间进行,有整字节交换、半字节交换和累加器高低半字节交换指令。源操作数有寄存器寻址、直接寻址和寄存器间接寻址等方式。

(1)字节交换指令(3 条)

将源操作数的内容与累加器 A 的内容互换。

助记符格式	相应操作	指令说明	机器周期
XCH A,Rn	(A)↔(Rn)	n=0~7	1
XCH A,direct	(A)↔(direct)		1
XCH A,@Ri	(A)↔((Ri))	i=0,1	1

说明:以上传送指令的结果影响程序状态字寄存器 PSW 的 P 标志。

(2)半字节交换指令(1 条)

将某一单元内容的低四位与累加器 A 的低四位互换,而二者的高四位保持不变。

助记符格式	相应操作	指令说明	机器周期
XCHD A,@Ri	$(A)_{0-3}$↔$((Ri))_{0-3}$	i=0,1	1

说明:以上传送指令的结果影响程序状态字寄存器 PSW 的 P 标志。

(3)高低四位互换指令(1 条)

将累加器 A 的高四位和低四位互换。

助记符格式	相应操作	指令说明	机器周期
SWAP A	$(A)_{0-3}$↔$(A)_{4-7}$	i=0,1	1

说明:以上传送指令的结果不影响程序状态字寄存器 PSW 标志。

例 1.4 设(R0)=30H,30H=5AH,(A)=38H,则

执行 XCH A,@R0 后,结果为(A)=5AH,(30H)=38H。

执行 XCHD A,@R0 后,结果为(A)=3AH,(30H)=58H。

执行 SWAP A 后,结果为(A)=83H。

5. 堆栈指令

(1)入栈指令:将 direct 单元的内容压入到堆栈中。

助记符格式	相应操作	指令说明	机器周期
PUSH direct	(SP)→(SP)+1 (direct)→SP	将 SP 加 1,然后将源地址单元中的数据传送到 SP 所指示的单元中去	2

说明:以上传送指令的结果不影响程序状态字寄存器 PSW 标志。

例如：

MOV SP,♯70H

PUSH 60H

(2)出栈指令:将堆栈中的内容弹出到 direct 单元。

助记符格式	相应操作	指令说明	机器周期
POP direct	(SP)→direct (SP)-1→SP	将 SP 所指示的单元中的数据传送到 direct 地址单元中,然后将 SP 减 1	2

说明:以上传送指令的结果不影响程序状态字寄存器 PSW 标志。

例如：

MOV SP,♯61H

POP 60H

在 MCS-51 内部 RAM 中可以设定一个后进先出 LIFO 的区域作为一个堆栈。在特殊功能寄存器中有一个堆栈指针 SP,它指出栈顶的位置,在指令系统中有两条用于数据操作的栈操作指令。首先是入栈指令,这条指令的功能是先将栈指针 SP 加 1,然后把直接地址指出的内容送到栈指针 SP 指示的内部 RAM 单元中。还有对应的出栈指令,出栈指令是将当前堆栈指针寄存器 SP 所指示的单元的内容传送到该指令指定的直接寻址单元中去,然后 SP 中的内容减 1。堆栈操作实际上是通过堆栈指示器 SP 进行的读写操作,是以 SP 为间址寄存器的间接寻址方式。因为 SP 是唯一的,所以在指令中把通过 SP 的间接寻址的操作数项隐含了,只表示出直接寻址的操作数项。

6. 查表指令(2 条)

助记符格式	相应操作	指令说明	机器周期
MOVC A,@A+PC	(PC)+1→PC ((A)+(PC))→A	A+PC 当前值所指外部程序存储单元的数值送入 A 中	2
MOVC A,@A+DPTR	((A)+(DPTR))→A	A+DPTR 当前值所指外部程序存储单元的数值送入 A 中	2

说明：

(1)以上传送指令的结果影响程序状态字寄存器 PSW 的 P 标志;

(2)查表指令用于寻找存放在程序存储器中的表格。

1.3.3 算术运算类指令

算术运算类运算指令共有 24 条,包括加法指令、减法指令、乘除指令和十进制调整指令。

一、加法指令

1. 不带进位位的加法指令(4 条)

助记符格式	相应操作	指令说明	机器周期
ADD A,#data	(A)+data→A		1
ADD A,Rn	(A)+(Rn)→A	n=0～7	1
ADD A,direct	(A)+(direct)→A		1
ADD A,@Ri	(A)+((Ri))→A	i=0,1	1

以上指令影响标志位 Cy、AC、OV、P。

2. 带进位位的加法指令(4 条)

助记符格式	相应操作	指令说明	机器周期
ADDC A,#data	(A)+data+Cy→A		1
ADDC A,Rn	(A)+(Rn)+Cy→A	n=0～7	1
ADDC A,direct	(A)+(direct)+Cy→A		1
ADDC A,@Ri	(A)+((Ri))+Cy→A	i=0,1	1

以上指令影响标志位 Cy、AC、OV、P。

3. 加 1 指令(5 条)

助记符格式	相应操作	指令说明	机器周期
INC A	(A)+1→A		1
INC Rn	(Rn)+1→Rn	n=0～7	1
INC direct	(direct)+1→direct		1
INC @Ri	((Ri))+1→(Ri)	i=0,1	1
INC DPTR	(DPTR)+1→DPTR		2

以上指令不影响标志位 Cy、AC 和 OV(上溢)。

二、减法指令

通常的减法运算都带有借位,这与带进位的加法十分类似。

1. 带借位的减法指令(4 条)

助记符格式	相应操作	指令说明	机器周期
SUBB A,#data	(A)−data−Cy→A		1
SUBB A,Rn	(A)−(Rn)−Cy→A	n=0～7	1
SUBB A,direct	(A)−(direct)−Cy→A		1
SUBB A,@Ri	(A)−((Ri))−Cy→A	i=0,1	1

以上指令影响标志位 Cy、AC、OV、P。

2. 减1指令(4条)

助记符格式	相应操作	指令说明	机器周期
DEC A	(A)−1→A		1
DEC Rn	(Rn)−1→Rn	n=0~7	1
DEC direct	(direct)−1→direct		1
DEC @Ri	((Ri))−1→((Ri))	i=0,1	1

以上指令不影响标志位 Cy、AC 和 OV(下溢)。

例 1.5 设(A)=49H,(R0)=6BH,分析执行指令 ADD A,R0 后的结果。

结果为:(A)=B4H,OV=1,Cy=0,AC=1,P=0。

例 1.6 设(A)=C3H,数据指针低位(DPL)=ABH,Cy=1,分析执行指令 ADDC A,DPL 后的结果。

结果为:(A)=6FH,Cy=1,AC=0,P=0。

例 1.7 设(A)=52H,(R0)=B4H,分析执行如下指令后的结果。

```
CLR C        ;位操作指令,使进位位清零
SUBB A,R0
```

结果为:(A)=9EH,Cy=1,AC=1,OV=1,P=1。

例 1.8 设(R0)=7EH,(7EH)=FFH,(7FH)=48H,(DPTR)=11FEH,分析逐条执行下列指令后各单元的内容。

```
INC @R0      ;使 7EH 单元内容由 FFH 变为 00H
INC R0       ;使 R0 的内容由 7EH 变为 7FH
INC @R0      ;使 7FH 单元内容由 48H 变为 49H
INC DPTR     ;使 DPL 为 FFH,DPH 不变
INC DPTR     ;使 DPL 为 00H,DPH 为 12H
INC DPTR     ;使 DPL 为 01H,DPH 不变
```

三、乘除指令(2条)

助记符格式	相应操作	指令说明	机器周期
MUL A,B	(A)*(B)→BA	无符号数相乘,高位存B,低位存A	4
DIV A,B	(A)/(B)的商→A (A)/(B)的余数→B	无符号数相除,商存A,余数存B	4

说明:

(1)乘法结果影响程序状态字寄存器 PSW 的 OV(积超过 0FFH,则置1,否则为0)和 Cy(总是清0)以及 P 标志;

(2)除法结果影响程序状态字寄存器 PSW 的 OV(除数为0,则置1,否则为0)和 Cy(总是清0)以及 P 标志。当除数为0时结果不能确定。

MUL 为乘法指令,其功能是把累加器 A 和寄存器 B 中的无符号8位整数相乘,其16位积的低位字节在累加器 A 中,高位字节在 B 中。如果积大于255,则置位溢出标志位

OV,否则对 OV 清"0"。进位标志位总是清"0"。DIV 为除法指令,该指令的功能是把累加器 A 中 8 位无符号整数除以 B 中的 8 位无符号整数,所得的商(为整数)存放在累加器 A 中,余数在寄存器 B 中,清"0"Cy 和溢出标志位 OV。如果 B 的内容为"0"(除数为"0"),则结果 A、B 中的内容不定,并置位溢出标志位 OV。

四、十进制调整指令(1 条)

助记符格式	指令说明	机器周期
DA A	BCD 码加法调整指令	1

这条指令对累加器 A 由前两个变量(压缩的 BCD 码)相加的结果进行十进制调整使 A 中的结果为二进制数。结果影响程序状态字寄存器 PSW 的 Cy、OV、AC 和 P 标志。BCD 码是用二进制形式表示十进制数,例如十进制数 56,其 BCD 码为 56H。BCD 码只是一种表示形式,与其数值没有关系。BCD 码用 4 位二进制数表示一位十进制数,这四位二进制数的权分别为 8、4、2、1,所以 BCD 码又称为 8421 码。十进制数 0~9 所对应的二进制数见表 1-6。

表 1-6   十进制数与二进制数对应表

十进制数	0	1	2	3	4	5	6	7	8	9
二进制数	0000	0001	0010	0011	0100	0101	0110	0111	1000	1001

例 1.9 对 BCD 码加法 68+57→DFH,进行十进制调整。

参考程序如下:

```
MOV A,#68H        ;(A)←68
ADD A,#57H        ;(A)←(A)+57
DA  A             ;十进制调整
```

1.3.4 逻辑运算及移位类指令

逻辑运算指令包括与、或、异或、循环、累加器清零与求反指令。这些指令中的操作数都是 8 位,它们在执行时,不影响标志位。

一、与(AND)逻辑运算指令(6 条)

助记符格式	相应操作	指令说明	机器周期
ANL A,#data	(A)∧data→A	按位相与	1
ANL A,Rn	(A)∧(Rn)→A	n=0~7	1
ANL A,direct	(A)∧(direct)→A		1
ANL A,@Ri	(A)∧((Ri))→A	i=0,1	1
ANL direct,#data	data∧(direct)→direct		2
ANL direct,A	(A)∧(direct)→direct		1

说明：

(1)目的操作数只能是 A 或者 direct；

(2)前 4 条指令仅影响标志位 P，后两条不影响标志位 P；

(3)与运算常用于使某些位清 0。

二、或(OR)逻辑运算指令(6 条)

助记符格式	相应操作	指令说明	机器周期
ORL A,♯data	(A)∨data→A	按位相或	1
ORL A,Rn	(A)∨(Rn)→A	n=0~7	1
ORL A,direct	(A)∨(direct)→A		1
ORL A,@Ri	(A)∨((Ri))→A	i=0,1	1
ORL direct,♯data	data∨(direct)→direct		2
ORL direct,A	(A)∨(direct)→direct		1

说明：

(1)目的操作数只能是 A 或者 direct；

(2)前 4 条指令仅影响标志位 P，后两条不影响标志位 P；

(3)或运算常用于使某些位置 1。

三、异或(XOR)逻辑运算指令

XRL A,♯data

XRL A,Rn

XRL A,direct

XRL A,@Ri

XRL direct,♯data

XRL direct,A

助记符格式	相应操作	指令说明	机器周期
XRL A,♯data	(A)⊕data→A	按位相异或	1
XRL A,Rn	(A)⊕(Rn)→A	n=0~7	1
XRL A,direct	(A)⊕(direct)→A		1
XRL A,@Ri	(A)⊕((Ri))→A	i=0,1	1
XRL direct,♯data	data⊕(direct)→direct		2
XRL direct,A	(A)⊕(direct)→direct		1

说明：

(1)目的操作数只能是 A 或者 direct；

(2)前 4 条指令仅影响标志位 P，后两条不影响标志位 P；

(3)异或运算常用于使某些位取反。

四、累加器逻辑指令

1. 清零

CLR A

说明：执行结果同 MOV A,♯00H,只影响标志位 P。

2. 累加器 A 取反指令（按位取反）

CPL A

说明：不影响标志位。

例：设（A）=56H(01010110)。

   CPL A　　　　　　;结果为 0A9H(10101001)

3. 循环左移

RL A

说明：

(1)每次只移动一位；

(2)在(A)≤07FH 时,左移一位相当于(A)乘以 2。

4. 带进位位循环左移

RLC A

说明：

(1)每次只移动一位,左移一位相当于(A)乘以 2；

(2)带进位位移动时,影响标志位 Cy 和 P。

5. 循环右移

RR A

说明：

(1)每次只移动一位；

(2)在(A)为偶数时,右移一位相当于(A)除以 2。

6. 带进位位循环右移

RRC A

说明：

(1)每次只移动一位,右移一位相当于(A)除以 2；

(2)带进位位移动时,影响标志位 Cy 和 P。

1.3.5　控制转移类指令

控制转移类指令包括无条件转移、条件转移、子程序调用和返回指令等,共 17 条。

一、无条件转移指令

1. 长跳转指令

助记符格式	相应操作	指令说明	机器周期
LJMP addr16	addr16→(PC)	程序跳转到地址为 addr16 开始的地方执行	2

说明:
(1)该指令结果不影响程序状态字寄存器 PSW;
(2)转移范围是 64 KB 全程序空间任何单元。
例:LJMP NEXT。

2. 短(绝对)跳转指令

助记符格式	相应操作	指令说明	机器周期
AJMP addr11	(PC)+2→(PC) addr11→(PC$_{10-0}$)	程序跳转到地址为 PC$_{15-11}$ addr11 开始的地方执行,2 KB 内绝对转移	2

说明:
(1)该指令结果不影响程序状态字寄存器 PSW;
(2)转移范围:含有下一条指令首地址的同一个 2 KB 范围,即高 5 位地址相同。
例:AJMP NEXT。

3. 相对转移(短转移)指令

助记符格式	相应操作	指令说明	机器周期
SJMP rel	(PC)+2→(PC) (PC)+2→(PC)	80H(−128)~7FH(+127)短转移	2

说明:
(1)该指令结果不影响程序状态字寄存器 PSW;
(2)rel 为指令代码中的转移范围(相对量),−128~+127;对应 rel 值为:00H~7FH(0~+127)、80H~FFH(−128~−1)。
例:SJMP NEXT。

4. 间接转移指令

助记符格式	相应操作	指令说明	机器周期
JMP @A+DPTR	(A)+(DPTR)→(PC)	64 KB 内相对转移	2

说明:
(1)该指令结果不影响程序状态字寄存器 PSW;
(2)具有多分支转移功能,即散转功能,又称散转指令;

(3)转移范围:是以DPTR为首地址的256 B。

例:根据累加器A中的命令键键值,设计命令键操作程序入口跳转表。

```
        CLR     C
        RLC     A
        MOV     DPTR,#JPTAB
        JMP     @A+DPTR
JPTAB:  AJMP    CCS0
        AJMP    CCS1
        AJMP    CCS2
```

二、条件转移指令

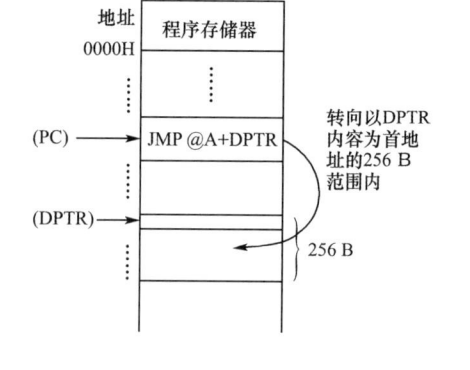

1. 累加器A判0指令(2条)

助记符格式	相应操作	指令说明	机器周期
JZ rel	(PC)+2→(PC)	当(A)=0时,(PC)+rel→(PC)转移;当(A)≠0时,顺序执行	2
JNZ rel	(PC)+2→(PC)	当(A)≠0时,(PC)+rel→(PC)转移;当(A)=0时,顺序执行	2

说明:

(1)以上指令结果不影响程序状态字寄存器PSW;

(2)转移范围与指令SJMP相同。

2. 比较不等转移指令(4条)

助记符格式	相应操作	指令说明	机器周期
CJNE A,direct,rel	(PC)+2→(PC)	若(A)>(direct),则(PC)+rel→(PC),且0→(Cy);若(A)<(direct),则(PC)+rel→(PC),且1→(Cy);若(A)=(direct),则顺序执行,且0→(Cy)	2
CJNE A,#data,rel	(PC)+2→(PC)	若A>#data,则(PC)+rel→(PC),且0→(Cy);若A<#data,则(PC)+rel→(PC),且1→(Cy);若A=#data,则顺序执行,且0→(Cy)	2
CJNE Rn,#data,rel	(PC)+3→(PC)	若(Rn)>#data,则(PC)+rel→(PC),且0→(Cy);若(Rn)<#data,则(PC)+rel→(PC),且1→(Cy);若(Rn)=#data,则顺序执行,且0→(Cy)	2
CJNE @Ri,#data,rel	(PC)+3→(PC)	若((Ri))>#data,则(PC)+rel→(PC),且0→(Cy);若((Ri))<#data,则(PC)+rel→(PC),且1→(Cy);若((Ri))=#data,则顺序执行,且0→(Cy)	2

说明：
(1)以上指令结果影响程序状态字寄存器 PSW 的 Cy 标志；
(2)转移范围与指令 SJMP 相同。

3. 判 C 转移指令(2 条)

助记符格式	相应操作	指令说明	机器周期
JC rel	(PC)+2→(PC)	(Cy)=1,则(PC)+rel→(PC) (Cy)=0,则顺序向下执行	2
JNC rel	(PC)+2→(PC)	(Cy)=0,则(PC)+rel→(PC) (Cy)=1,则顺序向下执行	2

说明：以上指令结果不影响程序状态字寄存器 PSW。

4. 减 1 不为 0 转移指令(循环转移指令)(2 条)

助记符格式	相应操作	指令说明	机器周期
DJNZ Rn,rel	(PC)+2→(PC)	(Rn)−1→Rn； 若(Rn)≠0,则(PC)+rel→(PC)； 若(Rn)=0,则结束循环,顺序执行	2
DJNZ direct,rel	(direct)−1→(direct)	若(direct)≠0,则(PC)+rel→(PC)； 若(direct)=0,则结束循环,顺序执行	2

说明：
(1)以上指令结果不影响程序状态字寄存器 PSW；
(2)转移范围与指令 SJMP 相同；
(3)此指令通常用于循环程序中控制循环次数。

5. 位转移指令(3 条)

助记符格式	相应操作	指令说明	机器周期
JB bit,rel	(PC)+3+rel→(PC)	若(bit)=1,则(PC)+rel→(PC) 若(bit)=0,则顺序向下执行	2
JNB bit,rel	(PC)+3+rel→(PC)	若(bit)=0,则(PC)+rel→(PC) 若(bit)=1,则顺序向下执行	2
JBC bit,rel	(PC)+3+rel→(PC)	若(bit)=1,则(PC)+rel→(PC) 若(bit)=0,则顺序向下执行	2

说明：
(1)以上指令结果不影响程序状态字寄存器 PSW；
(2)JBC 和 JB 指令区别,前者转移后并把寻址位清 0,后者只转移不清 0 寻址位。

三、子程序调用和返回指令

子程序结构是一种重要的程序结构。在一个程序中经常遇到反复多次执行程序段的情况,如果重复书写这个程序段,会使程序变得冗长而杂乱,因而采用了功能较为重复的子程序。

调用和返回构成了子程序调用的完整过程。为了实现这一过程,必须有子程序调用指令和返回指令。返回指令应该是子程序的最后一条指令。执行完这条指令后,程序返回主程序断点处继续执行。

1. 子程序长调用指令(1 条)

助记符格式	相应操作	指令说明	机器周期
LCALL addr16	(PC)+3→(PC) (SP)+1→(SP) (PC$_{0\sim7}$)→(SP) (SP)+1→(SP) (PC$_{8\sim15}$)→(SP) addr$_{0\sim15}$→(PC)	(1)该指令执行前 PC 值为下一条指令的首地址; (2)转移范围:整个程序存储空间,64 KB 范围; (3)指令结果不影响程序状态字寄存器 PSW	2

例:LCALL SUBJIA。

2. 短调用指令(1 条)

助记符格式	相应操作	指令说明	机器周期
ACALL addr11	(PC)+2→(PC) (SP)+1→(SP) (PC$_{0\sim7}$)→(SP) (SP)+1→(SP) (PC$_{8\sim15}$)→(SP) addr$_{0\sim10}$→(PC)$_{0\sim10}$ (PC)$_{11\sim15}$不变 (PC$_{8\sim15}$)→(SP) addr$_{0\sim15}$→(PC)	(1)该指令执行前 PC 值为下一条指令的首地址; (2)转移范围:含有下一条指令首地址的同一个 2 KB 范围,即高 5 位地址相同; (3)指令结果不影响程序状态字寄存器 PSW	2

例:ACALL SUBJIA。

3. 返回指令(2 条)

助记符格式	相应操作	指令说明	机器周期
RET	(SP)→(PC)$_{8\sim15}$ (SP)-1→(SP) (SP)→(PC)$_{0\sim7}$ (SP)-1→(SP)	子程序返回指令	2
RETI	(SP)→(PC)$_{8\sim15}$ (SP)-1→(SP) (SP)→(PC)$_{0\sim7}$ (SP)-1→(SP)	中断服务程序返回指令	2

该指令用于中断服务程序中,每一个中断服务程序的最后一条指令必然是 RETI 指令。RETI 指令与 RET 指令的区别在于 RETI 指令在实现中断返回的同时,可清除中断标志。

用法：RETI   ;中断处理程序最后一条指令

四、空操作指令(1条)

助记符格式	相应操作	机器周期
NOP	(PC)+1→(PC)	1

这是一条单字节指令。执行时，不做任何操作(空操作)，仅将程序计数器 PC 的内容加 1，使 CPU 指向下一条指令继续执行程序。这条指令常用来产生一个机器周期的时间延迟。

1.3.6 常用伪指令

伪指令不要求计算机做任何操作，也没有对应的机器码，不产生目标程序，不影响程序的执行，仅仅是能够帮助进行汇编的一些指令。它主要用来指定程序或数据的起始位置，给出一些连续存放数据的地址或为中间运算结果保留一部分存储空间以及表示源程序结束等。不同版本的汇编语言，伪指令的符号和含义可能有所不同，但基本用法是相似的。下面介绍几种常用的伪指令。

一、设置目标程序起始地址伪指令 ORG

格式：[符号：] ORG 地址(十六进制表示)

该伪指令的功能是规定其后面的目标程序或数据块的起始地址。它放在一段源程序(主程序、子程序)或数据块的前面，说明紧跟在其后的程序段或数据块的起始地址就是 ORG 后面给出的地址。例如：

```
    ORG 2000H
START: MOV A,♯7FH
```

二、结束汇编伪指令 END

格式：[符号：] END

END 是汇编语言源程序的结束标志，表示汇编结束。在 END 以后所写的指令，汇编程序都不予处理。一个源程序只能有一个 END 命令，否则就有一部分指令不能被汇编。如果 END 前面加标号的话，则应与被结束程序段的起始点的标号一致，以表示结束的是哪一个程序段。

三、定义字节伪指令 DB

格式：[标号：] DB 项或项表

其中项或项表指一个字节数据，用逗号分开的字节数据串，或以引号括起来的字符串。该伪指令的功能是把项或项表的数据(字符串按字符顺序以 ASCII 码)存入从标号地址开始的连续存储单元中。例如：

```
    ORG 2000H
TAB1:DB 30H,8AH,7FH,73
    DB '5','A','BCD'
```

由于 ORG 2000H,所以 TAB1 的地址为 2000H,因此,以上伪指令经汇编后,将对 2000H 开始的连续存储单元赋值:

(2000H)=30H
(2001H)=8AH
(2002H)=7FH
(2003H)=49H
(2004H)=35H
(2005H)=41H
(2006H)=42H
(2007H)=43H
(2008H)=44H

四、定义字伪指令 DW

格式:[标号:]DW 项或项表

DW 伪指令与 DB 相似,但用于定义字的内容。项或项表指所定义的一个字(两个字节)或用逗号分开的字串。汇编时,机器自动按高 8 位先存入,低 8 位在后的格式排列。例如:

```
    ORG 1500H
TAB2:DW 1234H,80H
```

汇编以后:(1500H)=12H,(1501H)=34H,(1502H)=00H,(1503H)=80H。

五、预留存储空间伪指令 DS

格式:[标号:]DS 表达式

该伪指令的功能是从标号地址开始,保留若干个字节的内存空间以备存放数据。保留的字节单元数由表达式的值决定。例如:

```
ORG 1000H
DS 20H
DB 30H,8FH
```

汇编后从 1000H 开始,预留 32(20H)个字节的内存单元,然后从 1020H 开始,按照下一条 DB 指令赋值,即(1020H)=30H,(1021H)=8FH。

六、等值伪指令 EQU

格式:标号:EQU 项

该伪指令的功能是将指令中的项的值赋予 EQU 前面的标号。项可以是常数、地址标号或表达式。例如:

```
TAB1:EQU 1000H
```

TAB2:EQU 2000H

汇编后 TAB1、TAB2 分别具有值 1000H、2000H。

用 EQU 伪指令对某标号赋值后,该标号的值在整个程序中不能再改变。

七、位地址定义伪指令 BIT

格式:标号:BIT 位地址

该伪指令的功能是将位地址赋予 BIT 前面的标号,经赋值后可用该标号代替 BIT 后面的位地址。例如:

PLG:BIT F0

AI:BIT P1.0

经以上伪指令定义后,在程序中就可以把 PLG 和 AI 作为位地址。

1.4 汽车单片机程序设计

在了解了单片机的结构和程序指令后,就可以进行汽车单片机程序设计了。程序是为实现特定目标或解决特定问题而用计算机语言编写的命令序列的集合。

一、汇编语言程序设计步骤

1. 分析问题

首先必须明确求解问题的意义和任务。对题目给出的已知条件和要完成的任务进行详细的了解和分析,将一个实际的问题转化为计算机可以处理的问题。

2. 确定算法

所谓算法,简单地说就是计算机能够实现的有限的解题步骤。计算机只能进行最基本的算术运算和逻辑运算,要完成较为复杂的运算和控制操作,必须选择合适的算法,这是正确编程的基础。所涉及的某种运算,则必须写出适合程序设计的正确算法。若题目要完成的功能未涉及运算,则要写出编程思想。

3. 设计流程

将提出的算法或编程思想用流程图的方式画出来。流程图中通用的符号如图 1-11 所示。

4. 根据流程图编写程序

编写程序是采用程序设计语言来实现上面已确定的算法。采用汇编语言编写程序应注意以下问题:

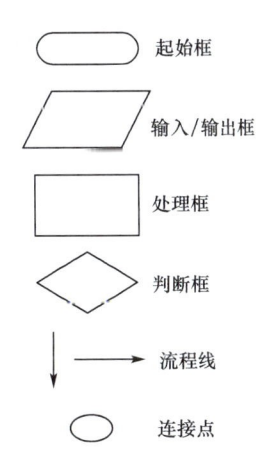

图 1-11 流程图中通用的符号

(1)必须详细了解CPU的编程模型、指令系统、寻址方式及相关伪指令。
(2)必须进行存储空间和工作单元的合理分配。
(3)多次使用的程序段可采用子程序或宏指令。
(4)尽可能用标号或变量来代替绝对地址和常数。

5. 程序的调试、检验

程序编写好以后,必须经过调试,以便说明程序是否正确。检验时,应预先选择典型数据,检查是否可以得到预期结果。

6. 编写说明文件

一个完整的软件应有相应的说明文件,这不仅便于用户使用,也便于对程序的维护和扩充。说明文件主要应包括程序的功能和使用方法,程序的基本结构和所采用的主要算法以及程序的必要说明和注意事项等。

二、汇编语言程序基本结构程序

汇编语言程序的结构形式主要分为三种:顺序结构、分支结构和循环结构。顺序结构是最简单的程序结构,在顺序结构中既无分支、循环,也不调用子程序,程序执行时一条一条地按顺序执行指令。分支结构使用条件转移指令实现,即根据条件对程序的执行进行判断,满足条件则进行程序转移,否则程序顺序执行。循环结构则在程序的某个区段进行反复运行,直到满足某种条件结束,而有的程序则完全不能跳出死循环,将会无休止地运行下去。

三、汇编语言程序汽车使用控制程序举例

1. 试计算发动机燃油温度信号与燃油温度的关系

发动机的燃油温度通常是电压信号,电压信号与燃油温度对应关系见表1-7。

表1-7　　　　　　　　电压信号与燃油温度对应关系

电压信号/V	1	2	3	4
燃油温度/℃	22	30	38	54

通过表1-7可以在得到一个电压信号后,算出燃油温度。由于输入的字符之间很难找到什么规律,建立表格时将字符和其对应的处理程序的地址一同存入。查表时先查找电压值,其后就是处理程序的入口地址(假设待转换量放在A中,结果存放到R1中)。程序代码如下:

```
SRT:    MOV DPTR,#TAB
        MOV B,A
LOOP:   CLR A
        MOVC A,@A+DPTR
        INC DPTR
        CJNE A,B,NEXT
        CLR A
        MOVC A,@A+DPTR
```

```
            MOV R1,A
NEXT：INC DPTR
            SJMP LOOP
TAB： DB 1
        DB 22
        DB 2
        DB 30
        DB 3
        DB 38
        DB 4
        DB 54
```

2. 空燃比反馈修正控制原理程序

为了使发动机在不同工况下都处于最佳状态,发动机启动后的喷油控制分为基本喷油时间控制和修正控制。喷油量的修正控制主要利用氧传感器信号来修正。修正的目标是使混合气在理论空燃比(14.7∶1)附近,才能使燃油燃烧更充分,排放更好。

氧传感器动态电压值 a 与设计目标值 14.7 对应的电压值 b 比较,如果 a＞b,表示喷油过浓,需要调用减小喷油子程序,执行后返回转移循环监测;如果 a＜b,表示喷油过稀,需要调用增大喷油子程序,执行后返回转移循环监测;如果 a＝b,表示喷油在理想空燃比附近,保持不变,转移循环监测。

喷油量修正控制是发动机整体控制程序的一个子程序,为了方便理解,设定这是一个相对独立的程序。

喷油量修正控制程序流程图如图 1-12 所示。

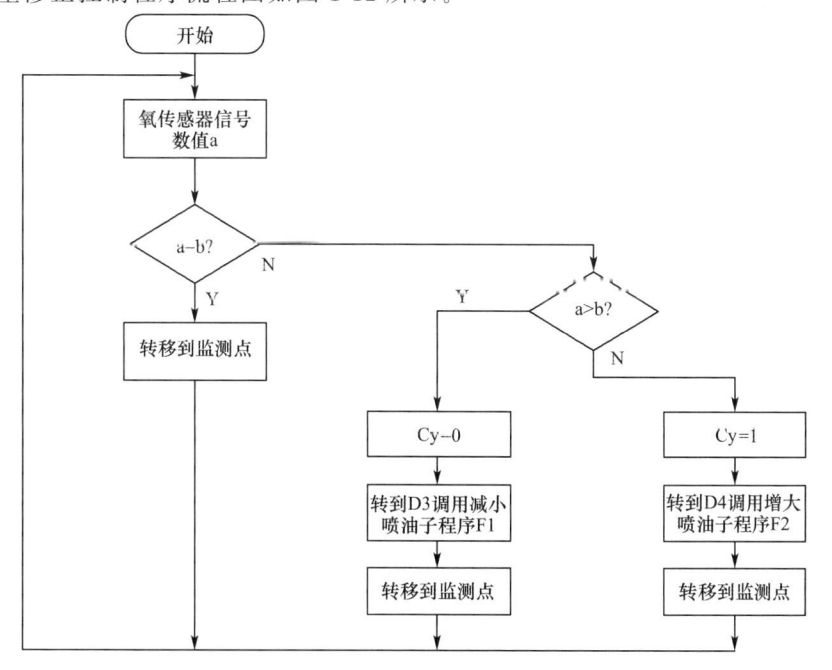

图 1-12 喷油量修正控制程序流程图

从流程图可以看出,这是一个三分支结构程序,左分支程序保持喷油量不变,中间分支程序调用减小喷油子程序,右分支程序调用增大喷油子程序。子程序增大或减小变量的喷油时间参数后,要返回转移循环监测氧传感器不断传来的动态电压信号值 a,看是否达到目标值。发动机在全部运行过程中,喷油量修正控制程序一直在不断循环监测氧传感器信号和修正喷油时间,使尾气排放达到环保要求。

在程序中使用比较不相等转移指令 CJNE 实现三分支判断。

喷油量修正控制程序如下:

```
LOOP:   MOV R1,♯a        ;氧传感器信号送 R1
        CJNE R1,♯b,D2    ;比较 a 和 b 的值,不相等转移到 D2,相等执行 D1
D1:     SJMP LOOP        ;转移到监测点
D2:     JC D4            ;若 a<b,Cy=1,则转到 D4;若 a>b,Cy=0,则执行 D3;
D3:     LCALL F1         ;调用减小喷油子程序 F1
        SJMP LOOP        ;执行减小喷油子程序后返回,转移到监测点
D4:     LCALL F2         ;调用增大喷油子程序 F2
        SJMP LOOP        ;执行增大喷油子程序后返回,转移到监测点
```

1.5　项目实践:流水灯电路板的焊接和程序编写及烧录

1.5.1　流水灯电路板的焊接

本次实训通过 MCS-51 单片机来控制接在它上面的 8 个发光二极管(LED)实现流水灯控制。这 8 个 LED 灯为共阳极连接,只要利用程序设计使单片机输出端为低电平时即可点亮 LED,也可利用按键控制单片机的输出为低电平实现点亮 LED。所以只要选择程序控制单片机的 P1 口输出低电平,并用按键控制单片机的 P0 口输出低电平,就可以用程序和按键来控制流水灯亮灭的要求。

一、实训所用设备和原理

在本次实训中所用到的元件和设备见表 1-8。

表 1-8　用到的元件和设备

名称	型号	数量
电阻	220 Ω	9
电容	103 μF	4
开关		8
芯片	RX8	1
单片机	89C51	1

续表

名称	型号	数量
PC 机串行口		1
LED 灯		8
电源指示灯		1
按键		4
焊接工具		1

程序控制原理如图 1-13 所示。

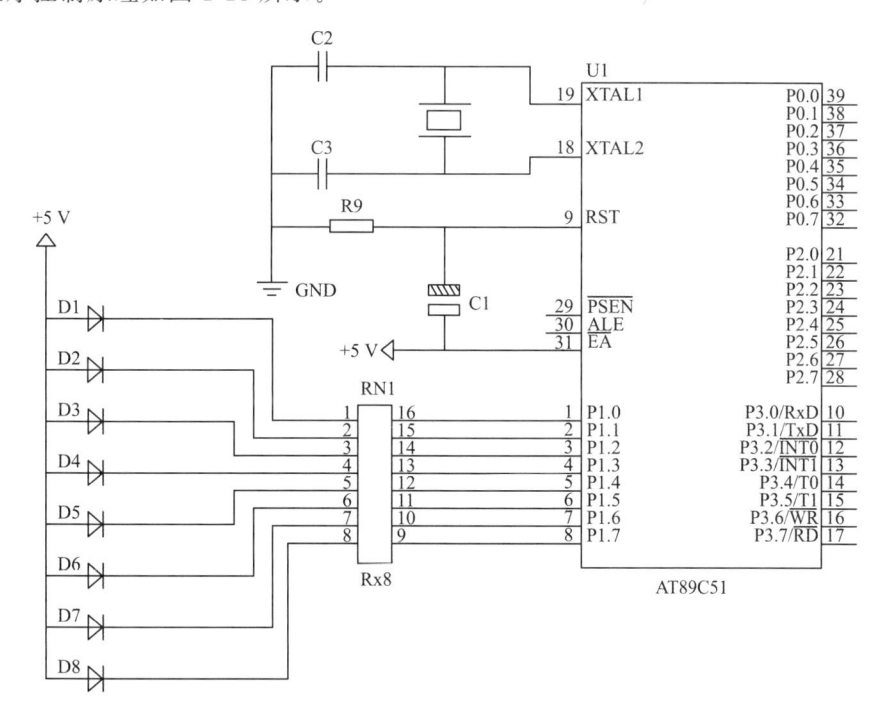

图 1-13 程序控制原理

按键控制原理如图 1-14 所示。

二、焊接

首先根据元件和所给电路图将电路板焊接好,在焊接时应注意正确的焊接方法,正确识别元件。

1. 正确的焊接方法

焊接时利用电烙铁头对元件引线和焊盘预热,电烙铁头与焊盘的平面最好呈 45°,等待焊金属上升至焊接温度时,再加焊锡丝。被焊金属未经预热,而将焊锡直接加在电烙铁头上,使焊锡直接滴在焊接部位,这种焊接方法常常会导致虚焊。

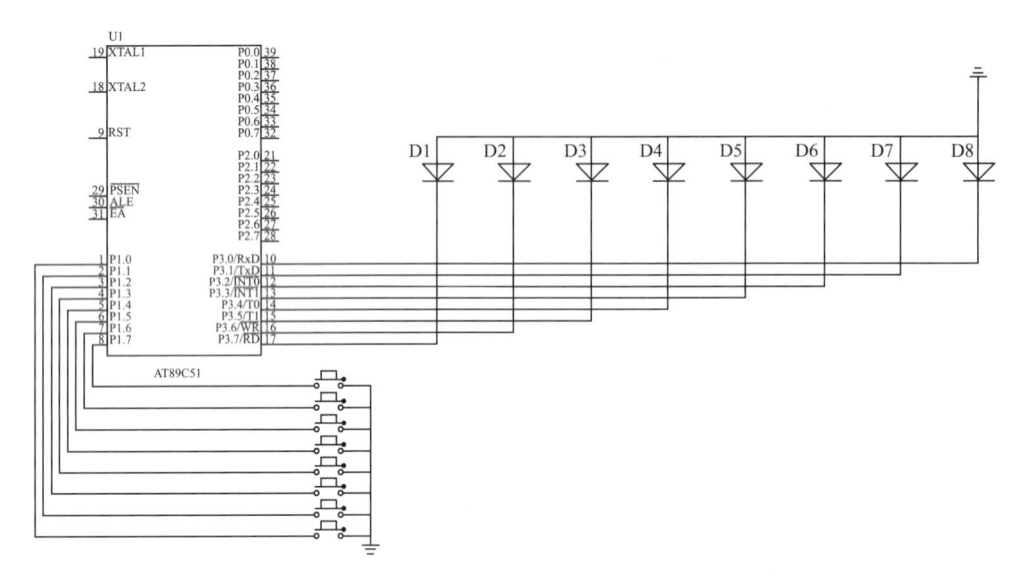

图 1-14 按键控制原理

2. 插件元件焊接的步骤

(1)插入。将插件元件插入电路板标示位置过孔中,与电路板紧贴至无缝为止。如未与电路板贴紧,在重复焊接时焊盘高温易使焊盘损伤或脱落,物流过程中也可导致焊盘损伤或脱落。

(2)预热。电烙铁与元件引脚、焊盘接触,同时预热焊盘与元件引脚,而不是仅仅预热元件,此过程约需 1 s。

(3)加焊锡。焊锡加焊盘上(而不是仅仅加在元件引脚上),待焊盘温度上升到使焊锡熔化的温度,焊锡就自动熔化。不能将焊锡直接加在电烙铁上使其熔化,这样会造成冷焊。

(4)加适量的焊锡后先拿开焊锡。

(5)焊后加热。拿开焊锡后,不要立即拿走电烙铁,继续加热使焊锡完成润湿和扩散两个过程,直到焊点最明亮时再拿开电烙铁,不应有毛刺和空隙。

(6)冷却。在冷却过程中不要移动插件元件。

3. 贴片元件焊接的步骤

(1)在待焊元件的一端点上焊锡。

(2)用镊子将贴片元件水平放置在电路板上标示位置,先焊接好已点锡的一端,再在未点锡的一端加上焊锡焊接好即可。

4. 焊接要素

(1)焊接温度和时间。焊锡的最佳温度为 350 ℃,温度太低易形成冷焊点,高于 400 ℃ 易使焊点质量变差,且容易导致焊盘(铜皮)变形或脱落。

焊接时间:完成润湿和扩散两个过程需 2~3 s,1 s 仅完成润湿和扩散两个过程的 35%。一般 IC、三极管焊接时间少于 3 s,其他元件焊接时间为 4~5 s。

(2)焊锡量适当。焊点上焊锡过少,机械强度低。焊锡过多,容易造成绝缘距离减小、焊点相碰或跳锡等现象。

(3)焊接操作的正确姿势。掌握正确的操作姿势,可以保证操作者的身心健康,减轻劳动伤害。为减少焊剂加热时挥发出的化学物质对人的危害,减少有害气体的吸入量,一般情况下,电烙铁到鼻子的距离应该不小于 20 cm,通常以 30 cm 为宜。

电烙铁的正确握法有三种,如图 1-15 所示。

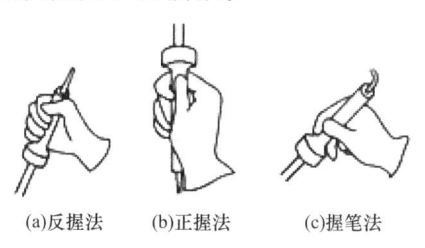

(a)反握法　　(b)正握法　　(c)握笔法

图 1-15　电烙铁的握法

反握法的动作稳定,长时间操作不易疲劳,适用于大功率电烙铁的操作;正握法适用于中功率电烙铁或带弯头电烙铁的操作;一般在操作台上焊接印制板等焊件时,多采用握笔法。

焊锡一般有两种拿法,如图 1-16 所示。由于焊锡中含有一定比例的铅,而铅是对人体有害的一种重金属,因此操作时应戴手套或在操作后洗手,避免摄入铅尘。

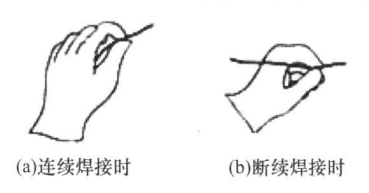

(a)连续焊接时　　(b)断续焊接时

图 1-16　焊锡的拿法

电烙铁使用后,一定要稳妥地插放在电烙铁架上,并注意导线等其他杂物不要碰到电烙铁头,以免烫伤导线,造成漏电等事故。

5. 手工焊接操作的基本步骤

掌握好电烙铁的温度和焊接时间,选择恰当的电烙铁头和焊点的接触位置,才可能得到良好的焊点。正确的手工焊接操作过程可以分成五个步骤,如图 1-17 所示。

(1)准备施焊[图 1-17(a)]

左手拿焊锡丝,右手握电烙铁,进入备焊状态。要求电烙铁头保持干净,无焊渣等氧化物,并在表面镀有一层焊锡。

(2)加热焊件[图 1-17(b)]

电烙铁头靠在两焊件的连接处,加热整个焊件,时间为 1～2 s。在电路板上焊接元件时,要注意使电烙铁头同时接触两个被焊接物。例如,图 1-17(b)中的导线与接线柱、元件引线与焊盘要同时均匀受热。

(3)送入焊锡丝[图 1-17(c)]

焊件的焊接面被加热到一定温度时,焊锡丝从电烙铁对面接触焊件。注意:不要把焊锡丝送到电烙铁头上。

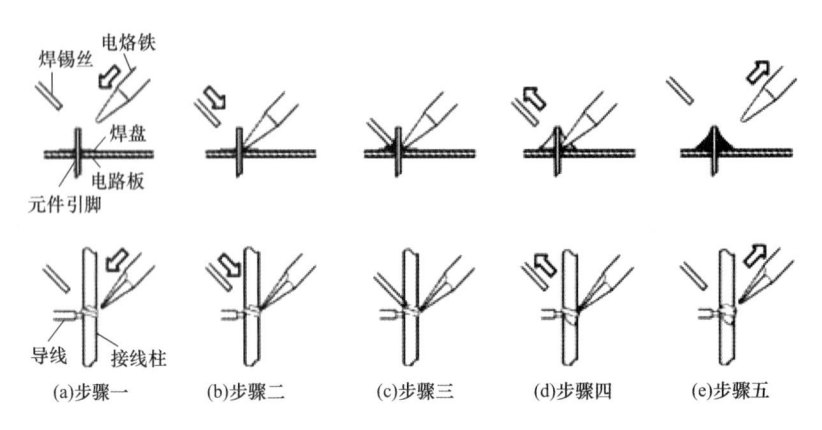

图 1-17 正确的手工焊接操作过程

(4)移开焊锡丝[图 1-17(d)]

当焊锡丝熔化一定量后,立即向左上 45°方向移开焊锡丝。

(5)移开电烙铁[图 1-17(e)]

焊锡浸润焊盘和焊件的施焊部位以后,向右上 45°方向移开电烙铁,结束焊接。从第三步开始到第五步结束,时间也是 1~2 s。

对于热容量小的焊件,例如电路板上较细导线的连接,可以简化为以下三步操作:

①准备:同(1);

②加热与送丝:电烙铁头放在焊件上后即放入焊锡丝;

③去丝移电烙铁:焊锡在焊接面上浸润扩散达到预期范围后,立即拿开焊锡丝并移开电烙铁,并注意移去焊锡丝的时间不得滞后于移开电烙铁的时间。

对于吸收低热量的焊件而言,上述整个过程的时间为 2~4 s,各步骤的节奏控制,顺序的准确掌握,动作的熟练协调,都是要通过大量实践并用心体会才能解决的问题。有人总结出了在五步骤操作法中用数秒的办法控制时间:电烙铁接触焊点后数 1 和 2(约 2 s),送入焊锡丝后数 3 和 4,移开电烙铁,焊锡丝熔化量要靠观察决定。此办法可以参考,但由于电烙铁功率、焊点热容量的差别等因素,实际掌握焊接火候并无定章可循,必须具体情况具体对待。试想,对于一个热容量较大的焊点,当使用功率较小的电烙铁焊接时,在上述时间内,可能加热温度还不能使焊锡丝熔化,焊接就无从谈起。

电烙铁温度升高后,首先应将电烙铁尖点上薄薄的一层焊锡,避免电烙铁尖因氧化而不沾锡。使用过程中,电烙铁尖表面应一直保持有薄薄的焊锡层,多余的焊锡可轻轻甩在电烙铁架上,或用一块湿布(湿海绵)擦拭一下。暂时不用时,应将电烙铁温度调至最低。

6. 元件识别

(1)色环电阻及其参数识别

①五环电阻的读法:前 3 位数字是有效数字,第 4 位是倍率,第 5 位是误差等级。色环颜色代表的数字:黑 0、棕 1、红 2、橙 3、黄 4、绿 5、蓝 6、紫 7、灰 8、白 9,色环颜色代表的倍率:黑×1、棕×10、红×100、橙×1 k、黄×10 k、绿×100 k、蓝×1 M、紫×10 M、灰×100 M、白×1 000 M、金×0.1、银×0.01,色环颜色代表的误差等级:金 5%、银 10%、棕 1%、红 2%、绿 0.5%、蓝 0.25%、紫 0.1%、灰 0.05%、无色 20%。

②色环电阻阻值速测软件。

③万用表直接测量。

(2)二极管和发光二极管

作用:二极管的主要特性是单向导电性,即在正向电压的作用下,导通电阻很小;而在反向电压作用下,导通电阻极大或无穷大。

识别方法:二极管的识别很简单,小功率二极管的 N 极(负极),在二极管外表大多采用一种色圈标出来,有些二极管也用二极管专用符号来表示 P 极(正极)或 N 极(负极),也有采用符号标志为"P""N"来确定二极管极性的。发光二极管的正负极可从引脚长短来识别,长脚为正,短脚为负。

测试注意事项:用数字式万用表测二极管时,红表笔接二极管的正极,黑表笔接二极管的负极,此时测得的阻值才是二极管的正向导通阻值,这与指针式万用表的表笔接法刚好相反。

(3)三极管

塑料封装三极管三极识别:PNP,NPN。

三极:基极(B),集电极(C),发射极(E)。

面对三极管平面,从左到右依次为 E、B、C。

(4)电容器

①电解电容

可从引脚长短来识别,长脚为正,短脚为负,使用电解电容时,还要注意正、负极不要接反。

②无极性电容

电容标称值:电解电容一般容值较大,表示为 x μF/y V,其中 x 为电容容值,y 为电容耐压。当容量小于 10 000 pF 时,用 pF 做单位,而且用简标,如:1 000 pF 标为 102,10 000 pF 标为 103;当容量大于 10 000 pF 时,用 μF 做单位。

为了简便起见,大于 100 pF 而小于 1 μF 的电容常常不注单位。没有小数点的,它的单位是 pF;有小数点的,它的单位是 μF。

完成焊接以后,要进行仔细检查,看是否有虚焊、漏焊、短路现象。用万用表电阻挡测量电源输入端,看是否有短路现象。如有,应在加电前排除。

1.5.2 流水灯程序的编写

流水灯程序的编写使用的是 Keil μVision4 汇编程序软件。Keil μVision4 汇编程序软件的使用方法如下:

(1)首先建立一个空文件夹,把工程文件放到里面,以避免和其他文件混合,如图 1-18 所示,先创建了一个名为"Mytest"的文件夹。

(2)双击桌面上的 Keil μVision4 图标,出现启动画面,如图 1-19 所示。

(3)单击"Project"→"New μVision Project",新建一个工程,如图 1-20 所示。

汽车单片机与局域网技术

图 1-18　创建一个名为"Mytest"的文件夹

图 1-19　Keil μVision4 启动画面

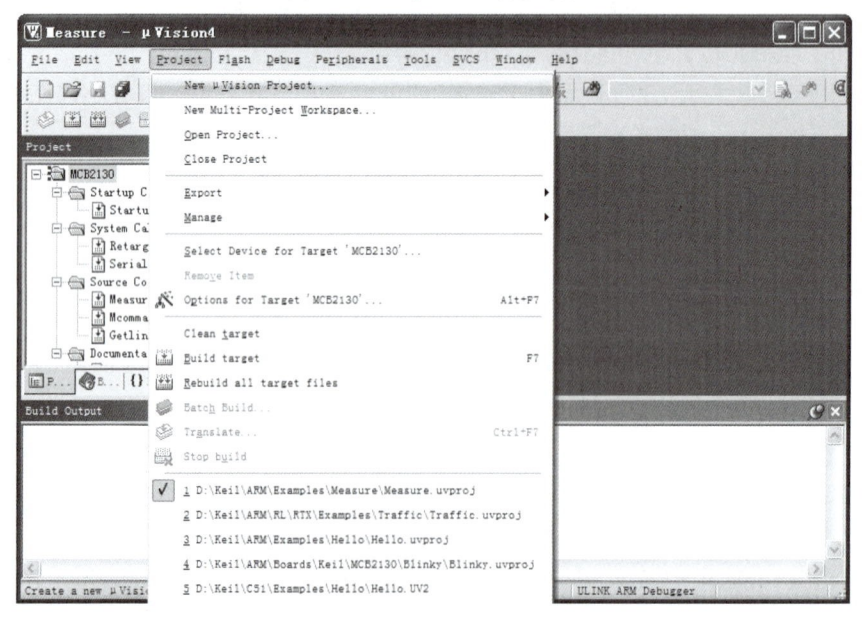

图 1-20　新建工程

(4)在弹出的对话框中选择放在刚才建立的"Mytest"文件夹下,给这个工程取名后保存,不需要填后缀,注意默认的工程后缀与 μVision3 及 μVision2 版本不同,为 uvproj,如图 1-21 所示。

图 1-21 保存工程

(5)弹出一个对话框,在 CPU 类型下找到并选中"Atmel"下的 AT89S51 或 AT89S52,如图 1-22 所示。

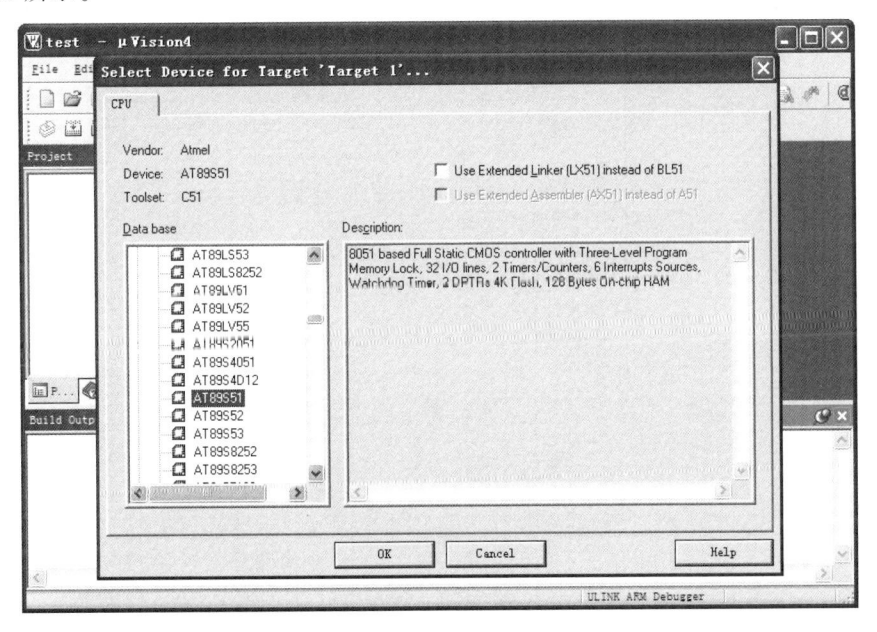

图 1-22 选择单片机型号

(6)至此,工程创建完毕,然后创立一个源程序文件,如图 1-23 所示。

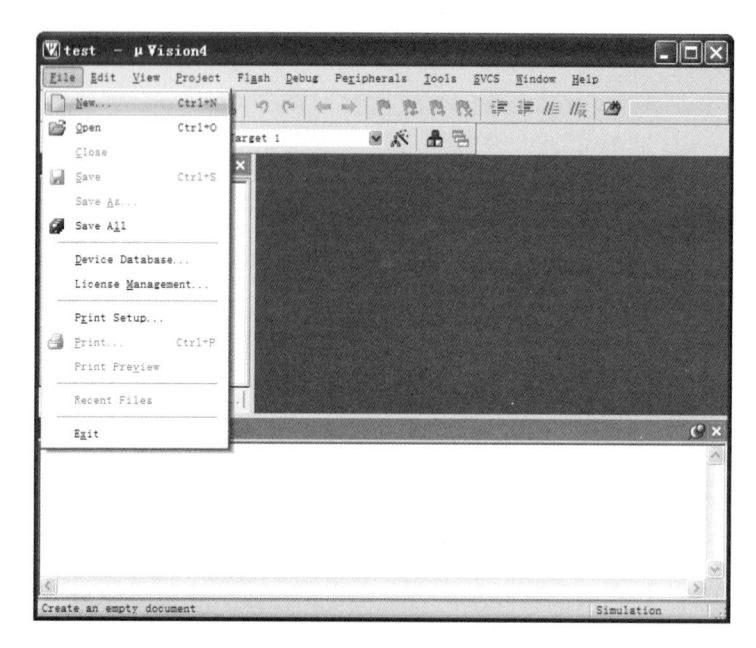

图 1-23　创建源程序文件

(7)写入或复制一个完整的汇编程序,如图 1-24 所示。本实训中要编写的是流水灯程序,样例如下:

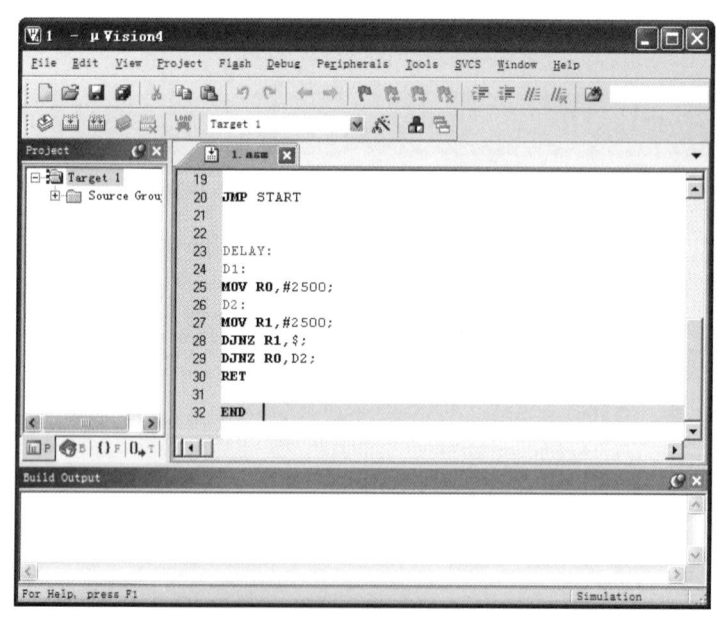

图 1-24　写入汇编程序

①流水灯程序样例 1:用最直接的方式实现流水灯
　　　　ORG 0000H
　　START:MOV P1,#01111111B　　　;最下面的 LED 点亮
　　　　　　LCALL DELAY　　　　　　;延时 1 s

```
            MOV P1,#10111111B      ;最下面第2个的LED点亮
            LCALL DELAY            ;延时1 s
            MOV P1,#11011111B      ;最下面第3个的LED点亮(以下省略)
            LCALL DELAY
            MOV P1,#11101111B
            LCALL DELAY
            MOV P1,#11110111B
            LCALL DELAY
            MOV P1,#11111011B
            LCALL DELAY
            MOV P1,#11111101B
            LCALL DELAY
            MOV P1,#11111110B
            LCALL DELAY
            MOV P1,#11111111B      ;完成第1次循环点亮,延时约0.25 s
            AJMP START             ;反复循环
;延时子程序,12 MHz晶振延时约250 ms
DELAY:
            MOV R4,#2
L3:         MOV R2,#250
L1:         MOV R3,#250
L2:         DJNZ R3,L2
            DJNZ R2,L1
            DJNZ R4,L3
            RET
            END
```

②流水灯程序样例2:用移位方式实现流水灯

```
            ORG 00H                ;程序上电从00H开始
            AJMP MAIN              ;跳转到主程序
            ORG 0030H              ;主程序起始地址
MAIN:
            MOV A,#0FEH            ;给A赋值成11111110
LOOP:
            MOV P1,A               ;将A送到P1口,发光二极管低电平点亮
            LCALL DELAY            ;调用延时子程序
            RL A                   ;累加器A循环左移一位
            AJMP LOOP              ;重新送P1显示
DELAY:
            MOV R3,#20             ;最外层循环20次
D1:
            MOV R4,#80             ;次外层循环80次
D2:
            MOV R5,#250            ;最内层循环250次
```

```
        DJNZ R5,$        ;总共延时 2 μs×250×80×20＝0.8 s
        DJNZ R4,D2
        DJNZ R3,D1
        RET
        END
```

③流水灯程序样例 3:花样流水灯

```
START:  CLR P1.0
        ACALL DELAY
        SETB P1.0
        ACALL DELAY
        CLR P1.1
        ACALL DELAY
        SETB P1.1
        ACALL DELAY
        CLR P1.2
        ACALL DELAY
        SETB P1.2
        ACALL DELAY
        CLR P1.3
        ACALL DELAY
        SETB P1.3
        ACALL DELAY
        CLR P1.4
        ACALL DELAY
        SETB P1.4
        ACALL DELAY
        CLR P1.5
        ACALL DELAY
        SETB P1.5
        ACALL DELAY
        CLR P1.6
        ACALL DELAY
        SETB P1.6
        ACALL DELAY
        CLR P1.7
        ACALL DELAY
        CLR P1.7
        ACALL DELAY
        CLR P1.0
        ACALL DELAY
        SETB P1.0
        ACALL DELAY
        CLR P1.1
```

```
ACALL DELAY
SETB P1.1
ACALL DELAY
CLR P1.2
ACALL DELAY
SETB P1.2
ACALL DELAY
CLR P1.3
ACALL DELAY
SETB P1.3
ACALL DELAY
CLR P1.4
ACALL DELAY
SETB P1.4
ACALL DELAY
CLR P1.5
ACALL DELAY
SETB P1.5
ACALL DELAY
CLR P1.6
ACALL DELAY
CLR P1.6
ACALL DELAY
CLR P1.0
ACALL DELAY
SETB P1.0
ACALL DELAY
CLR P1.1
ACALL DELAY
SETB P1.1
ACALL DELAY
CLR P1.2
ACALL DELAY
SETB P1.2
ACALL DELAY
CLR P1.3
ACALL DELAY
SETB P1.3
ACALL DELAY
CLR P1.4
ACALL DELAY
SETB P1.4
ACALL DELAY
```

```
CLR P1.5
ACALL DELAY
CLR P1.5
ACALL DELAY
CLR P1.0
ACALL DELAY
SETB P1.0
ACALL DELAY
CLR P1.1
ACALL DELAY
SETB P1.1
ACALL DELAY
CLR P1.2
ACALL DELAY
SETB P1.2
ACALL DELAY
CLR P1.3
ACALL DELAY
SETB P1.3
ACALL DELAY
CLR P1.4
ACALL DELAY
CLR P1.4
ACALL DELAY
CLR P1.0
ACALL DELAY
SETB P1.0
ACALL DELAY
CLR P1.1
ACALL DELAY
SETB P1.1
ACALL DELAY
CLR P1.2
ACALL DELAY
SETB P1.2
ACALL DELAY
CLR P1.3
ACALL DELAY
CLR P1.3
ACALL DELAY
CLR P1.0
ACALL DELAY
SETB P1.0
```

```
            ACALL DELAY
            CLR P1.1
            ACALL DELAY
            SETB P1.1
            ACALL DELAY
            CLR P1.2
            ACALL DELAY
            CLR P1.2
            ACALL DELAY
            CLR P1.0
            ACALL DELAY
            SETB P1.0
            ACALL DELAY
            CLR P1.1
            ACALL DELAY
            CLR P1.1
            ACALL DELAY
            CLR P1.0
            ACALL DELAY
            CLR P1.0
            ACALL DELAY
            SETB P1.0
            ACALL DELAY
            SETB P1.1
            ACALL DELAY
            SETB P1.2
            ACALL DELAY
            SETB P1.3
            ACALL DELAY
            SETB P1.4
            ACALL DELAY
            SETB P1.5
            ACALL DELAY
            SETB P1.6
            ACALL DELAY
            SETB P1.7
            ACALL DELAY
            AJMP START
DELAY:      MOV R7,#250
    D1:     MOV R6,#250
    D2:     DJNZ R6,D2
            DJNZ R7,D1
            RET
```

END

④流水灯程序样例4:开关控制的单片机流水灯

```
        ORG 0000H
        MOV R2,#0
M_LOOP:
        MOV A,R2
        INC R2
        ANL A,#07H
        MOV C,P1.0
        MOV ACC.3,C
        MOV DPTR,#TAB
        MOVC A,@A+DPTR
        MOV P0,A
        CALL DL5KT
        SJMP M_LOOP
    TAB:
        DB 0xFF,0xE7,0xC3,0x81,0x00,0x00,0x00,0x00
        DB 0xFF,0x7E,0x3C,0x18,0x00,0x00,0x00,0x00
    DL5KT:
        MOV R5,#10
        MOV R6,#100
        MOV R7,#250
        DJNZ R7,$
        DJNZ R6,$-4
        DJNZ R5,$-8
        RET
        END
```

⑤按键程序样例(以四个按键为例)

```
        ORG 00H
        MOV P0,#80H
MAIN:
        JNB P1.1 S1OK        ;检查按键是否按下
        JNB P1.2 S2OK
        JNB P1.3 S3OK
        JNB P1.0 S4OK
        LJUM MAIN
S1OK:   MOV P0,#0F9H
        MOV P0,#11111110B
        LJUMP MAIN
S2OK:   MOV P0,#0A4H
        MOV P0,#11111110B
        LJUMP MAIN
S3OK:   MOV P0,#0B0H
```

```
            MOV P0,#11111110B
            LJUMP MAIN
S4OK：MOV P0,#0C0H
            MOV P0,#11111110B
            LJUMP MAIN
            END
```

(8)输入源程序文件名,如"test"。注意:如果用汇编语言,要带后缀名".asm",然后保存,如图1-25所示。

图1-25 保存源文件

(9)将创建的源程序文件加入工程项目文件中,如图1-26所示。

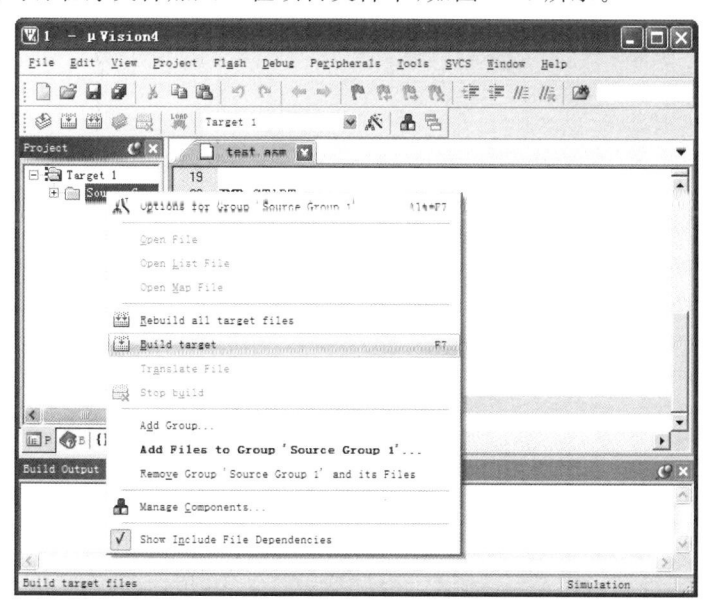

图1-26 将创建的源程序文件加入工程项目文件中

单击"ADD"按钮,对话框不会消失,直接单击"Close"按钮关闭即可,此时大程序文本字体颜色已发生了变化。

(10)最后将晶振设置修改成 12.0 MHz,因 12.0 MHz 方便计算指令时间,设置晶振如图 1-27 所示。

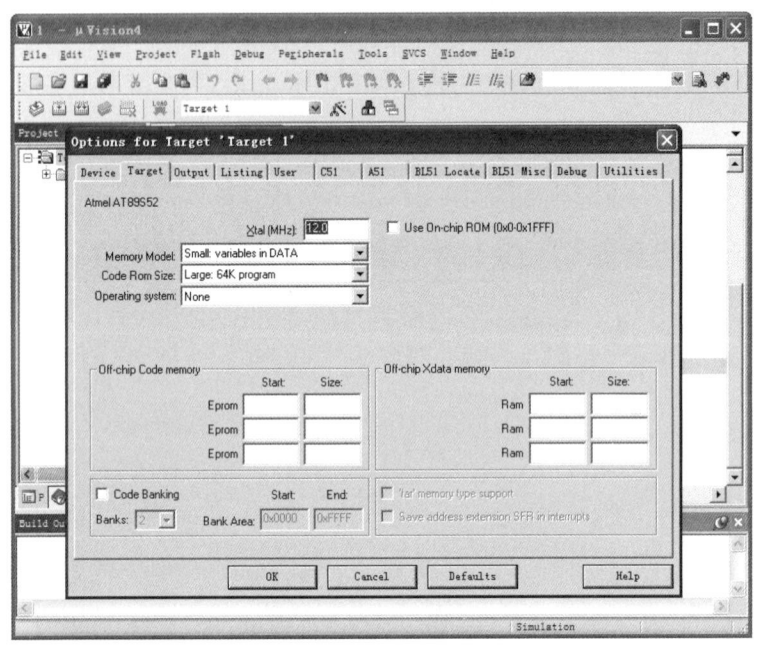

图 1-27 设置晶振

(11)在 Output 选项卡中勾选"Create HEX File"复选框,使编译器输出单片机需要的 HEX 文件,如图 1-28 所示。

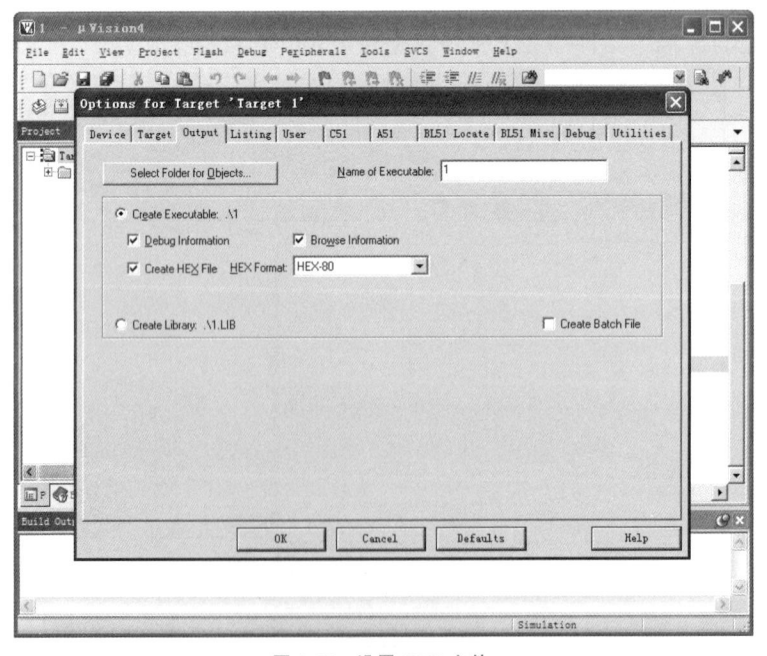

图 1-28 设置 HEX 文件

(12)单击"保存"按钮并编译,如图 1-29 所示。如果有错误,要进行修改,直到没有错误。

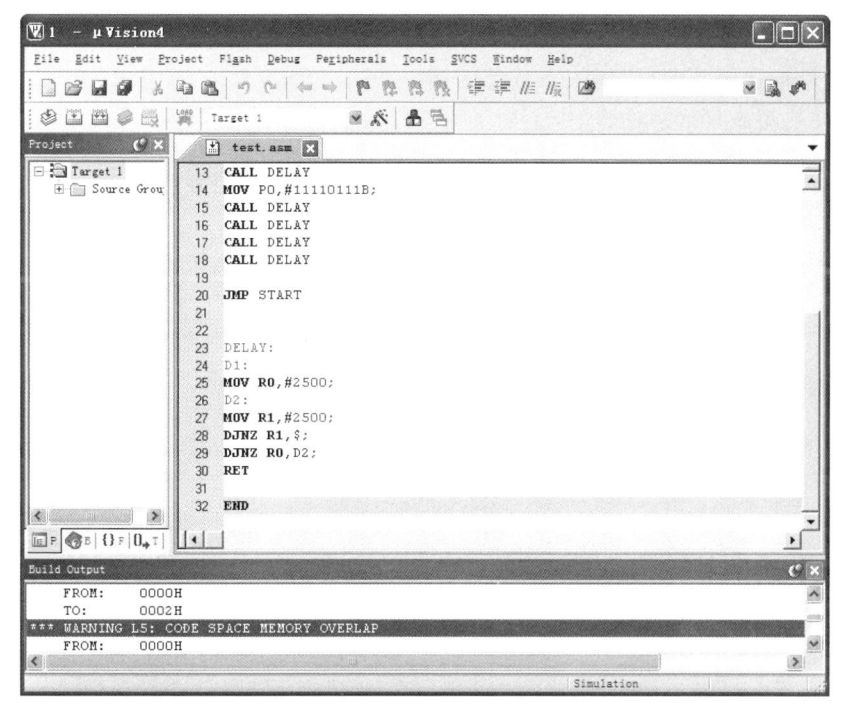

图 1-29 保存并编译

查看工程文件夹内容,如图 1-30 所示。生成 .hex 文件待用。注意在保存过程中各步保存的名字应该相同。

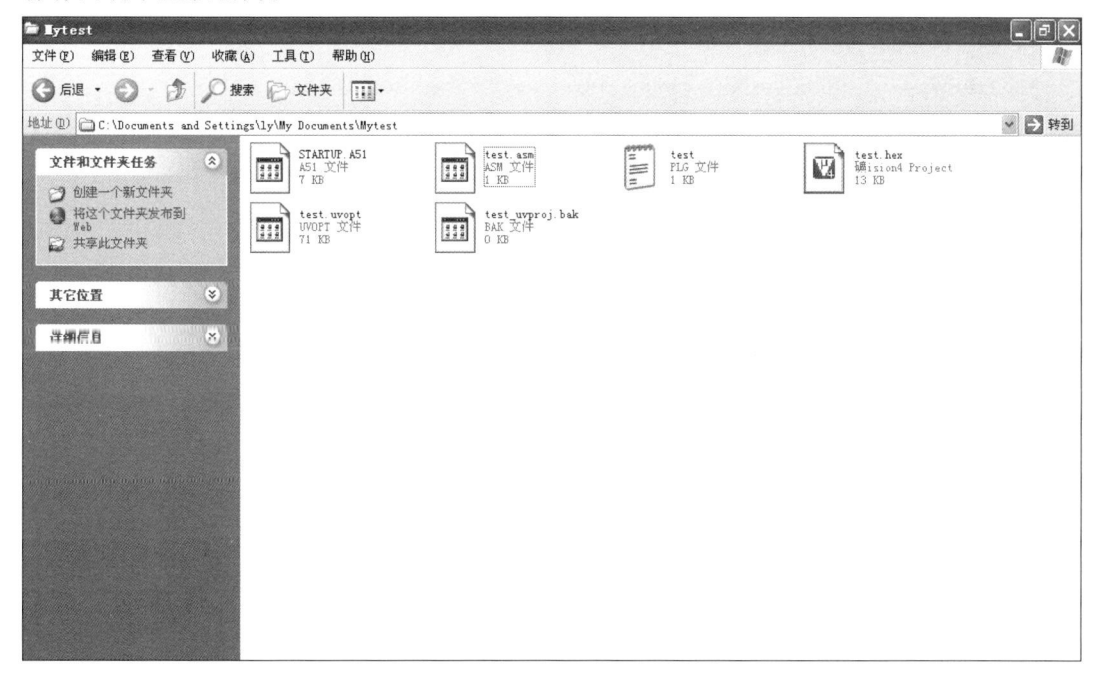

图 1-30 工程文件夹内容

1.5.3 流水灯程序的烧录

烧录软件使用的是 STC-ISP,本软件不用安装,直接解压即可使用。

(1)打开烧录软件的界面,如图 1-31 所示。

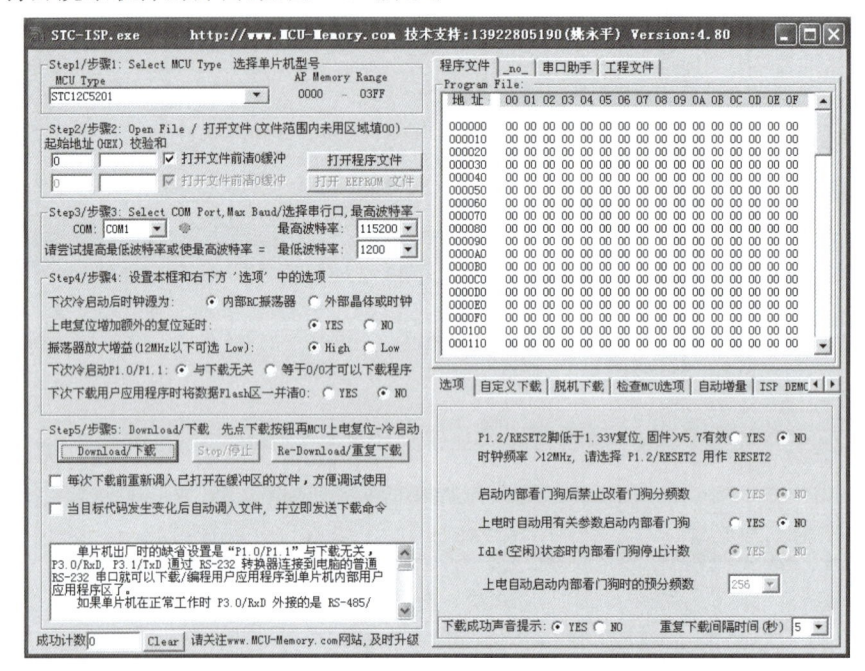

图 1-31 烧录界面

(2)将单片机与电脑相连。

(3)在 MCU Type 中选择单片机的型号。

(4)单击"打开程序文件"按钮,打开编辑好的程序(*.hex 文件)。

(5)单击"Download/下载"按钮,然后打开单片机的电源按钮,烧录程序。

注:流水灯的程序可以修改,可根据自己的意愿来编写流水灯程序。

思考与练习

1.什么是单片机?内部包含哪些主要的逻辑功能部件?

2.简述 I/O 接口电路的基本功能以及分类。

3.MCS-51 单片机片内 RAM 的组成是如何划分的,各有什么功能?

4.P0~P3 作为输入口或输出口时,各有何要求?

5.试写出十进制数 0~15 对应的二进制数。

6.将二进制数 1011,0011,101,1000 转换为十进制数。

7.将二进制数 1011101001.110101 转换为十六进制数。

8.简述单片机的复位方式。

9.单片机的工作方式有哪些?执行程序方式是如何工作的?

10.什么叫寻址方式？MCS-51 单片机有几种寻址方式？各有什么特点？

11.简述单片机汇编语言指令格式。

12.已知下列相应单元的内容：R0＝30H,R1＝40H,R2＝50H,内部 RAM(30H)＝34H,内部 RAM(40H)＝50H,请指出下列指令执行后各单元内容相应的变化。

(1)MOV A,R2

(2)MOV R2,40H

(3)MOV @R1,♯88H

(4)MOV 30H,40H

(5)MOVC 40H,@R0

13.常用汇编语言伪指令有哪些？它们的作用是什么？

14.汇编语言的跳转指令有哪些？它们的作用是什么？

15.编写程序,将 R1 内容传送到 R0。

16.编写程序,使 P1 口所接的八个发光二极管从 P1.0～P1.7 逐个点亮。

17.插件元件的焊接步骤有哪些？

18.简述空燃比反馈修正控制原理程序。

第 2 单元

汽车电脑原理

教学目标

一、知识目标
1. 了解汽车电脑的作用和结构。
2. 熟悉汽车电脑内部电路的分析方法。
3. 掌握汽车电脑的常见故障和检修方法。

二、技能目标
会汽车电脑软件程序的读写操作。

2.1 汽车电脑介绍

现代的燃油电子喷射汽车上都装有汽车电脑(ECU)。汽车电脑在解决汽车所面临的安全、能源和污染三大问题上起着重要作用。汽车电脑接收传感器的信号并进行处理,然后输出信号给执行器,从而控制汽车运行。目前,随着汽车电子技术的发展,汽车电脑控制装置逐渐增多,功能也更具体化,ECU 不仅用来进行燃油喷射控制,同时还用来进行点火控制、怠速控制、排放控制、进气控制、增压控制、故障自诊断、失散保护和后备系统启用等。

一、汽车电脑组成

汽车电脑作为控制系统的核心部件,主要由输入电路、单片机(微处理器)和输出电路等组成。其基本结构如图 2-1 所示。

在整个系统中,汽车电脑是核心部分,它是整个系统的"大脑",是完成系统工作、实现系统功能的关键。主要表现在以下几个方面:

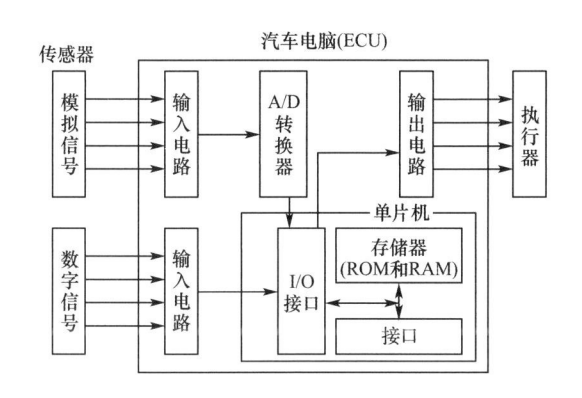

图 2-1 汽车电脑的基本结构

(1)接收传感器等其他装置输入的信息,并给传感器提供参考电压(2 V、5 V、9 V 或 12 V)。
(2)处理、存储、计算和分析信息数据及故障信息。
(3)根据输入的有关信息计算出输出值(指令信号),并且将输出值与标准值对比,进行故障判断。
(4)把指令信号(弱信号)变为控制信号(强信号),用于控制执行器工作。
(5)当电控系统出现故障时,输出故障信息。
(6)能够进行自我学习,自我修正输出值。

现代发动机电控系统中,由于使用了 ECU,信号处理的速度和存储信息的容量都大大提高,因此,可以实现多功能的、高精度的集中控制。下面就 ECU 内部各元件进行讲解。

1. 输入电路

输入电路的功能是实现外部传感器与单片机(微处理器)之间的信息传递。即对传感器输入的信号进行预处理,使输入信号变成单片机可以接收的信号。传感器输入的信号一般有两类:模拟信号和数字信号,这两类信号处理的方式是不同的,需要分别由相应的电路进行处理。

比如,冷却液温度传感器、进气温度传感器、空气流量传感器、线性输出式节气门位置传感器等向 ECU 输出的都是模拟信号,这些信号的幅值是随时间连续变化的信号。它们经过放大、滤波、A/D 转换等处理后才能被微处理器所接收。

转速传感器产生的转速信号与上止点参考信号、各种开关信号则是数字信号(断续变化的电压脉冲)。它们经过放大、整形之后可直接通过 I/O 接口送入微处理器。

2. 单片机

单片机又名微处理器,是汽车电控系统的中枢。它的功能是把传感器送来的信号进行运算处理,并把处理结果送给输出电路,从而控制执行器的工作。微处理器主要由中央处理器 CPU、存储器 ROM 和 RAM、输入/输出(I/O)接口和总线等组成。

(1)中央处理器 CPU

中央处理器是微处理器的核心部件,它的功能是执行程序,完成数据处理任务,并对存储器和 I/O 接口发出指令。

CPU 由运算器和控制器组成。运算器的作用是信息加工处理,主要完成各种算数运算、逻辑运算及移位操作等。控制器是微处理器的指挥中心,它的功能是按照人们预先设定的操作步骤,控制逻辑运算单元、输入/输出接口以及存储器等部件步调一致地自动工作。

(2)存储器

存储器是存放信息和运行程序的场所,其主要功能是存储程序和数据。汽车电脑所用的存储器按功能可划分为只读存储器(ROM)和随机存储器(RAM)。

ROM 是只能读出的专用存储器,其存储内容一次写入后就不能改变,但可以调出使用。ROM 的内容是永久性的,即使切断电源,其存储的内容也不会丢失,通电后又可立即使用。因此,ROM 适用于存储固定程序和数据,即存放各种永久性的程序和永久性、半永久性的数据,如电子控制汽油喷射系统中的一系列控制程序、喷油特性脉谱以及其他特性数据等。

RAM 的主要功能是存储微处理器操作时的可变数据,如各种输入、输出数据和计算过程中产生的中间数据等,并且可以根据需要随时调出或改变(改写)其中的数据。RAM 的作用是暂时存储信息,因此当电源切断时,所有存入 RAM 的数据会全部消失。为了能长期保存某些数据,如故障码、空燃比学习修正值等,并且防止点火开关关断时因电源被切断而造成数据丢失,RAM 一般都通过专用的后备电路与蓄电池直接连接,这样可以使它不受点火开关的控制。只有当专用的后备电路断开或蓄电池上的电源线被拔掉时,存入 RAM 中的数据才会消失。

(3)I/O 接口

I/O 接口是 CPU 与输入装置(传感器)、输出装置(执行器)间进行信息交换的通道。输入和输出装置一般都要通过 I/O 接口才能与微处理器相连。

(4)总线

总线是传递信息的公共通道。在微型计算机中,中央处理器、存储器与 I/O 接口是通过总线连接起来的,它们之间的信息交换均要通过总线进行。总线按传递信息的类别可分为数据总线、地址总线和控制总线三种。

3. 输出电路

输出电路是微处理器与执行器之间建立联系的一种装置。它将微处理器发出的指令信号转变成控制信号,以驱动执行器工作。由于微型计算机输出的指令信号是低电压、小电流的数字信号,不能直接驱动执行器工作,因此需要输出电路将该信号转换成用以驱动执行器工作的控制信号,如喷油器驱动信号、点火控制信号、燃油泵控制信号等。在控制输出电路中,一般通过大功率三极管控制执行器电路的搭铁回路,CPU 输出信号控制该晶体管的导通和截止。例如,在控制喷油器的输出电路中,大功率三极管的导通和截止为喷油器提供具有一定宽度的脉冲驱动信号,如图 2-2 所示。

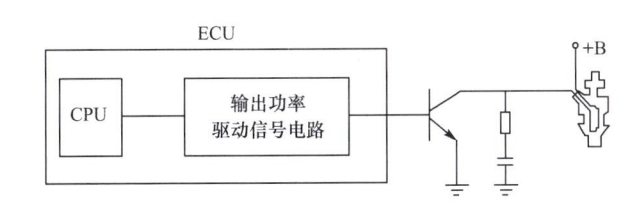

图 2-2 控制喷油器的输出电路

二、电源电路

现代汽车电脑的电源电路一般有两路。一路来自点火开关控制的电脑主继电器,它是电脑的主电源。打开点火开关后,电脑主继电器触点闭合,接通电脑内部的处理电路,使电脑进入工作状态;关闭点火开关后,电脑主继电器触点断开,电脑的工作电源被切断从而停止工作。另一路直接来自蓄电池,它是电脑记忆部分的电源。在点火开关关闭及发动机熄火后,该电路仍然保持蓄电池电压,使电脑的故障自诊断电路所测得的故障码及其他有关数据可长期保持在电脑的存储器内,为故障检修提供依据,该电路称为电脑备用电源电路。

三、输入电路

传感器采集到的信号有模拟量和数字量之分,因而输入通道分成模拟量输入通道和数字量输入通道两种。

1. 模拟量输入通道

模拟量输入通道的任务是把传感器输出的模拟量转换成数字量后输入汽车电脑,它的组成框图如图 2-3 所示,它由信号处理电路、多通道 A/D 转换器等组成。

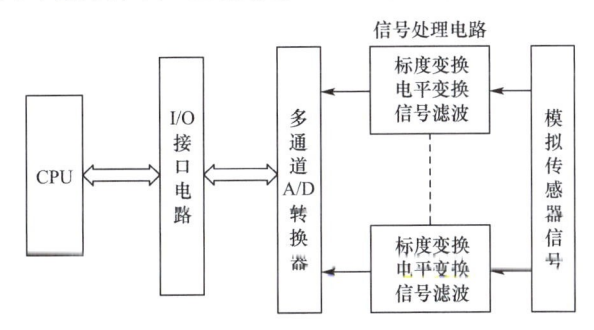

图 2-3 模拟量输入通道组成框图

(1)信号处理电路

信号处理装置包括标度变换、电平变换和信号滤波等。传感器测得的物理量经标度变换变成电压信号,但其值很小,通常为 0~40 mV,而多通道 A/D 转换器所能处理的电压范围为 5 V、10 V、±5 V 等,故必须进行电平变换再输给多通道 A/D 转换器。电平变换的任务是使传感器输出的电压满量程和 A/D 转换电压的满量程相匹配,这样可提高模拟信号测量系统的精度。

(2) 多通道 A/D 转换器

当多通道模拟量输入时，不必每个模拟量输入都匹配一个多通道 A/D 转换器，可共用一个多通道 A/D 转换器。这时输入通道中要增加一个多路选择开关，使得每一路模拟量输入轮流和通道 A/D 转换器接通，经 A/D 转换后送入汽车电脑。A/D 转换需要一定的时间，对随时间变化较快的模拟信号来说就会产生转换误差。为解决这个问题，可在多通道 A/D 转换器前增加采样保持电路，以较小的采样时间对快速变化的信号进行采样，采样后保持电压，并以此电压进行 A/D 转换。CPU 只能够接收离散的数字信息，因此连续的模拟信息必须经过多通道 A/D 转换器转换成数字信息后才可通过 I/O 接口送给 CPU 进行处理。

2. 数字量输入通道

在汽车电控系统中，传感器采集的还有数字信号，比如来自转速传感器的转速信号与上止点参考信号，它们都是脉冲信号，这两个信号经过处理电路后，通过 I/O 接口可直接送入汽车电脑。由于磁感应式转速传感器的输出信号随转速变化而变化，因此在发动机转速很低时，电压信号就会很弱，这就需要将信号放大，并且要变成完整的矩形波。因此，要设置放大电路和脉冲信号整形电路。

另外，数字量输入通道要解决电平转换和抗干扰等问题。汽车电脑只能接收 TTL 电平，因此送入的数字量只有转换成 TTL 电平才能送给汽车电脑。为了使汽车电脑获得正确的信息，必须使外电路中的干扰和汽车电脑相隔离。当信号为高电平时，发光二极管发光，光敏三极管导通，致使 VT_1 导通，经过非门后 Y 变成高电平（5 V）；当信号为低电平时，发光二极管截止，光敏三极管截止，VT_1 截止，经过非门后 Y 是低电平（0 V）。常用的电平转换及光电隔离电路如图 2-4 所示。

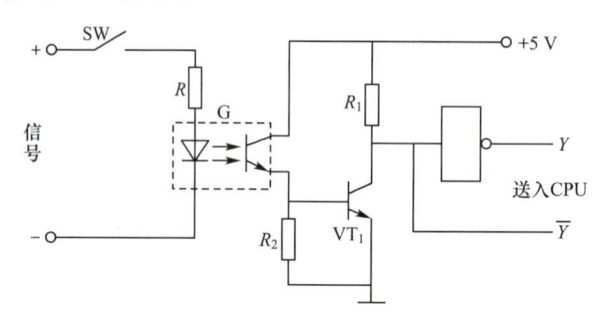

图 2-4 电平转换及光电隔离电路

四、输出电路

有些执行器需要的是模拟量控制，而 CPU 输出的只是数字量，因而输出通道也分为模拟量输出通道和数字量输出通道。

1. 模拟量输出通道

模拟量输出通道的任务是把 CPU 的离散数字量输出变成连续的模拟量输出，以控制执行器工作，如图 2-5 所示。

计算机控制系统是按照采样周期工作的，在整个采样周期内计算机输出的控制信号不能中断，以保持连续控制，故模拟量输出通道除了有 D/A 转换器外，还必须有保持器，通常采用零阶保持器。一个通道使用一个 D/A 转换器，转换速度快且工作可靠。

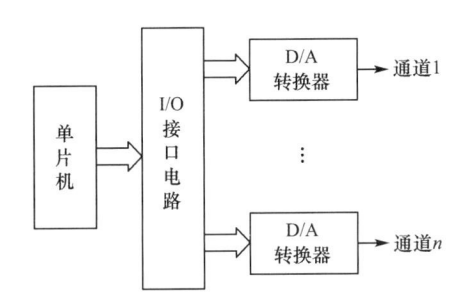

图 2-5 模拟量输出通道

2. 数字量输出通道

数字量输出通道的任务是将微控制器 I/O 接口输出的数字量转换成执行机构(如继电器、电磁阀、步进电动机等)需要的信号。

数字量输出通道有以下三种形式：

①由微控制器 I/O 接口直接控制执行机构；

②通过半导体开关管控制执行机构；

③通过继电器控制执行机构。

(1) 电磁阀(或继电器)的驱动

常用的电磁阀控制电路如图 2-6 所示。汽车电脑通过 I/O 接口输出高、低电平，控制电磁阀线圈的接通与切断。

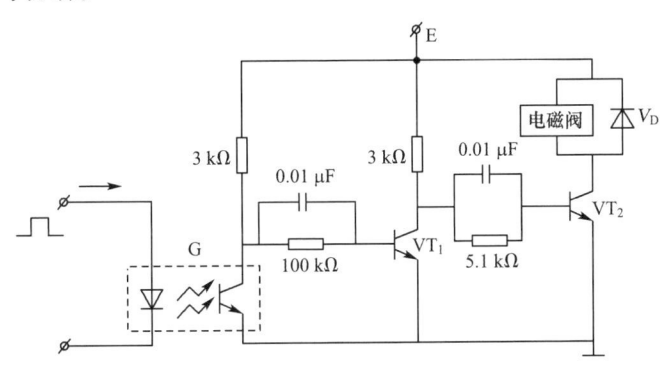

图 2-6 电磁阀控制电路

当汽车电脑通过接口输出高电平时，光电耦合器 G 输出低电平，使 VT_1 截止、VT_2 导通，电磁阀中有电流流过；当汽车电脑输出低电平时，光电耦合器 G 输出高电平，使 VT_1 导通、VT_2 截止，电磁阀被关断，在电磁阀关断的瞬间，存储在电磁阀中的能量由电磁阀与 VD 构成的回路变成热能而消耗。

(2) 步进电动机的驱动

步进电动机接收脉冲数字信号，每接收一个脉冲信号，步进电动机就旋转一定角度。步进电动机驱动电路由脉冲分配器和驱动电路组成。图 2-7 所示为三相步进电动机的控制电路。

从输出接口芯片的 PA 口送出方向信号和脉冲信号，输出的脉冲信号经过光电隔离电路进入环形分配器，从而依次接通步进电动机的各相绕组，使电动机运转。在图 2-7 中，脉冲信号还被送入加法计数器(CTC)的输入端，进行位置累加计数，其结果通过 PB 口输入，

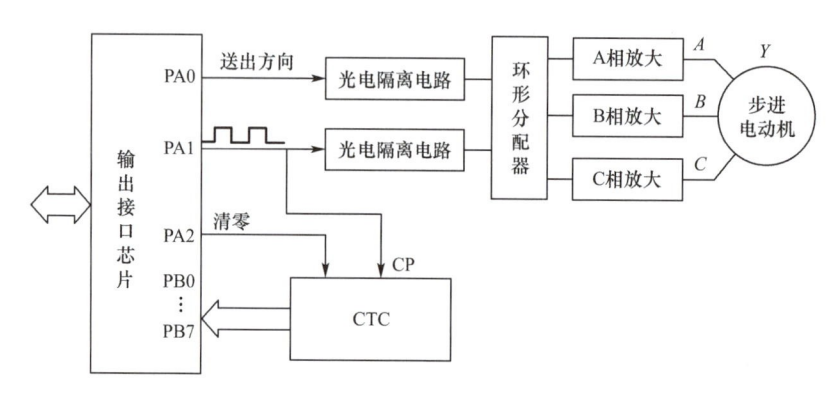

图 2-7 三相步进电动机的控制电路

用于位置监视和步进电动机的加、减速控制。

五、汽车电脑的特点

(1)汽车需要在不同的道路和气候条件下行驶,汽车电脑的工作环境较差,经常需要承受振动以及温度和湿度的变化。汽车电脑的电源电压变化较大,而且还受到车内外电磁波的干扰,因此汽车电脑需要很高的可靠性和对环境的耐久性。

汽车电脑的特点

(2)汽车电脑必须具有足够的智能化,具有自诊断和检测能力,能及时发现系统中存在的故障,并存储故障码,告知维修人员故障可能存在的部位,以便于维修。例如,安全气囊在关键时刻必须要及时、正确、迅速地打开,但在大多数时候安全气囊处于待命状态。因此,安全气囊电脑必须具有自检能力,不断确认安全气囊系统是否正常工作。

(3)几乎所有汽车电脑都使用 5 V 电源驱动其传感器。在电子工业中,5 V 电压几乎普遍作为传送信息的标准。这个电压对传送可靠性来说已经足够高,而对电脑芯片的安全性来说足够低,而且使用计算机工业标准电压,对于汽车制造商来说会使电子零部件制造规范而且成本低廉。

2.2 汽车电脑内部电路分析

一、玛瑞利发动机电控原理和针脚定义

低配置、手动挡的轿车一般只有一个发动机电控单元,适用于单点喷射的发动机。玛瑞利单点电脑是一种典型的集中喷射电脑,该电脑成本低廉且比较简单实用,目前广泛装备在国产微型车及低档轿车当中,比如奇瑞风云、长城皮卡、金杯等汽车。玛瑞利单点喷射发动机 ECU 实物如图 2-8 所示。其中 68HC11F1VFN4 单片机芯片是摩托罗拉公司生产的 8 位单片机,这是玛瑞利单点喷射电脑的核心芯片。图 2-9 所示为以该电脑为核心的发动机电控系统原理。表 2-1 为玛瑞利单点电脑各针脚定义。

第2单元　汽车电脑原理

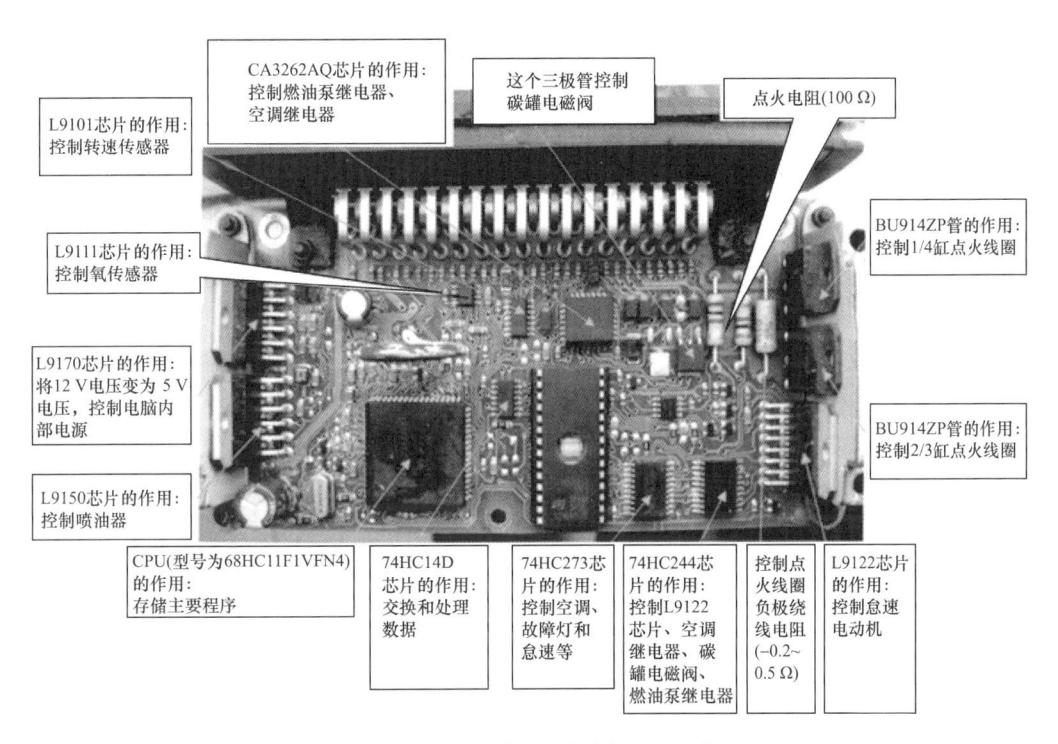

图 2-8　玛瑞利单点喷射发动机 ECU 实物

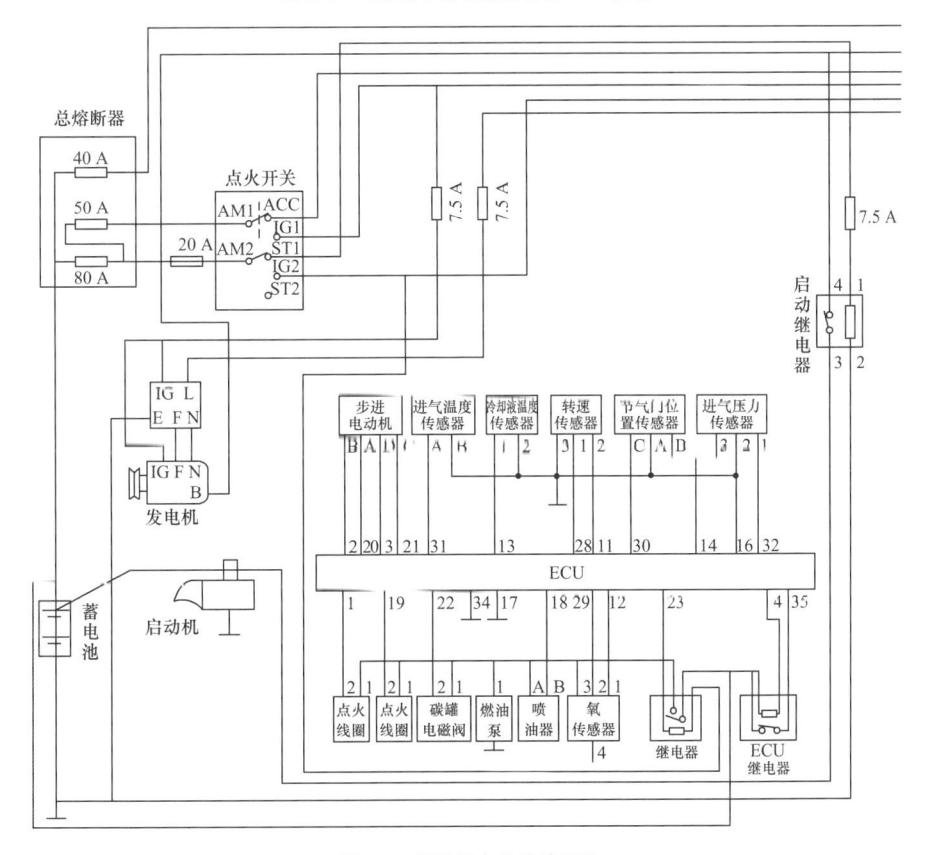

图 2-9　发动机电控系统原理

表 2-1　　　　　　　　　　玛瑞利单点电脑各针脚定义

针脚号	功能	针脚号	功能
1	1、4缸点火线圈初级信号	19	2、3缸点火线圈初级信号
2	B相怠速电动机控制信号	20	A相怠速电动机控制信号
3	D相怠速电动机控制信号	21	C相怠速电动机控制信号
4	主继电器信号	22	碳罐电磁阀信号
5	空	23	燃油泵继电器控制信号(－)
6	报警灯接通信号	24	空调继电器信号
7	空	25	空
8	空调机输入信号	26	点火开关输入
9	空	27	空
10	诊断口L连线	28	转速传感器输入(＋)
11	转速传感器输入(－)	29	氧传感器输入(＋)
12	氧传感器输入(－)	30	节气门位置传感器信号输入
13	冷却液温度传感器输入(－)	31	进气温度传感器信号输入
14	进气压力传感器/节流阀电位计5V电源	32	进气压力传感器信号输入
15	诊断口K连线	33	空
16	冷却液温度/进气温度/进气压力/节气门位置传感器接地线	34	发动机主接地线
17	发动机主接地线	35	＋12V供电输入
18	喷油器搭铁信号		

二、玛瑞利单点电脑的工作原理

1. 玛瑞利单点电脑点火控制电路分析

玛瑞利单点电脑的点火控制电路是典型的直接点火系统，该点火系统是由CPU的A口来控制的，具体电路如图2-10所示。

来自电脑接脚的转速信号Pin11、Pin 28经电阻送至芯片L9101的6、7脚，转速信号经L9101内部波形整形后由其10脚输出。该信号送至74HC14D的11脚，再经反相器取反后由其10脚送至CPU端口A的35脚和42脚。CPU根据收到的脉冲信号对点火时间做出判断，计算出1、4缸和2、3缸的基本点火提前角，然后根据发动机冷却液温度传感器、进气温度传感器、节气门位置传感器等输入信号，以及存储器中的点火提前角修正表对基本点火提前角进行修正以获得精确的点火时间。由CPU的38脚和36脚分别输出1、4缸和2、3缸的点火驱动信号，每路经过两个三极管驱动后送至点火三极管控制点火线圈进行点火。点火成功后，经运算放大器LM2903构成的电压比较器，由其1脚产生点火确认信号，该信号送至74HC14D的1脚经反相驱动后由其2脚送至CPU的41脚，CPU通过点火确认信号对点火情况进行监视。金杯汽车玛瑞利单点电脑点火电路正常工作的四个要素：①有正常的转速信号送至CPU；②CPU能够进行正常的信息处理并输出相应的点火驱动信号；③执行机构能正常工作；④点火反馈信号能正常送到CPU。

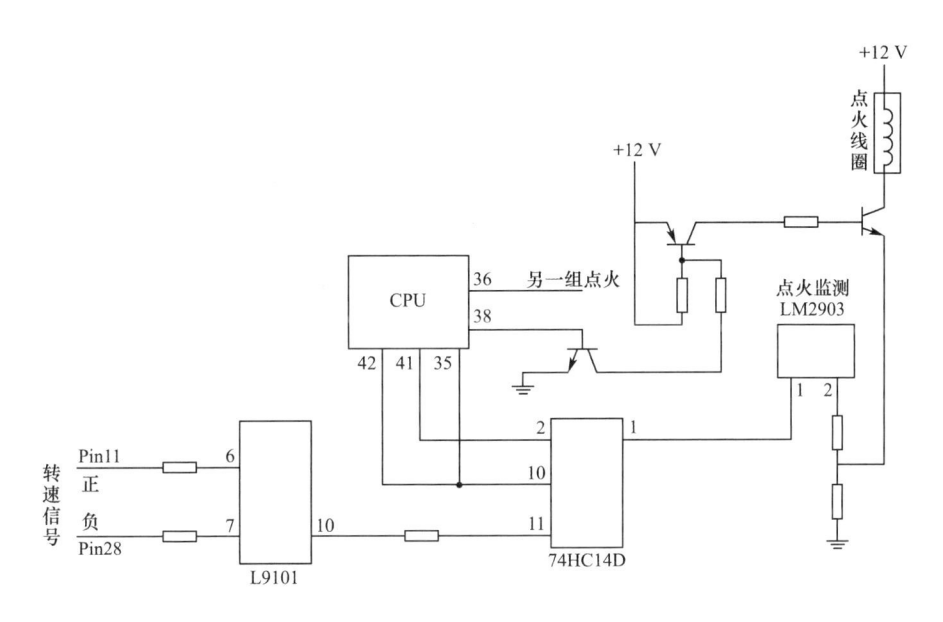

图 2-10 点火控制电路

2. 喷油控制电路分析

玛瑞利单点电脑的喷油控制主要由 CPU 的端口 G 和定时器的 OC1(PA5)来完成,其电路如图 2-11 所示。

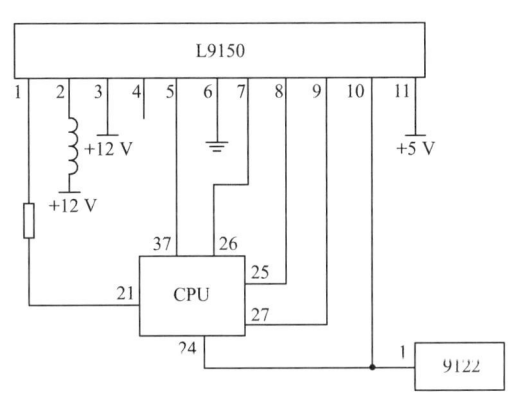

图 2-11 喷油控制电路

CPU 首先根据点火频率确定喷油频率,喷油频率为点火频率的一半,由 CPU 的 37 脚输出喷油脉冲信号到喷油模块 L9150 的 5 脚,经 L9150 放大后由 2 脚输出到喷油器,这是喷油控制电路的基本工作原理。在喷油过程中,CPU 还要根据 A/D 转换器送来的传感器信号来判断当前的工况,并根据工况信息调整喷油驱动脉冲信号的宽度,从而控制喷油器的喷油量,以满足发动机各种工况的需要。

CPU 的 21 脚输出片选信号给 L9150 的 1 脚来控制喷油控制电路的启动和停止,L9150 的 7、8、9、10 脚分别接至 CPU 的 26、25、27、24 脚,用来反馈喷油脉宽的二进制信息,使 CPU 时刻了解喷油控制是否达到了控制目标,以达到闭环控制的目的,通过不断的反馈和控制,最终使喷油量与发动机的实际工况相一致。

3. 怠速控制电路分析

玛瑞利单点电脑的怠速控制电路由 CPU、数据锁存器 74HC273、总线驱动器 74HC244 及怠速电动机驱动电路 L9122 等器件组成,如图 2-12 所示。

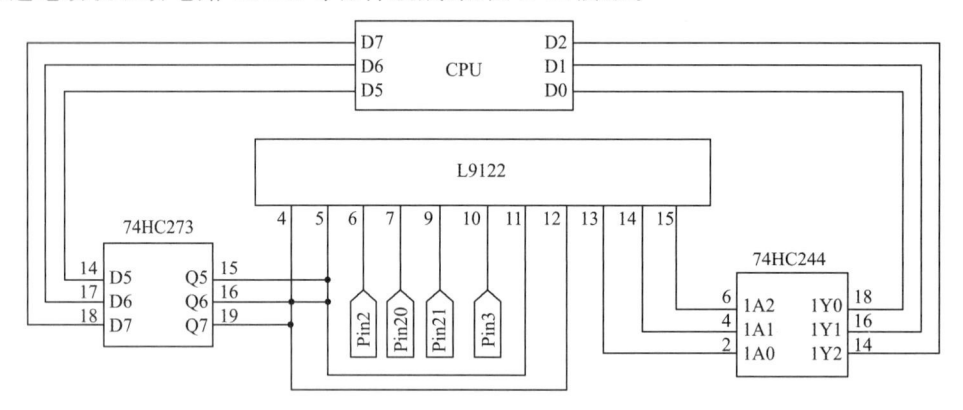

图 2-12 怠速控制电路

发动机启动后,CPU 读入冷却液温度数据,通过 D5、D6、D7 输出数字控制信号到 74HC273 的 14、17、18 脚,经过 74HC273 锁存后由 15、16、19 脚输出到怠速电动机驱动芯片 L9122 的 5、11、4 脚和 12 脚。L9122 将这些高低电平的数字信号转化为电压信号,由 6、7、9、10 脚输出到 ECU 接脚 Pin2、Pin20、Pin21、Pin3,通过两组线圈来控制怠速电动机的转向和转角,从而改变空气旁通道的开度,使怠速状态下的进气量发生变化。CPU 通过读取进气压力信号来感知进气量的变化,然后对喷油脉冲宽度做出调整,进而使发动机转速发生变化;转速的变化量又通过转速传感器送回 CPU,这样就形成了一个闭环控制系统,CPU 根据当前的冷却液温度,通过查找固化在 ROM 中的怠速表格,可以对发动机怠速进行有效的控制。

另外 L9122 的 13、14、15 脚将怠速驱动电路的工作状态送到 74HC244 的 2、4、6 脚,经过 74HC244 驱动后,由 14、16、18 脚送到 CPU 的 D2、D1、D0 上,这样 CPU 可以随时了解怠速驱动电路的工作状态,以便对其实施有效的控制。

4. 其他电路

(1)电源电路

电源电路如图 2-13 所示。

来自电脑插脚 Pin35 的 12 V 蓄电池电压加到 L9170 的 2 脚和 11 脚,当来自 Pin26 的启动信号被 L9170 的 9 脚收到后,由 1 脚输出 5 V 电压供给电脑本身使用,3、4 脚输出 5 V 通过电脑插脚 Pin14 供给外部传感器使用,同时 8 脚输出复位信号到 CPU 的 17 脚和 74HC273 的 1 脚,使电脑板复位,同时使 74HC273 在电脑复位期间清 0,避免发生错误。

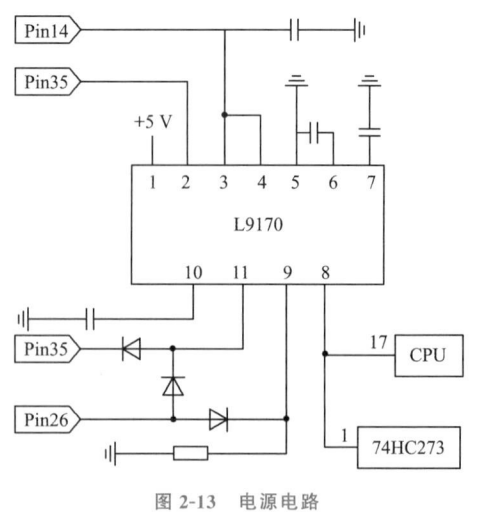

图 2-13 电源电路

(2)空调继电器、燃油泵继电器、故障报警灯及主继电器控制电路
继电器部分控制电路如图 2-14 所示。

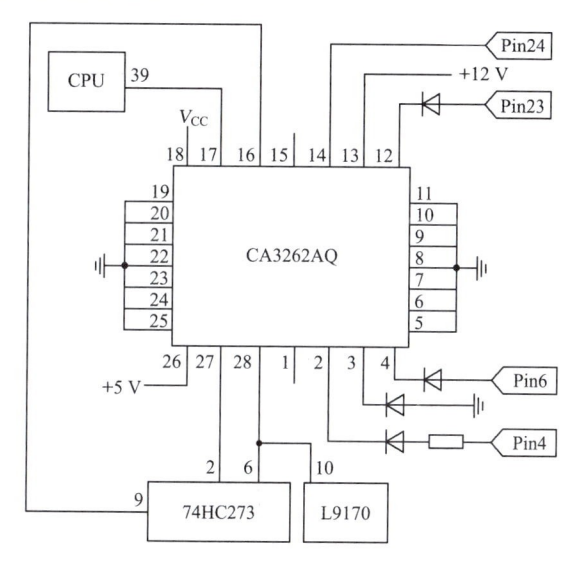

图 2-14 继电器部分控制电路

① 主继电器控制：CPU 通过 D0 输出控制信号到 74HC273 的 7 脚，经锁存后由 6 脚输出给 CA3262AQ 的 28 脚，控制 2 脚变成低电平，使主继电器吸合。

② 空调继电器控制：CPU 通过 D3 输出控制信号到 74HC273 的 8 脚，经锁存后由其 9 脚输出至 CA3262AQ 的 16 脚，控制 14 脚变成低电平，使空调继电器吸合。

③ 燃油泵继电器控制：CPU 的 39 脚直接产生控制信号送给 CA3262AQ 的 17 脚，控制 12 脚变成低电平，使燃油泵继电器吸合。

④ 故障报警灯：CPU 通过 D0 输出控制信号到 74HC273 的 3 脚，经锁存后由其 2 脚输出至 CA262AQ 的 27 脚，控制 4 脚变成低电平，使故障灯点亮。

2.3 汽车电脑的检修

2.3.1 汽车电脑常见故障和检修方法

如果要维修汽车电脑，首先要确定是电脑故障，以免盲目修理，造成时间浪费和引起其他电路故障。因为如果在外电路存在故障的情况下，易造成对电脑进行误修，即使修好了或是换用一块新电脑板，还会因外电路的故障而再次损坏电脑。如果确定是电脑损坏，可对电脑板进行检修。

一、汽车 ECU 的常见故障

1. 电脑电源部分故障

这种故障一般是因为发动机在运转过程中，电池接头松脱造成发电机直接给电脑板供电造成的，或就车充电时充电机电压调整过高，或

汽车 ECU 的常见故障

极性接反,或充电的同时打开点火开关,甚至启动发动机等。这种情况一般会烧坏大功率稳压二极管等元件,只需更换即可,比较容易修复。

2. 输入/输出部分故障

这种故障一般是因放大电路元件烧毁,有时是电路板上线路烧断造成的。一般根据电路图或实际线路的走向找到与喷油器连接的相应电脑端子,然后用数字万用表的通断挡从确定的电脑端子开始,沿着电脑的印刷电路查找,直至找到某个三极管。这是因为电脑通常采用大功率三极管放大执行信号以驱动执行器,所以此类故障的原因大多是一个起着开关作用的三极管损坏。

3. 存储器部分故障

对于此类故障更换存储器即可。先找一个良好的同型号的空白芯片,通过编程器,将程序写入空白芯片,再将新的芯片装入电脑即可。

4. 特殊故障

被水浸过的车辆,电脑板往往会被腐蚀,造成元件引脚断路、粘连或元件损坏,因此要逐一检查修复或更换元件。

二、汽车电脑检修方法

1. 用电压法检测汽车电脑

用电压法检测即用万用表的电压挡对 ECU 内关键点的电压进行实时测量,以找出故障部位。在用万用表测量电压时,最好是在静态下测量,也就是开启车辆点火开关但不启动车辆。这种方法只需要万用表,不需要其他专用仪器,简便易行。如果电脑已从车上拆下,必须用稳压电路提供合适的工作电压。一般来说,电路中的数字电路、微处理器等工作电压均为 5 V 或更低的工作电压。

汽车电脑检修方法

2. 用电阻法检测汽车电脑

电阻检测法是利用万用表的欧姆挡,通过检测线路的通与断、阻值的大与小,以及通过对元件的检测,来判别故障原因和故障部位。此种方法主要用于元件和铜箔线路的检测。元件的检测,除了常规的电阻、二极管、三极管等以外,一些集成电路也可以采用这种方法进行检测。在测量时可以使用数字万用表进行测量。对于铜箔线路电阻的检测,可使用万用表 R×1 挡对其两端点进行电阻值的测量。

2.3.2 汽车电脑维修实例

以玛瑞利单点电脑检修为例,来讲解具体电脑电路检修的方法。

一、点火电路的检修

金杯汽车玛瑞利单点电脑最常出现的故障现象是不点火,点火控制电路如图 2-10 所示,下面介绍其检修过程。

首先给电脑供+5 V 电,将 Pin17 针脚接地,然后用波形信号发生器产生如图 2-15 所示的转速模拟信号送到电脑 Pin11(信号负)和 Pin28(信号正)针脚。

图 2-15 转速模拟信号

测试 L9101 的 10 脚,用示波器测量应有数字脉冲信号,如果测不到信号,则说明 L9101 及其附属电路有故障,找到故障点。若没有问题,则测试 CPU 的 42、35 脚,用示波器测量应有的波形,如果没有波形则检查 74HC14D 及其周围电路、CPU 的 42 脚和 35 脚至 74HC14D 的 10 脚间通路、74HC14D 的 11 脚至 L9101 的 10 脚间通路。上述电路若没有问题,则接着测试 CPU 的 36 脚和 38 脚,用示波器测量应有的点火驱动信号,如果测不到,则说明 CPU 系统工作不正常。如果以上电路都正常,却仍然不点火,则说明点火执行器件有故障。点火反馈部分故障一般不会引起不点火,只会造成点火后熄火或点火时间失控。

二、喷油控制电路的检修

根据喷油控制电路(图 2-11),在有正常点火信号的情况下,首先测量 CPU 的 37 脚有无喷油驱动信号输出,如果没有喷油驱动信号,则说明电脑板程序执行不正常,可重写 CPU 和存储器 27C512 内的程序。如果有喷油驱动信号输出,在 L9150 的 2 脚外接感性负载的情况下,测量 2 脚有无喷油控制信号输出,若没有输出,则说明 L9150 损坏,也可能是 L9150 供电不正常,在排除电源问题的情况下可更换 L9150;如果 L9150 的 2 脚有正常喷油控制信号输出,则说明喷油电路不正常,应检查电脑板外部电路。另外,喷油控制电路损坏还可能引起加速不良的故障,这种故障一般是程序和数据的问题,可以用数据专家进行程序恢复和数据匹配。

2.4 汽车电脑软件程序的检修(读写)

汽车电脑的软件程序或常用数据通常存储在 EEPROM 芯片中,例如,在仪表芯片中存储里程表的里程数据,在音响芯片中存储音响密码,在防盗系统芯片中存储防盗登录密码,在安全气囊电脑芯片中存储安全气囊碰撞数据等。利用编程器或车载诊断工具对这些数据进行读出、显示、保存及改写,可以进行汽车仪表、AT 自动变速器电脑、发动机电脑、安全气囊电脑等常用数据的调校、故障分析处理、电脑程序匹配、音响解码、清除保养灯、清除安全气囊(SRS)故障指示灯等工作,解决修车难题。

一、数据提取常用的几种接线方法

1. 拆卸芯片法

根据维修的需要,直接把 EEPROM 芯片或 CPU 摘取下来,安装在专用的适配器上,可以进行数据的读出、显示、保存、改写或替换,进而完成维修工作。

这种方法需要维修人员操作技能高,焊接工艺水平精湛,缺点是易伤坏电脑的附属件,如仪表指针、芯片脚、电路板等。采用这种拆卸芯片法,需要知道电脑芯片引脚顺序的识别方法。芯片有缺口时,缺口向上摆放,左上第一个引脚为 1 脚,逆时针数引脚依次为 1、2、3、4、5、6、7、8。如图 2-16 所示。芯片若无缺口但有"."点标识的,点向上摆放,靠近"."点的引脚为 1 脚,其他引脚的识别方法同上。芯片若只有文字而无缺口或"."点标识的,文字正面放置,从文字正面看左下第一个引脚为 1 脚,其他引脚的识别方法同上,如图 2-17 所示。

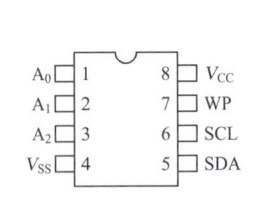

图 2-16　EEPROM 芯片 24 系列　　　　图 2-17　EEPROM 芯片 93C56 外形

2. 免拆连线法

根据维修的需要,直接把 EEPROM 程序芯片或 CPU 与编程器对应的各功能脚用导线连接起来,进行数据的读出、显示、保存、改写或替换。

这种方法需要维修人员操作技能高,焊接工艺水平精湛,基础知识功底厚,分析采点准确熟练,缺点是采点不准确易损坏电脑。

二、数据提取中的注意事项

在对汽车电脑数据维修处理前应了解该车型,并记录汽车电脑相关信息,正确操作电脑的拆装程序,电脑解体操作前做好防静电准备,芯片操作要防止温度过高烧坏,芯片安装连接确认准确无误后才进行数据读写操作,编程器在读写操作时应禁止掉电、掉线,养成在第一时间保存电脑或芯片的原始数据,如图 2-18 所示。然后再进行数据修改,保证数据的正确性,错误的数据修改会导致电脑工作不正常,严重的则会烧坏电脑及附件。

三、数据对比或替换

在进行数据修改前应将从电脑中调取的数据和正常数据进行对比分析,判断出故障的所在地址,再做修改,如图 2-19 所示。其中灰色区为数据相同区,黑色字体区为数据不相同区,正常数据与维修电脑数据对比需要进行分析后修改的区域,具体的修改因车型不同,注意数据的正确性,以免扩大损失。数据修改后有可能要匹配和初始化等工作,如发动机电脑、AT 自动变速器电脑、安全气囊电脑、仪表电脑、车身电脑(BCM)等维修。但在做里程数据修改、音响密码读取时不需要匹配和初始化工作。

四、数据及地址信号测量确定

在数据修改后,继续利用示波器进行测量,采用数据及地址信号测量确定的方法来验证电脑是否恢复正常。

图 2-18　保存电脑或芯片的原始数据

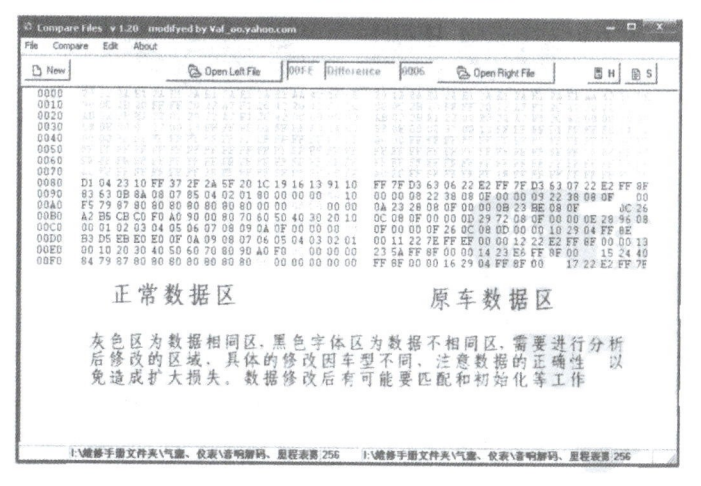

图 2-19　正常数据与维修电脑数据对比

五、汽车电脑的软件数据检修后的在车检测步骤

1. 汽车检测仪的在车故障检查

维修好的汽车电脑安装好后,安装汽车检测仪,启动发动机或打开点火钥匙对维修后的电脑进行故障码的读取和清除、动态数据数据流的分析,参照汽车原厂标准数据进行分析,确认汽车故障是否真正排除。

2. 汽车电脑的初始化、同步、匹配

当维修的是发动机电脑、AT 自动变速器电脑、安全气囊电脑、仪表电脑、车身电脑(BCM)之一时,由于修改的数据当中包含车辆信息存储值,如系统初始化数据、运行状态数

据、钥匙信息数据、匹配数据、VIN 码和程序软件信息数据、配置信息数据等,当与原车车辆信息存储值不一样就必须进行恢复一致,此时利用维修仪器给汽车进行初始化、同步、匹配等工作,汽车才能正常运行。

3. 路试和动态数据流分析

通过路试和动态数据流分析进一步论证电脑是否完全恢复原有的功能。

2.5 项目实践:玛瑞利单点喷射系统 ECU 的 CPU 编程

玛瑞利单点喷射系统 ECU 所用的 CPU 是摩托罗拉公司生产的 MC68HC11F1,如图 2-20 所示。在其片内含有 512 B 的 EEPROM,其存储内容是喷油、点火等所需要的数据,如果数据错误会导致 ECU 工作不正常,而更换新的 CPU 则必须对 EEPROM 进行编程才能正常使用。

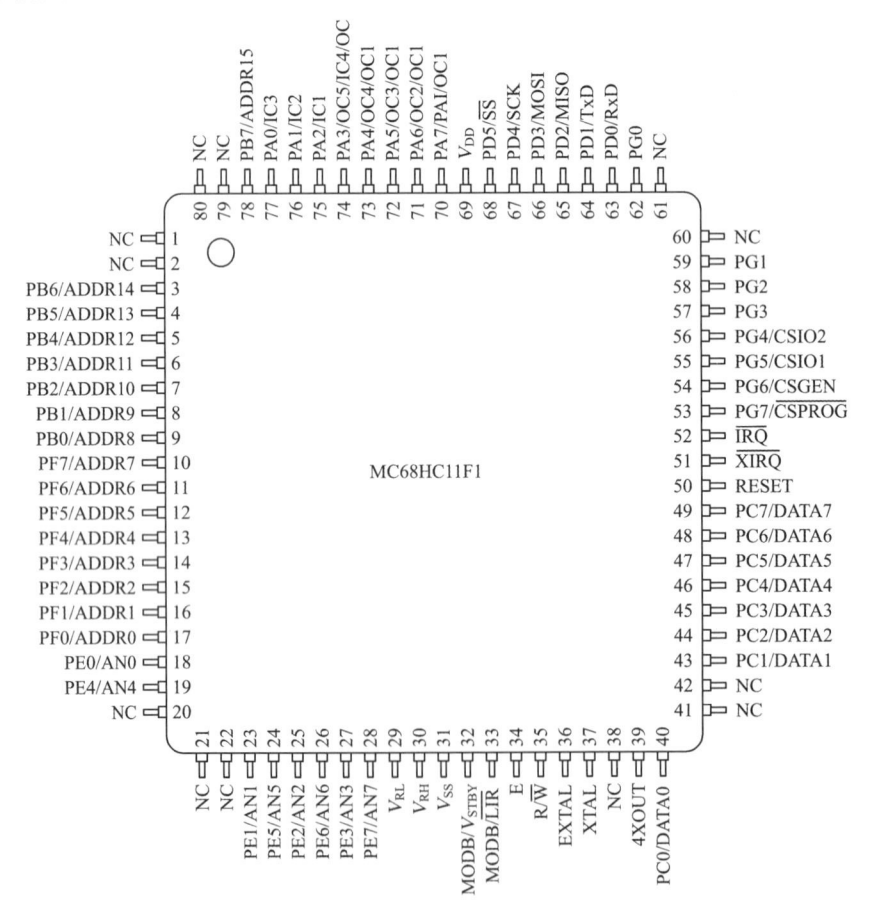

图 2-20 MC68HC11F1 引脚 PLCC 封装引脚图

一、将编程器与 CPU 硬件连接

采用的是 MOTOROLA 编程器,它支持多种 CPU 内部存储器的读写,支持免拆编程方式,只需连接几根导线就可以进行编程。MOTOROLA 的编程接口如图 2-21 所示。其中 2 脚为 RxD(数据接收),3 脚为 TxD(数据发送),5 脚为 GND(接地),7 脚为 RST(复位),9 脚为 5 V 电源。另一端的接口与 PC 机的 COM 口相连,用来完成编程器与 PC 机进行数据通信与控制,电源接口接 DC 9~12 V。将编程器编程接口 2 脚接 CPU 的 29 脚,3 脚接 CPU 的 28 脚,7 脚接 CPU 的 17 脚。将 CPU 的 1、2、3 脚短接,将 ECU 接口的 26 脚供 12 V 电源,2 脚接地(使编程器的供电电源与 ECU 的供电电源共地),完成硬件的连接。

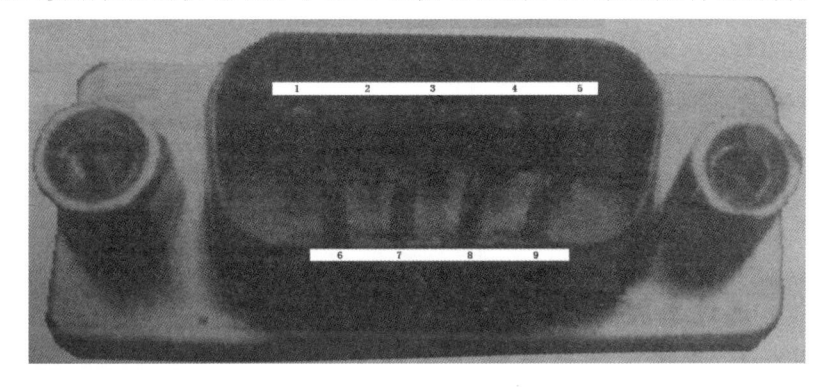

图 2-21 MOTOROLA 的编程接口

二、MOTOROLA 编程器的软件操作

运行编程器后,单击"File"→"New",出现"New File"对话框,单击"Hex Editor Programmer",出现一个文件名为 Untitled 1 的数据缓冲区框,再单击"All Devices"右侧的下拉箭头,选择 Motorola MCU,在 select a mcu device 栏中选择 MC 68HC11F1/16 MHz。选择 16 MHz 的晶振,出现的界面上有五个按键:read(读)、program(编程)、verify(校验)、blank check(空白检查)、test connection(测试连接)。首先进行测试连接,单击"test connection",如果连接成功,则显示 connecting success。对话框自动消失,可以进行后续操作,如不是,则需要检查连接。连接成功后,单击"read",进行数据读写操作。read 按键上方的两个单选框 EPROM 和 All Memory,两者只选其一,前者只读取 EEPROM 里的数据,后者则读取包括 EPROM 和 EEPROM 在内的所有数据。数据读出后,可以进行保存(单击"File"→"Save"或"Save As"),在选择路径和为文件命名后单击保存即可。

要对 EPROM 进行编程,需先将数据导入缓冲区,可以是读出的数据,按照需要直接进行修改,也可以从文件导入。从文件导入的步骤是:单击"File"→"Load",选择路径和文件,最后单击"program"。

思考与练习

1. 简述汽车电脑的组成和各部分的作用。
2. 简述汽车电子控制单元 ECU 的主要功能。
3. 汽车传感器信号分为哪两大类?
4. ECU 输出电路分为哪两大类?
5. 简述玛瑞利单点电脑的组成。
6. 简述玛瑞利单点电脑各引脚功能。
7. 简述玛瑞利单点电脑点火电路原理。
8. 简述玛瑞利单点电脑喷油电路原理。
9. 如何对汽车电脑数据进行读写,请举例说明。

第 3 单元

车身总线系统

教学目标

一、知识目标
1. 掌握 CAN 总线系统的组成和数据传输方式。
2. 熟悉 CAN 总线的数据类型。
3. 熟悉高速和低速 CAN 总线。
4. 熟悉 LIN 总线系统的功用、结构组成及主要元件。
5. 熟悉 LIN 总线系统的结构和工作原理。
6. 熟悉 MOST 总线系统的工作原理和拓扑结构。
7. 熟悉 VAN 和 LAN 总线的结构和工作原理。
8. 熟悉车载蓝牙系统的结构和工作过程。

二、技能目标
1. 会 CAN 总线的波形测量方法。
2. 会 CAN 系统终端电阻测量。
3. 能分析 CAN 总线系统的波形。
4. 能根据相关资料确定 CAN 总线的技术参数。
5. 能分析 CAN 总线的故障。
6. 能识读和分析 LIN 总线系统电路。
7. 能分析 LIN 总线系统的波形。
8. 能根据相关资料确定 LIN 总线的技术参数。
9. 能分析 LIN 总线的故障。
10. 能识读和分析 MOST 总线系统电路。
11. 能根据相关资料确定 MOST 总线的技术参数。
12. 能分析 MOST 总线的故障。
13. 能识读和分析 VAN 和 LAN 总线系统电路。
14. 能根据相关资料确定 VAN 和 LAN 总线的技术参数。
15. 能分析 VAN 和 LAN 总线的故障。

3.1 车身总线基础

3.1.1 总线的概念与作用

一、总线概念

20世纪90年代以来,汽车上的电控装置越来越多,例如电子燃油喷射装置、防抱死制动装置、电控自动变速器、安全气囊装置、电动门窗装置、主动悬架等。随着集成电路和单片机在汽车上的广泛应用,汽车上电子控制器的数量越来越多,线路越来越复杂。如果仍采用常规的布线方式,即电线一端与开关相接,另一端与用电设备相通,将导致汽车上电线数目急剧增加。目前,一根线束包裹着几十根电线的现象很普遍。在一些高级轿车上,电线的质量占到整车质量的4%左右甚至更高,汽车新技术的发展应用与汽车线束根数及线径急剧增加的矛盾日益突出。

汽车电控系统的增加虽然提高了轿车的动力性、经济性和舒适性,但是汽车电脑与电脑之间进行信息传递时,有几个信号就要有几条信号传输线(信号传输线的接地端可以采用公共回路)。如果传递信号项目多还需要更多的信号传输线。在追求汽车小型化及实用化的今天,粗大的线束不但占用了汽车上宝贵的空间资源,而且也越来越难以将它安装到隐蔽位置。最终的结果就是电控单元端子数增加、线路复杂、故障频率增大,汽车工作的可靠性降低,并且维修困难。为了简化线路,提高各电脑之间的通信速度,降低故障频率,汽车车载局域网络(也称数据传输总线)技术应运而生。

一辆汽车不管有多少块电控单元,不管信息容量有多大,为了简化线路,实现资源共享,每块电控单元都只需引出一条或两条线共同接在一条或两条数据线上用于数据传递。这一条或两条数据线就称为数据传输总线。简单地说,数据传输总线就是电控单元间进行数据传递的通道,简称总线(或BUS线)。总线的作用就是将整车中各种不同的控制器连接起来,实现信息的可靠共享,并减少整车线束数量。

例如,宝来轿车发动机电控单元J220与自动变速器电控单元J217之间就需要5条信号传输线。采用数据传输总线后,只需要1根或2根传输线即可。采用数据总线传输(多路传输)的优点如下:

(1)简化线束,减轻重量,减少成本,减小尺寸,减少连接器的数量;
(2)可以进行设备之间的通信,丰富功能;
(3)通过信息共享,减少传感器信号的重复数量。

二、汽车数据总线传输介质

常用的数据总线传输介质可分为两类:一类是有线的;一类是无线的。目前汽车上多采用有线传输介质。有线传输介质主要有同轴电缆、双绞线和光纤。

1. 同轴电缆

同轴电缆曾经是局域网中使用最普遍的一种线缆,它的典型特点是传输距离长、抗干扰性强。同轴电缆主要用于总线型网络中。同轴电缆如图 3-1 所示,同轴电缆的中心是铜线。由于同轴电缆一般用来传输高频电信号,因此,铜线和屏蔽铜丝网之间要有一定的间距,其中充填的绝缘层对高频电磁场的损耗要求很低。屏蔽铜丝网起屏蔽作用,减少电磁波外泄。最外层是保护绝缘层。

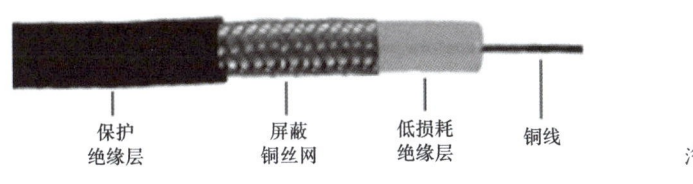

图 3-1 同轴电缆

汽车数据总线传输介质

2. 双绞线

车载网络总线通常需要滤除干扰而采用双绞线。双绞线由相互绞合在一起的线对组成,如图 3-2 所示。为制作网线时便于区分,每条线都标有不同的颜色。双绞线是目前组建局域网时最常用的一种线缆。图 3-2(a)所示的网线由四对双绞线组成;图 3-2(b)为普通双绞线;图 3-2(c)为带屏蔽铜丝网的双绞线。车载网络总线都采用普通双绞线或带屏蔽铜丝网的双绞线。

(a)四对双绞线的网线

(b)普通双绞线

(c)带屏蔽铜丝网的双绞线

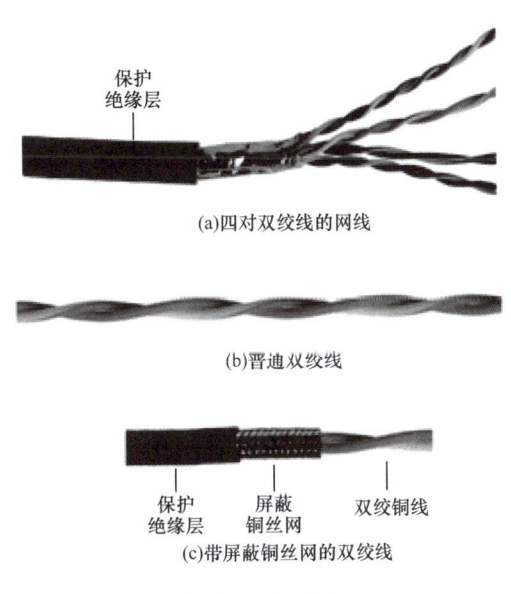

图 3-2 双绞线

3. 光纤

光纤是光导纤维的简称,光纤是一种细小、柔韧并能传输信号的传输介质,相对于其他传输介质来说,光纤具有传输距离长、传输速率高、安全性好等特点。主要适用于长距离、大容量、高速度的场合,高档汽车多媒体传输中都采用光纤进行传输。

光纤的结构如图3-3所示,光纤的光学纤芯是很细的单根圆形光学材料,光学材料分光学玻璃和光学塑料等,车载网络的光学纤芯用的是塑料光纤芯。纤芯外是反射涂层,光线在纤芯和反射涂层的接触界面形成全反射。反射涂层外是黑色包层,起保护反射涂层和光隔离的作用。黑色包层外是彩色包层,起保护和标记作用。

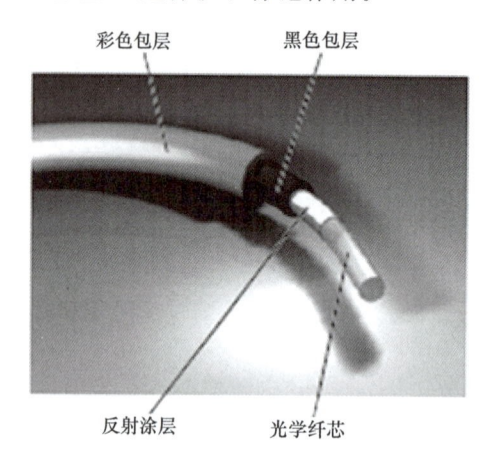

图3-3 光纤的结构

光纤传导信号的示意图如图3-4所示,使用光纤传输信号的车载总线,其电控单元具有光纤接口,即电光转换发射器和光电转换接收器。

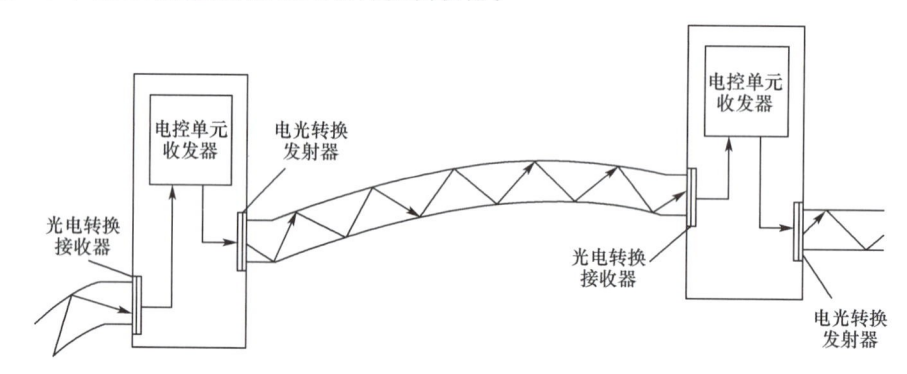

图3-4 光纤传导信号的示意图

发送数据的电控单元产生数据信号,由收发器经内部电路传到电光转换发射器。电光转换发射器将二进制脉冲电信号转换为二进制脉冲光信号。光信号的光线以合适的角度射入光纤,在光纤内形成全反射向前传导。电控单元收发器的光电转换接收器将二进制脉冲光信号转换为二进制脉冲电信号,由内部电路传到电控单元收发器,电控单元收发器就收到传导来的数据信号了。

三、车载网络系统组成

车载网络采取基于串行数据通信的体系结构,车载网络主要由电控单元、数据总线、网络、网络协议、网关等组成。

车载网络系统组成

1. 电控单元

现代汽车除了有发电机电控单元,还有自动变速器电控单元、ABS电控单元、空调电控单元等许多电控单元,高档轿车有几十个电控单元,因此,必须用网络把它们连接起来,才能资源共享。

2. 数据总线

数据总线(BUS)是电控单元间运行数据传递的通道,简称总线,即所谓的信息高速公路。如果一个控制单元既可以通过总线发送数据,又可以从总线接收数据,则这样的数据总线就称为双向数据总线。汽车上数据总线的传输介质常用单线、双绞线或光纤。

3. 网络

在汽车行业里,习惯将几条总线连接在一起的车载局域网称为车载网络。为了满足汽车上不同的电控单元对总线系统性能要求的不同,同时考虑经济成本,一辆汽车上往往采用不同的总线组成车载网络。

4. 网络协议

车载网络协议包括各总线独立通信协议和各总线相互通信协议。

5. 网关

由于车载网络是由不同的总线组成的,因此,就需要一个连接不同总线的特殊网络节点,这个节点称为网关(Gateway)。网关的主要作用如下:

(1)识别和改变不同总线网络的信号和速率

不同总线中,数据的识别代码和传输速率不同,因此,一个数据要从一个总线进入到另一个总线内,必须把它的识别代码和速率进行改变,才能够让另一个总线系统接收,这个任务由网关来完成。除此之外,各总线数据信号的电压也可能不同,因此,也需要网关来实现转换。

(2)改变数据信号的优先级

同样的一个数据,在不同总线中的优先级是不同的,例如,车辆发生碰撞事故,安全气囊控制单元会发出负加速度传感器信号,这个信号的优先级在动力系统总线中是非常高的,它要在极短的时间内引爆安全气囊,但这个信号转到舒适系统车载网络后,网关调低了它的优先级,因为它在舒适系统中的功能只是打开车门和闪光灯。

(3)网关可作为诊断接口

根据车辆的不同,网关可能安装在组合仪表内、车上供电控制单元内或自己的网关控制单元内。由于所有总线的信息都供网关使用,所以网关也用作诊断接口。

3.1.2 总线系统常用术语

一、数据总线

数据总线是模块间运行数据的通道，即所谓的信息高速公路。数据总线可以实现在一条数据线上传递的信号被多个系统共享。数据总线实际上是一条导线或者是两条导线。

常用的车载总线类型有 CAN（Controller Area Network）控制器局域网、VAN（Vehicle Area Network）车辆局域网、LAN（In-Vehicle Local Area Network）车载局域网、LIN（Local Interconnect Network）局域互联网、MOST（Media Oriented Systems Transport）多媒体定向系统传输、Class-2 二级数据总线等。各厂家根据不同的需要在具体车型上选用不同的总线。

二、局域网

在一个有限区域内连接的计算机的网络称为局域网。通过局域网可以实现系统内的资源共享和信息通信。

局域网概念

三、多路传输

多路传输指在同一通道或线路上同时传输多条信息。汽车上用的是单线或双线分时多路传输系统。即汽车上的信息传输采用"串行"方式，并且按优先级排序。车载局域网即总线传输系统在传输数据时采用的是多路传输的方式。所谓多路传输就是将不同的信号相互交织在不同的时间段内，沿着同一个信道传输。总线系统上并联有多个元件，这就要求整个系统的布置满足以下要求：

多路传输

1. 可靠性高：传输故障（无论是由内部还是由外部引起的）应能被准确识别出来。
2. 使用方便：当某一个控制单元出现故障时，其余系统应尽可能保持原有功能，以便进行信息交换。
3. 数据密度大：所有控制单元在任一瞬时的信息状态均相同，这样就使得两个控制单元之间不会有数据偏差。如果系统的某一处有故障，那么总线上所有连接的元件都会得到通知。
4. 数据传输快：连成网络的各元件之间的数据交换速率必须很快，这样才能满足实时要求。

四、模块/节点

模块是一种电子装置，简单的如传感器，复杂的如控制模块。节点是多路传输系统中简单模块的别称。

模块/节点

五、网络

网络是由数据总线和各种模块连接组合而成的一个系统。

六、网关

网关实际上就是一种模块,一个具有特殊功能的计算机。网关可以是一个独立的电控单元,也可以置身于其他模块或设备之中。

七、通信协议

通信协议是指数据在总线上的传输规则。保证车内各电控单元间能够通信,各总线的数据传输遵守优先级顺序。通信协议的标准包括唤醒访问和握手。唤醒访问就是给电控单元发送一个信号(该电控单元为了节电而处于休眠状态),使之进入工作状态。握手就是电控单元间相互确认兼容并处于工作状态。

八、帧

数据传输的一个单元,称为帧。由若干个 bit(比特)组成。

九、拓扑

拓扑是数据总线系统协议所允许的各个模块之间的排列方法。总线系统的拓扑结构有总线型、星型、环型和树型。如图 3-5 所示。

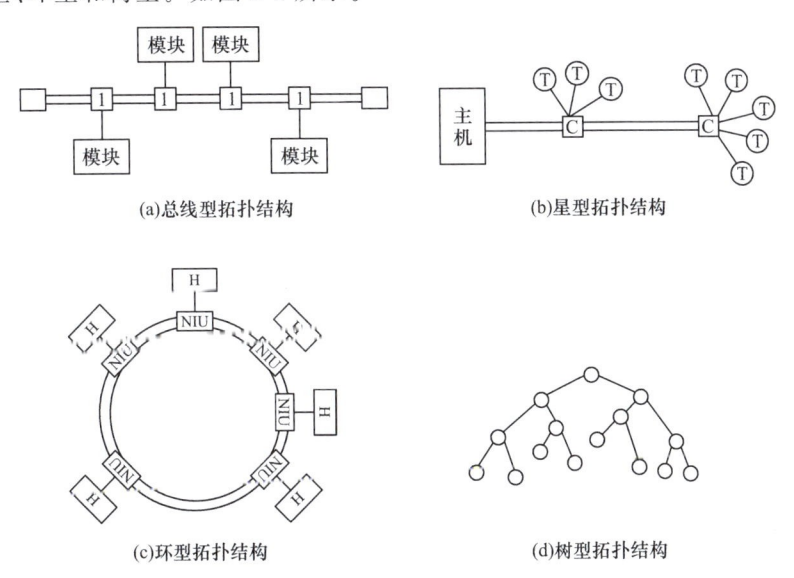

(a)总线型拓扑结构

(b)星型拓扑结构

(c)环型拓扑结构

(d)树型拓扑结构

图 3-5　计算机网络各种拓扑结构

1. 总线型

如图 3-5(a)所示。总线型拓扑结构简称总线拓扑,它是将网络中的各个电控单元用一根总线(如同轴电缆等)连接起来,实现网络功能。总线型拓扑结构的数据传输是广播式传输结构,数据发送给网络上所有的电控单元,只有电控单元地址与信号中的目的地址相匹配的电控单元才能接收到。总线型结构简单、扩展容易。网络中任何节点的故障都不会造成全网的故障,可靠性较高。当节点发生故障时,隔离起来还比较方便,但是一旦传输介质出现故障,就需要将整个总线切断,维修较困难。

2. 星型

如图 3-5(b)所示。星型拓扑结构以中央节点为中心,并用单独的线路使中央节点与其他各节点相连,相邻节点之间的通信都要通过中央节点。中央节点接收各分散节点的信息再转发给相应节点,具有中继交换和数据处理功能。星型网络的结构简单,建网容易,但可靠性差,中心节点是网络的瓶颈,一旦出现故障则全网瘫痪。

3. 环型

如图 3-5(c)所示。网络中的电控单元连成环型就成为环型网络,网络中各个节点的地位相等。信息单向从一个节点传送到另一个节点,网络中的信息流是定向的,没有路径选择问题。环型网络实现简单,适于传输信息量不大的场合。由于信息从源节点到目的节点都要经过环路中的每个节点,任何节点的故障均能导致环路不能正常工作,可靠性较差。

4. 树型

如图 3-5(d)所示。树型结构是从星型结构变化而来的,各节点按一定层次连接起来,形状像一颗倒置的树,最顶端只有一个节点。在树型结构的网络中有多个中心节点,形成一种分级管理的集中式网络。树型结构连接容易、管理简单、维护方便,但是共享能力差、可靠性低,任一节点或连线的故障均影响所在支路网络的正常工作。

从以上网络拓扑结构可知,总线型网络是网络的一种拓扑结构,具有结构简单、扩展容易,可靠性高等许多优点,是汽车车载网络的常用网络。

图 3-6 是汽车车载网络系统组成的拓扑图,它由驱动 CAN 总线、舒适 CAN 总线和信息 MOST 总线联网组成,网关是它们的连接点。在舒适 CAN 总线下还有一个辅助的 LIN 总线。

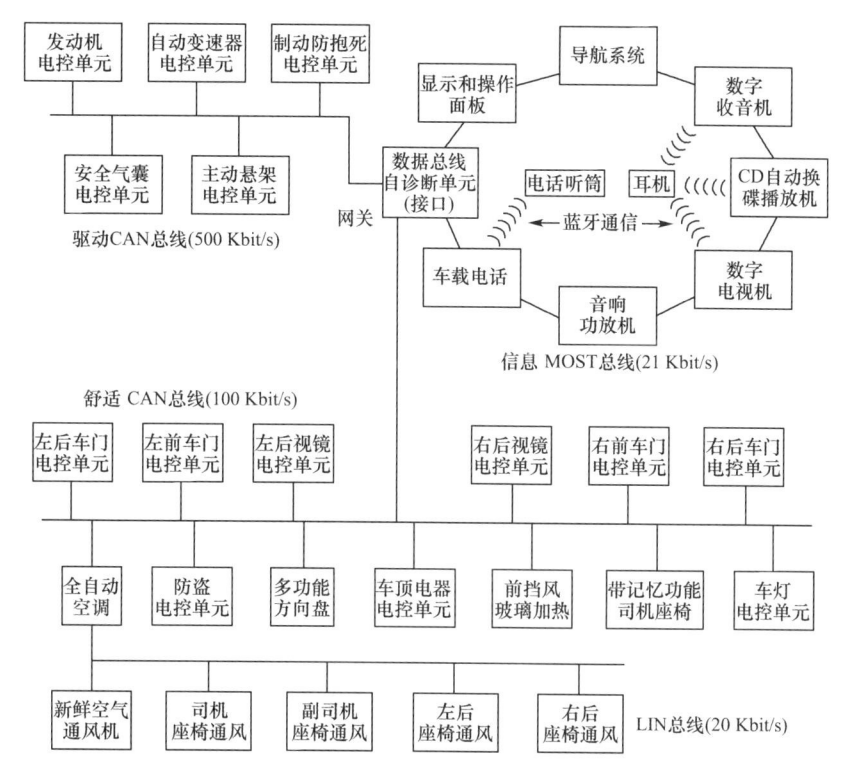

图 3-6 汽车车载网络系统组成的拓扑图

3.2　CAN 总线

3.2.1　CAN 总线构成

一、CAN 总线结构

CAN 总线由电控单元 ECU、两个数据传输终端电阻以及两条数据传输线组成。结构组成如图 3-7 所示。

1. 电控单元 ECU

CAN 总线连接的电控单元 ECU 又称 CAN 总线上的节点。CAN 总线理论上可以连接无数个节点，实际上受线路越长传输速率越低的限制，车载 CAN 总线的节点数以不超过 32 个为宜。

CAN 总线上的每个电控单元 ECU 独立完成网络数据交换和测控任务，电控单元 ECU 由 CAN 控制器、CAN 收发器、带协议的 CPU 组成。

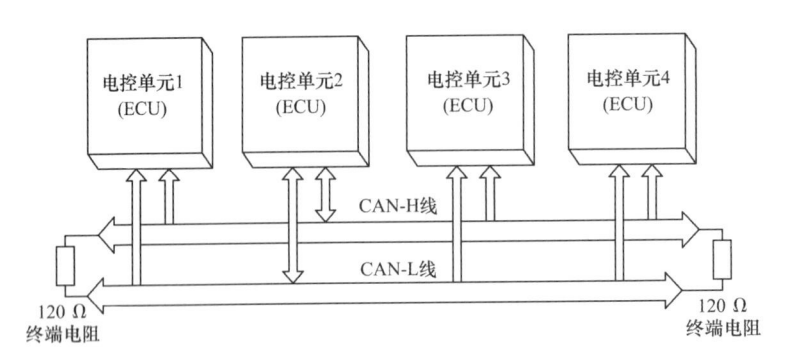

图 3-7 CAN 总线组成

(1) CAN 控制器

CAN 控制器位于 CAN 总线每一个节点上的电控单元中,接收控制单元中的微型计算机传来的数据,对这些数据进行处理并将其传往 CAN 收发器。同样,CAN 控制器也接收由 CAN 收发器传来的数据,对这些数据进行处理并将其传往控制单元中的卫星计算机。CAN 控制器由硬件实现信息发送、信息接收、接收信息过滤、发送搜索、中断逻辑等功能,大大减少了 CAN 节点主机的通信处理负担。

信息交换过程　　　数据发送过程　　　数据接收过程

(2) CAN 收发器

CAN 收发器由 CAN 接收器、CAN 发送器和差分转换处理电路组成。单片机的数据信号为正逻辑信号,经 CAN 发送器中的差分放大器转换为双向的差分信号传送到总线上。差分信号以负逻辑信号形式表示数据,如图 3-8 所示。以高速 CAN 总线为例,当传来的单向信号为 2 V,脉冲信号为"1"时,差分信号的高电平信号 CAN-H 电压为 3.5 V;低电平信号 CAN-L 电压为 1.5 V;差分电压为 2 V,此时总线的状态为"显性位","显性位"代表逻辑"0"。当单向脉冲信号为"0"时,差分信号的高电平信号和低电平信号均为 2.5 V;差分电压为 0 V,此时总线的状态为"隐性位","隐性位"代表逻辑"1"。CAN-H 信号和 CAN-L 信号分别输出到 CAN 总线上,即双绞线上。反之,差分转换处理电路也可将 CAN 总线上双向的差分信号转变为单向的脉冲信号,差动信号放大器用 CAN-H 线上的电压减去 CAN-L 线上的电压,计算出输出电压差,得到实际的信号值。CAN 收发器在不发送信号时处于接收状态。

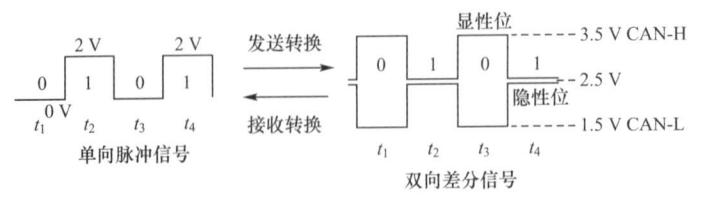

图 3-8 CAN 收发器转换信号

(3)带协议的 CPU

按 CAN 通信协议，控制数据流，对 CAN 总线上的信号进行仲裁、填充、错误检测和错误处理等功能。

2. 数据传输终端电阻

数据传输终端电阻连接在双绞线的两端，终端电阻可防止信号在传输线终端被反射并以回波的形式返回，影响数据的正确传送。每个电阻约为 120 Ω。

3. 数据传输线

数据传输线是模块间运行数据的通道，传递数据是双向的。数据传输线通常是一条或两条。CAN 系统通常采用双绞线的形式来传输数据，目的是防止外界电磁波的干扰和向外辐射。差动信号放大器用 CAN-H 线上的电压减去 CAN-L 线上的电压来计算出输出电压差，用这种方法可以消除隐性电压或其他任意重叠的电压（例如，干扰），保证信号传递的可靠性，如图 3-9 所示。

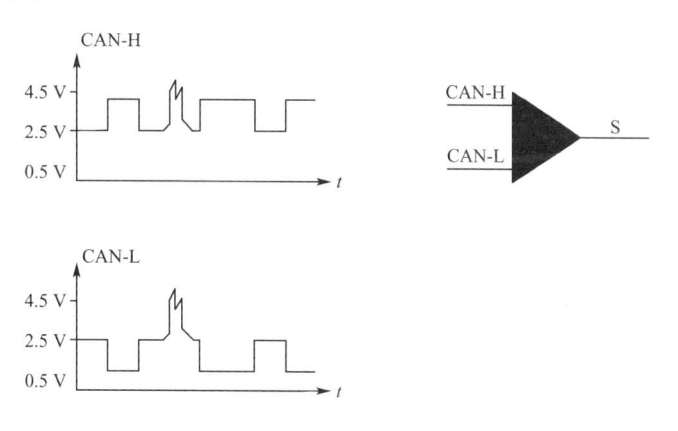

图 3-9　消除干扰的信号处理

二、CAN 总线数据传输

CAN 总线为多主结构，非主从网络，每个模块都可以发送和接收信息。CAN 总线在多主方式下工作时，网络上任一节点均可在任意时刻主动向网络发送信息，而不分主从。在该方式下，CAN 网络支持点对点、一点对多点和全局广播方式接收和发送数据。CAN 总线的数据传输像一个电话会议，如图 3-10 所示。一个电控单元将数据传入网络中，其他用户通过网络"接听"这个数据，对于这个数据感兴趣的电控单元就会利用数据，而其他控制单元则选择忽略。在该网络中，任一控制单元既可发送数据，又可接收数据。

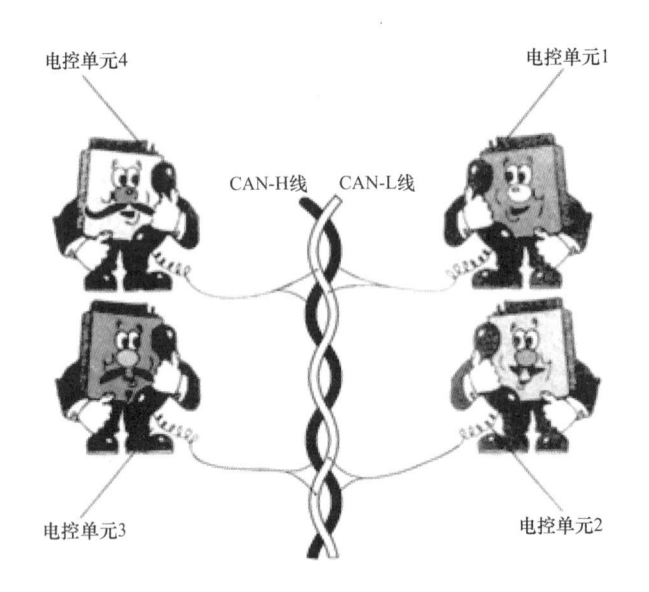

图 3-10　CAN 总线的数据传输

CAN 总线与其他通信网的不同之处是报文传送中不包含目标地址,它以全网广播为基础,各接收站根据报文中反映数据性质的标识符过滤报文,该收的收下,不该收的弃而不用。其好处是可在线上网下网、即插即用和多站接收。为避免总线冲突,根据需要将各个节点设定为不同的优先级,并以标志符(ID)标定,其值越小,优先级越高,在发生冲突时,优先级低的节点主动停止发送,从而解决了总线冲突问题。

3.2.2　高速 CAN 系统

CAN 总线兼容性很好,工作起来又非常可靠,很少出现故障,所以很多车辆都使用了 CAN 总线系统。但是由于信号的重复率、产生的数据量和可用性不同,在一辆车上可能用到不同速率的 CAN 总线。目前汽车上的网络连接方式主要采用两条 CAN 总线,一条是用于驱动系统的高速 CAN,速率为 250 Kbit/s～1 Mbit/s,另一条是用于车身系统的低速 CAN,速率不超过 125 Kbit/s。在不同车辆上 CAN 系统分类的名字可能会有不同,以大众车为例,分为驱动 CAN 总线(高速)、舒适 CAN 总线(低速)、信息 CAN 总线(低速)。这三种 CAN 总线都采用双绞线,可以很好地抗干扰,传递和接收数据时采用差分电压的形式进行。信息 CAN 总线和舒适 CAN 总线的特性是一致的。驱动 CAN 总线、舒适 CAN 总线和信息 CAN 总线各系统的区别如下:

(1)驱动 CAN 总线通过点火开关线路 15 号接线柱进行接通或切断,或经过短时无载运行后切断。而舒适 CAN 数据总线由蓄电池直接供给即 30 号接线柱供电且必须保持随时可用的状态。但是为了尽可能降低对供电网产生的负荷,在点火开关线路 15 号接线柱关闭后,如果总系统不再需要舒适或信息 CAN 总线,那么舒适信息 CAN 总线就进入"休眠模式"。

(2)舒适和信息 CAN 总线容错能力较强,在一条线短路或一条 CAN 线断路时,可以用另一条线继续工作,这时会自动切换到"单线工作模式";驱动 CAN 总线容错能力相对较差、错误很多的情况下系统将不能工作。

(3)驱动CAN总线的电信号与舒适和信息CAN总线的电信号是不同的。

下面以大众奥迪A4~B6为例来分别叙述驱动CAN总线、舒适/信息CAN总线。

一、驱动CAN总线上的电控单元

驱动CAN总线系统控制单元有：发动机、组合仪表、变速器、ESP、安全气囊、转向柱电气控制单元等。因此驱动CAN总线在整车电控系统中具有举足轻重的作用，它的传输速率是最快的，一般情况下以500 Kbit/s的速率进行数据传递，最高可达1 000 Kbit/s。CAN-High(CAN-H)线为橘黑色，CAN-Low(CAN-L)线为橘棕色。系统采用的是总线拓扑结构，当控制单元损坏或通往某控制单元的导线断路时，不会影响其他控制单元进行信息交流，但如果发动机或仪表中断，发动机将无法正常启动，因为防盗器装在仪表里。需特别注意的是，CAN总线的接点不能打开，否则会导致系统无法正常工作。控制单元循环往复发送信息，信息的重复周期一般是10~25 ms。驱动CAN系统电控单元组成如图3-11所示。

高速CAN总线上的电控单元

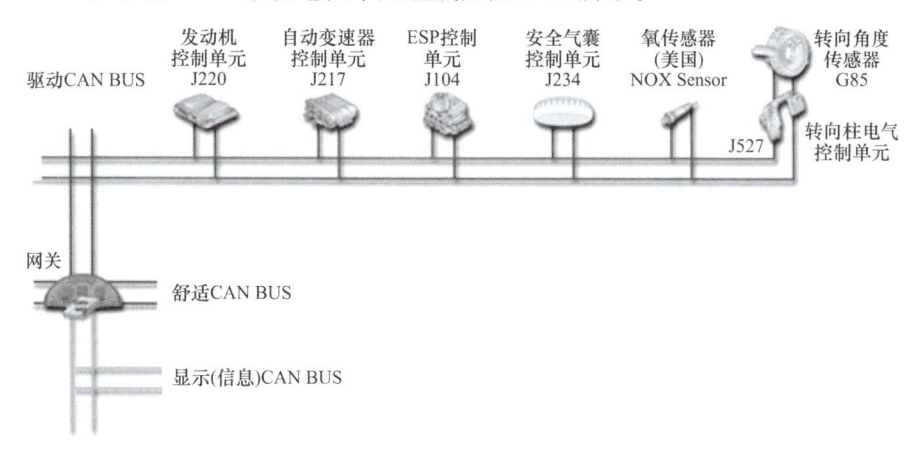

图3-11 驱动CAN系统电控单元组成

二、驱动CAN总线特点

(1)驱动(高速)CAN系统的传输速率可达1 Mbit/s，实现高速传输。

(2)当一条线断路/短路时，所有功能基本都停止工作(除CAN-H线对正极短路、CAN-L线对地短路会降级运行)。

三、驱动CAN总线的数据传输

驱动(高速)CAN总线两条双绞线分别用于不同的数据传输，传输数据波形如图3-12所示。在隐性状态时，两条导线上作用相同的预设定电压值2.5 V。在显性状态时，CAN-H线上的电压值增大一个预定

高速CAN总线的数据传输

值(≥1 V),CAN-L 线上的电压值会减小一个同样值,则 CAN-H=3.5 V,CAN-L=1.5 V。差分输出电压:隐性状态为 CAN-H－CAN-L=2.5－2.5=0 V,显性状态为 CAN-H－CAN-L=3.5－1.5=2 V。

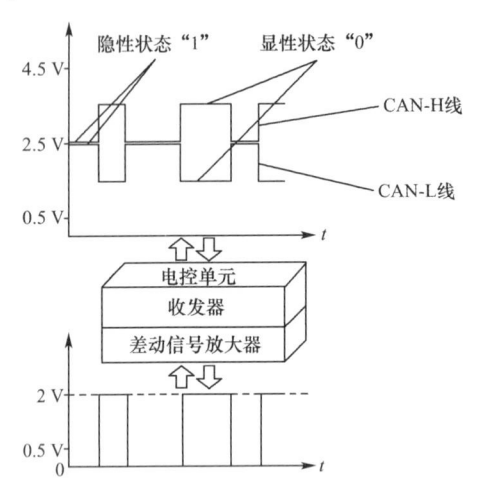

图 3-12　驱动(高速)CAN 总线两条双绞线的传输数据波形

3.2.3　高速(驱动)CAN 总线的波形分析

一、正常波形

高速(驱动)CAN 总线双绞线隐性电压均为 2.5 V,显性电压 CAN-H 线约为 3.5 V,CAN-L 线约为 1.5 V,差分电压隐性状态为 0 V,显性状态约为 2 V。高速(驱动)CAN 总线的正常波形如图 3-13 所示。

高速 CAN 总线正常波形分析

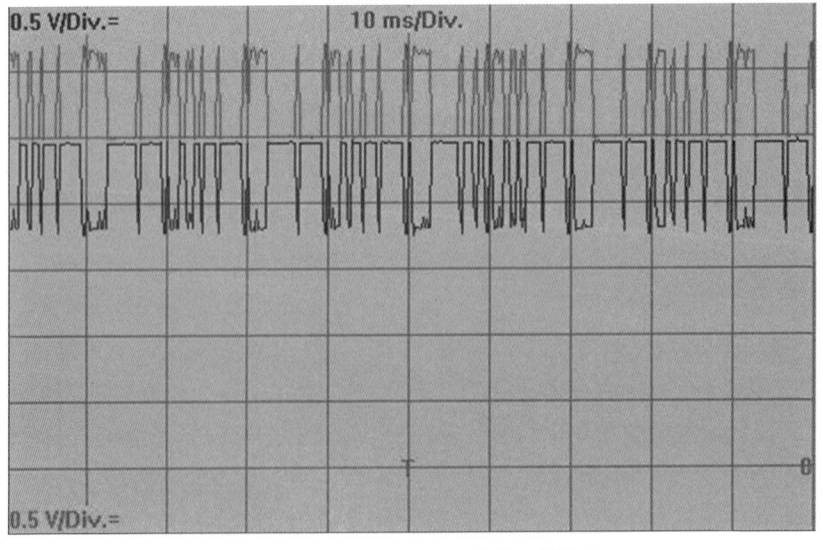

图 3-13　高速(驱动)CAN 总线的正常波形

二、驱动 CAN 的故障波形

1. 故障波形一：CAN-H 线与 CAN-L 线短路

CAN-H 线与 CAN-L 线短路故障的波形如图 3-14 所示。

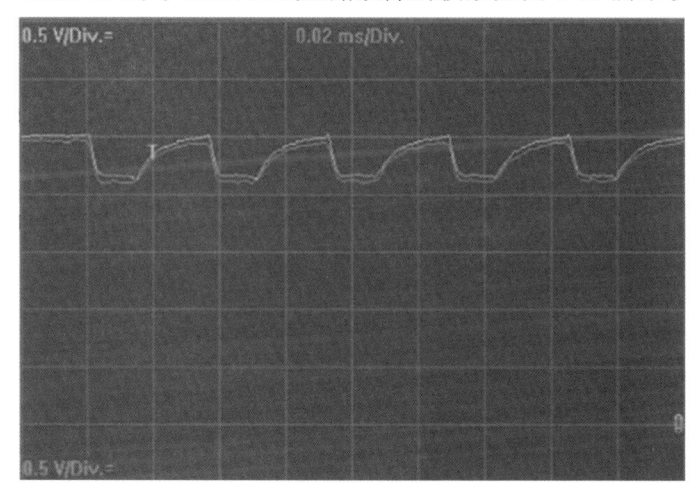

图 3-14　CAN-H 线与 CAN-L 线短路故障的波形

高速 CAN 总线故障波形一：
CAN-H 与 CAN-L 短路
波形分析

故障现象是 CAN-H 线和 CAN-L 线的电压置于隐性电压值（约为 2.5 V），系统无法正常工作。通过插拔驱动 CAN 总线上的控制单元可以判断，这是由控制单元引起的短路或是由 CAN-H 线和 CAN-L 线路连接引起的短路。检修时按照"先模块后总线"的原则，依次断开与总线相连的模块，当断开某一模块时，如果信号恢复正常，则说明该模块有故障应进行维修或更换；如果模块没有故障，再分段依次断开总线，同时注意信号的波形，如果断开某段总线后，信号恢复正常，则说明这段总线有故障，应进行维修。

2. 故障波形二：CAN-H 线对正极短路

CAN-H 线对正极短路故障的波形如图 3-15 所示。

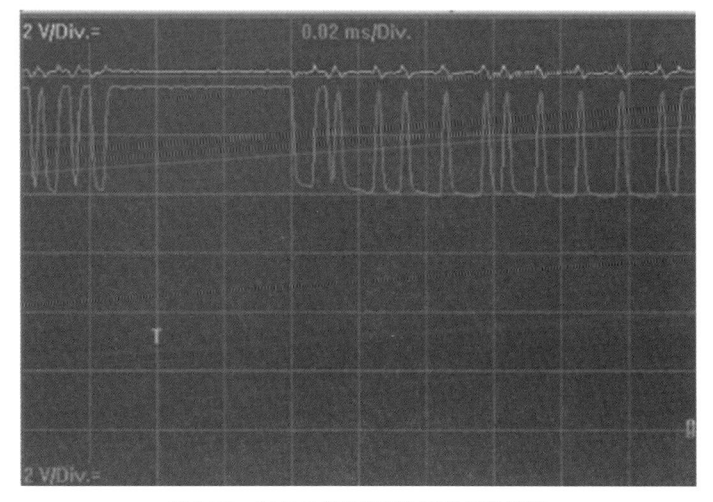

图 3-15　CAN-H 线对正极短路故障的波形

高速 CAN 总线故障波形二：
CAN-H 对正极短路波形分析

CAN-H 线的电压为 12 V,信号有微小的波动,CAN-L 线的隐性电压也为 12 V,信号有波动,系统采用降级运行。这是由控制单元收发器内 CAN-H 线和 CAN-L 线的内部连接关系引起的。该故障的诊断和排除方法与故障波形一的处理方法相同。

3. 故障波形三:CAN-H 线对地短路

CAN-H 线对地短路故障的波形如图 3-16 所示。

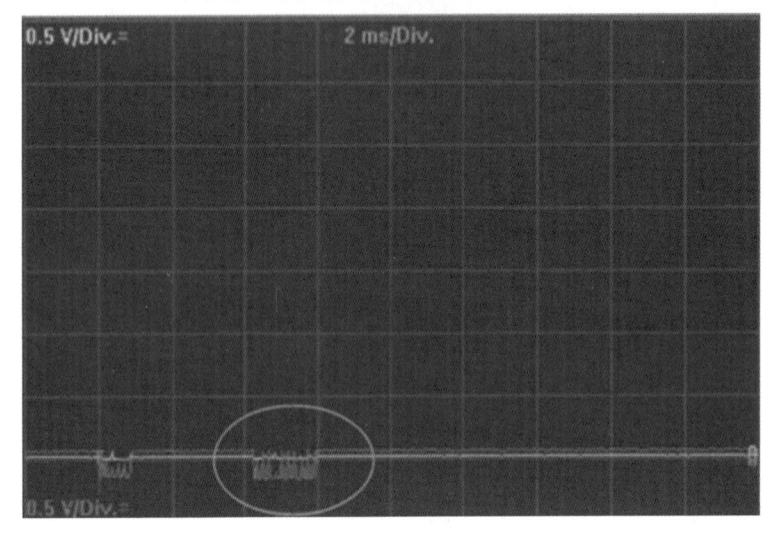

图 3-16　CAN-H 线对地短路故障的波形

高速 CAN 总线故障波形三:CAN-H 对地短路波形分析

CAN-H 线的电压位于 0 V,CAN-L 线的电压也位于 0 V,但在 CAN-L 线上还能够看到一小部分的电压变化,系统无法工作。该故障的诊断和排除方法与故障波形一的处理方法相同。

4. 故障波形四:CAN-L 线对地短路

CAN-L 线对地短路故障的波形如图 3-17 所示。

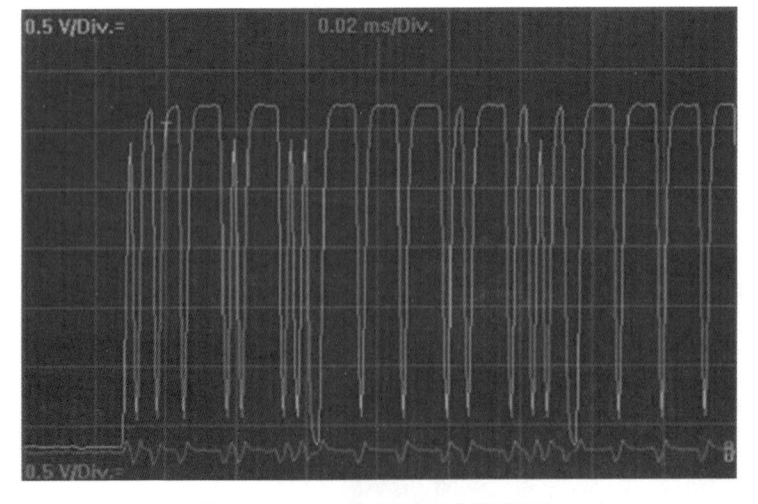

图 3-17　CAN-L 线对地短路故障的波形

高速 CAN 总线故障波形四:CAN-L 对地短路波形分析

CAN-L 线的电压约为 0 V,CAN-H 线的隐性电压也被降至 0 V,有信号波动,系统降级运行。该故障的诊断和排除方法与故障波形一的处理方法相同。

5. 故障波形五:CAN-L 线对正极短路

CAN-L 线对正极短路故障的波形如图 3-18 所示。

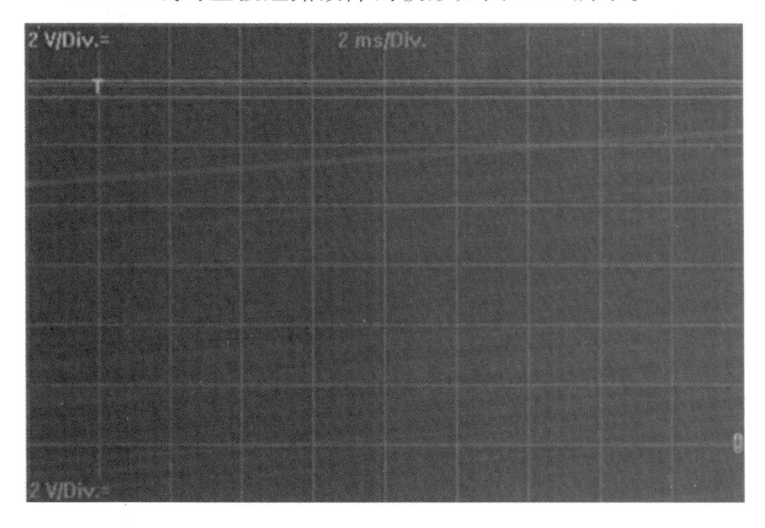

图 3-18　CAN-L 线对正极短路故障的波形

高速 CAN 总线故障波形五：
CAN-L 对正极短路波形分析

两条总线的电压都约为 12 V,没有信号波动,系统无法工作。该故障的诊断和排除方法与故障波形一的处理方法相同。

6. 故障波形六:CAN-H 线断路

CAN-H 线断路故障的波形如图 3-19 所示。

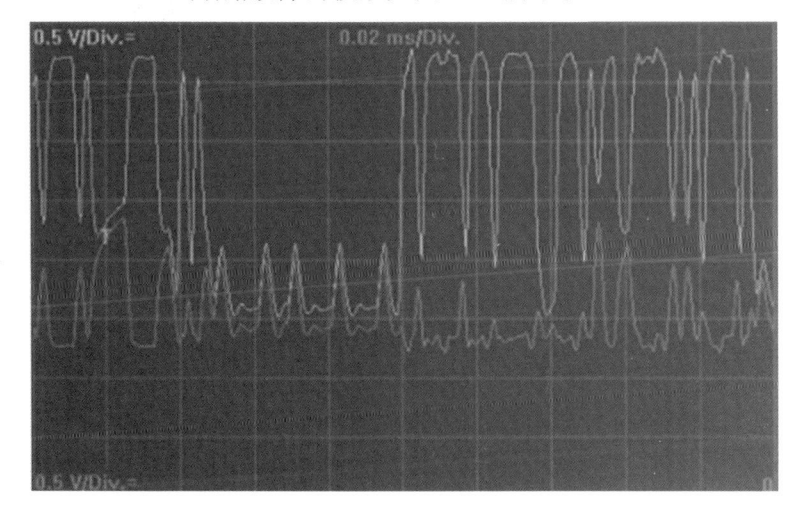

图 3-19　CAN-H 线断路故障的波形

高速 CAN 总线故障波形六：
CAN-H 断路波形分析

由于电流无法流向中央终端电阻以通过 CAN-L 线,因此两条导线的隐性电压均接近 1 V,CAN-H 线上的信号偶尔缺失或无规律变化(会与 CAN-L 线上的正常电压一同变化),系统无法运行。该故障的诊断和排除方法与故障波形一的处理方法相同。

7. 故障波形七:CAN-L 线断路

CAN-L 线断路故障的波形如图 3-20 所示。

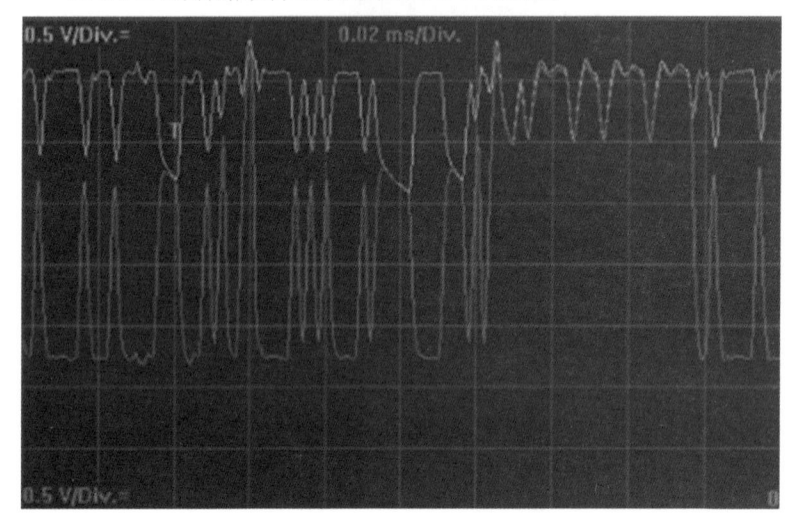

高速 CAN 总线故障波形七:
CAN-L 断路波形分析

图 3-20 CAN-L 线断路故障的波形

由于电流无法流向中央终端电阻以通过 CAN-H 线,因此两条导线的电压均接近 5 V,CAN-L 线上的信号偶尔缺失或无规律变化(会与 CAN-H 线上的正常电压一同变化),系统无法运行。

3.2.4 低速 CAN 系统

一、低速 CAN 系统组成

以奥迪舒适系统 CAN 总线系统为例。舒适系统 CAN 总线系统的电控单元有中央控制单元及车门控制单元、轮胎压力监控控制单元、驻车加热控制单元、空调控制单元、挂车识别控制单元、停车辅助控制单元、座椅调节控制单元、汽车电气控制单元、多功能转向盘控制单元、转向柱控制单元等。舒适/信息 CAN 总线的传输速率为 100 Kbit/s。同样,点火开关断开后,CAN 通信一直有效,通信断路时(如拔下插头或某一控制单元供电断路)会产生故障记忆,在重新连接正常后,必须删除所有控制单元的故障信息后才可以正常运行。低速 CAN 系统电控单元的组成如图 3-21 所示。

低速 CAN 总线构成

二、低速 CAN 总线特点

(1)传输速率较低,为 100 Kbit/s。
(2)采用双绞线传输,CAN-H 线为橙色/绿色,CAN-L 线为橙色/棕色。

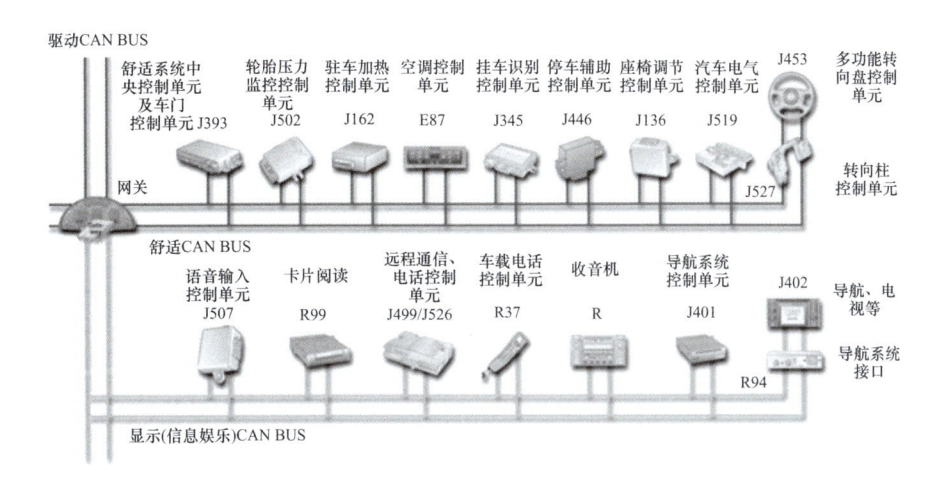

图 3-21 低速 CAN 系统电控单元的组成

三、低速 CAN 总线的数据传输

低速 CAN 总线的两条双绞线分别用于不同的数据传输。在隐性状态时，CAN-H 线上的电压约为 0 V，CAN-L 线上的电压约为 5 V。在显性状态时，CAN-H 线上的电压升高到约 3.6 V，CAN-L 线上的电压会降低一个同样值，约为 1.4 V。低速 CAN 总线依然采用差分电压进行输出，差分电压隐性状态为 CAN-H－CAN-L＝0－5＝－5 V，显性状态为 CAN-H－CAN-L＝3.6－1.4＝2.2 V。低速 CAN 总线的数据传输如图 3-22 所示。

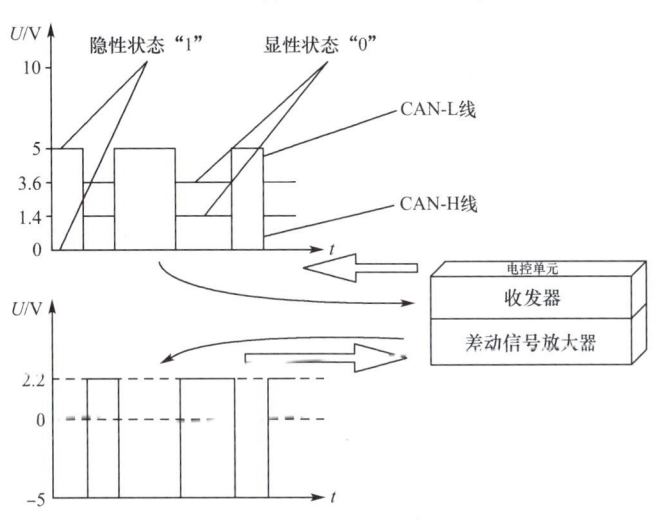

图 3-22 低速 CAN 总线的数据传输

3.2.5 低速 CAN 总线的波形分析

一、正常波形

在隐性状态时，CAN-H 线上的电压约为 0 V，CAN-L 线上的电压约为 5 V。在显性状态时，CAN-H 线上的电压值升高到约 3.6 V，CAN-L 线上的电压值会降低一个同样值，约

为 1.4 V。低速 CAN 总线的正常波形如图 3-23 所示。

图 3-23 低速 CAN 总线的正常波形

低速 CAN 总线
正常波形分析

二、故障波形

1. 故障波形一：CAN-H 线与 CAN-L 线之间短路

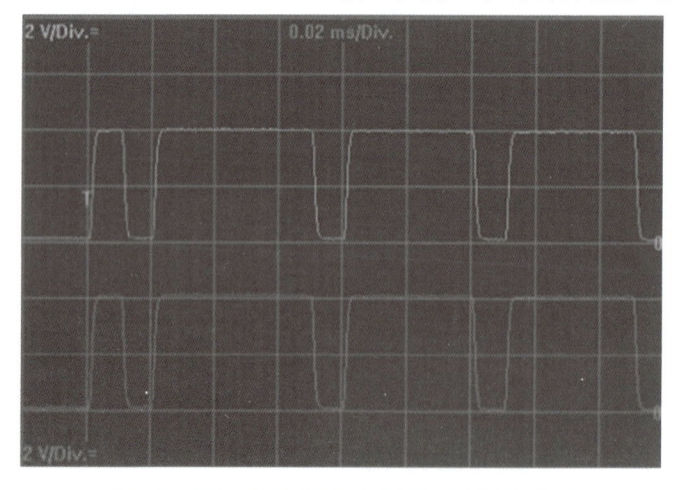

CAN-H 线与 CAN-L 线之间短路故障的波形如图 3-24 所示。CAN-H 线与 CAN-L 线信号一致，系统无法正常工作，系统采用单线模式运行。这意味着，通信仅为一条线路的电压在起作用。控制单元利用该电压对地值确定传输数据。CAN-H 线与 CAN-L 线之间短路，这是由于控制单元引起的短路或是由于 CAN-H 线和 CAN-L 线连接引起的短路。检修时按照"先模块后总线"的原则，依次断开与总线相连的模块，当断开某一模块时，信号恢复正常，说明该模块有故障应进行维修或更换；如果模块没坏再分段依次断开总线，同时注意信号波形，如果断开某段总线后，信号恢复正常，就说明这段总线有故障，进行维修。

图 3-24 CAN-H 线与 CAN-L 线之间短路故障的波形

低速 CAN 总线故障波形一：
CAN-H 与 CAN-L 之间
短路波形分析

2. 故障波形二：CAN-H 线对地短路

CAN-H 线对地短路故障的波形如图 3-25 所示。

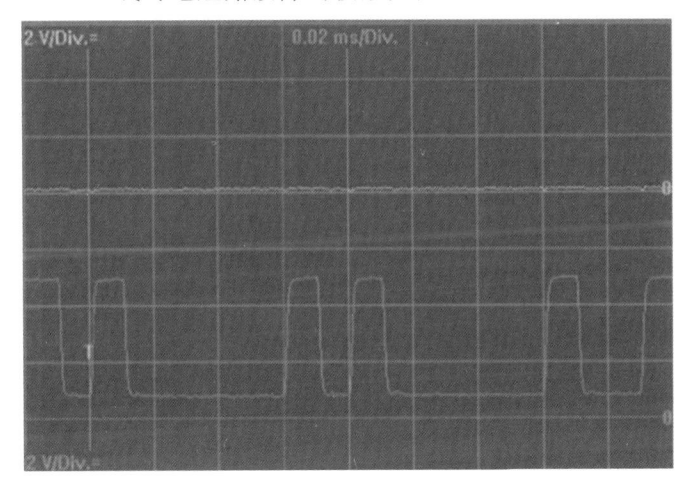

图 3-25　CAN-H 线对地短路故障的波形

低速 CAN 总线故障波形二：
CAN-H 对地短路波形分析

CAN-H 线的电压置于 0 V，CAN-L 线的电压正常。在该故障情况下，所有舒适 CAN 或信息 CAN 变为单线工作。该故障的诊断和排除方法同故障波形一。

3. 故障波形三：CAN-H 线对正极短路

CAN-H 线对正极短路故障的波形如图 3-26 所示。

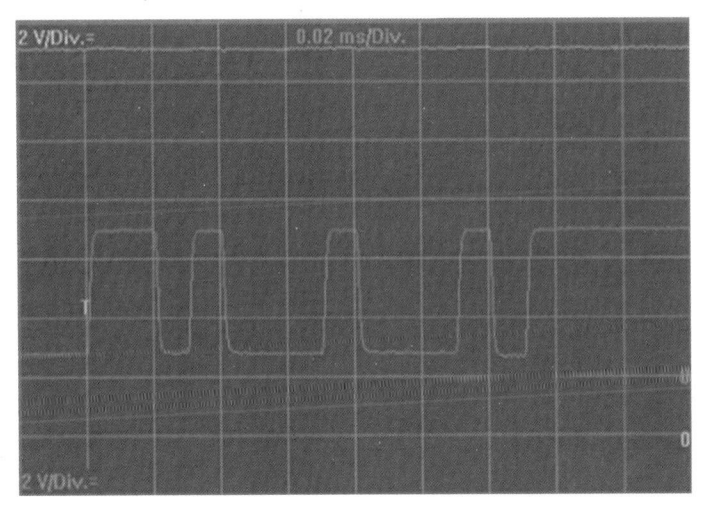

图 3-26　CAN-H 线对正极短路故障的波形

低速 CAN 总线故障波形三：
CAN-H 对正极短路波形分析

CAN-H 线的电压约为 12 V 或者蓄电池电压，CAN-L 线的电压正常。在该故障情况下，所有舒适 CAN 或者信息 CAN 都变为单线工作。该故障的诊断和排除方法同故障波形一。

4. 故障波形四：CAN-L 线对地短路

CAN-L 线对地短路故障的波形如图 3-27 所示。

CAN-L 线的电压置于 0 V,CAN-H 线的电压正常。在该故障情况下,所有舒适 CAN 或者信息 CAN 变为单线工作。该故障的诊断和排除方法同故障波形一。

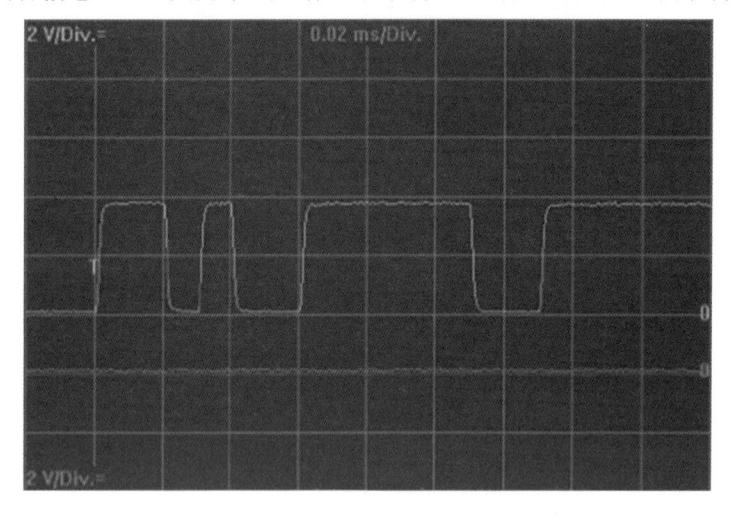

图 3-27　CAN-L 线对地短路故障的波形

低速 CAN 总线故障波形四:
CAN-L 对地短路波形分析

5. 故障波形五:CAN-L 线对正极短路

CAN-L 线对正极短路故障的波形如图 3-28 所示。

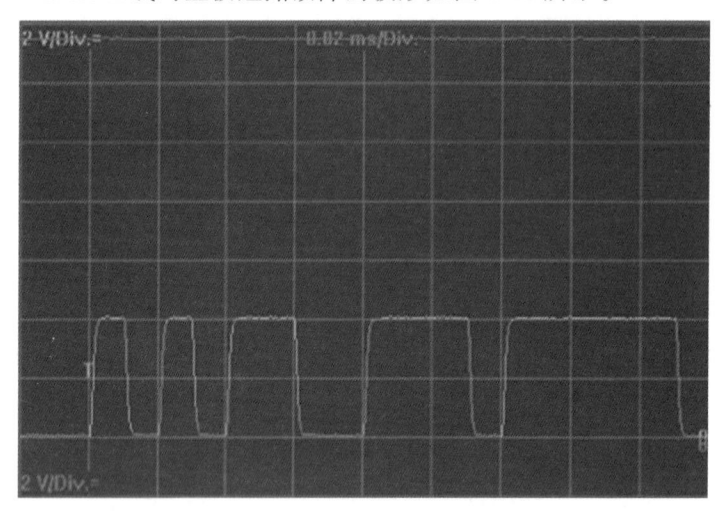

图 3-28　CAN-L 线对正极短路故障的波形

低速 CAN 总线故障波形五:
CAN-L 对正极短路波形分析

CAN-L 线的电压约为 12 V 或蓄电池电压,CAN-H 线的电压正常。在该故障情况下,所有舒适 CAN 或者信息 CAN 都变为单线工作。该故障的诊断和排除方法同故障波形一。

6. 故障波形六:CAN-L 线断路

CAN-L 线断路故障的波形如图 3-29 所示。

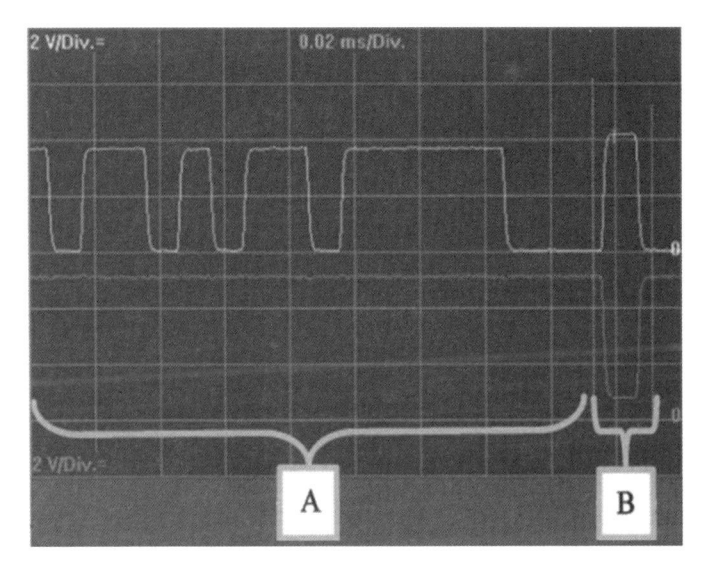

图 3-29 CAN-L 线断路故障的波形

在图 3-29 中，CAN-H 线的电压正常，CAN-L 线为 5 V 的隐性电压和一个比特长的 1 V 显性电压。当一个信息内容被正确接收时，控制单元将发送这个显性电压。在图 3-29 中，A 部分是信息的一部分，该信息被一个控制单元所发送；在 B 时间点若收到正确的信息，则所有控制单元都同时发送一个显性电压，正因为如此，该比特的电压差要大一些。系统采用 CAN-H 线单线模式运行。该故障的诊断和排除方法同故障波形一。

7. 故障波形七：CAN-H 线断路

CAN-H 线断路故障的波形如图 3-30 所示。

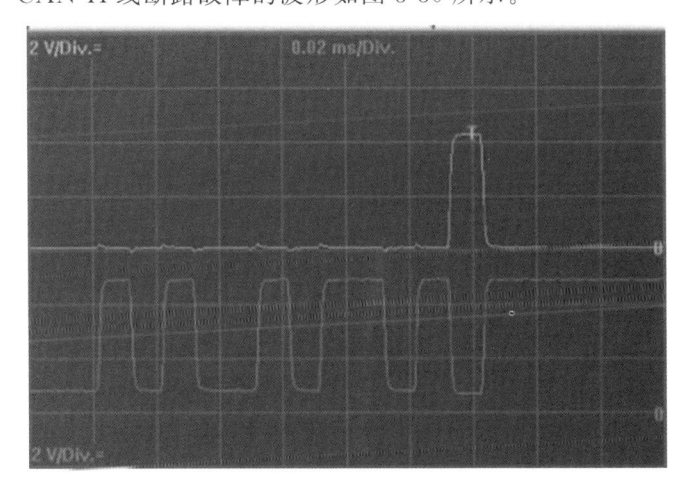

图 3-30 CAN-H 线断路故障的波形

在图 3-30 中，CAN-L 线的电压正常，CAN-H 线为 0 V 的隐性电压和一个比特长的 4 V 显性电压。当一个信息内容被正确接收时，控制单元将发送这个显性电压。在图 3-30 中，A 部分是信息的一部分，该信息被一个控制单元所发送；在 B 时间点若收到正确的信息，则所有控制单元都同时发送一个显性电压，正因为如此，该比特的电压差要大一些。系统采用

CAN-L 线单线模式运行。该故障的诊断和排除同故障一。

前面介绍的短路都是没有电阻连接的直接线路短路。在实际中经常出现由于破损的线束导致的短路。破损的线束靠近接地或者正极，经常还带有潮气，这将使该处产生连接电阻。

8. 故障波形八：CAN-H 线对正极通过连接电阻短路

CAN-H 线对正极通过连接电阻短路故障的波形如图 3-31 所示。

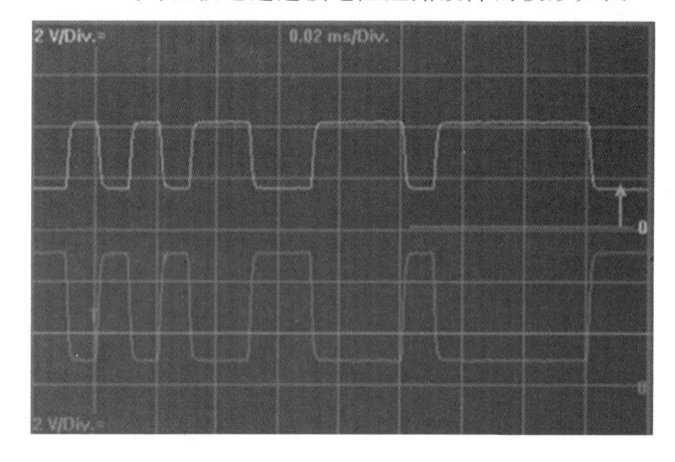

图 3-31　CAN-H 线对正极通过连接电阻短路故障的波形

低速 CAN 总线故障波形八：
CAN-H 对正极通过连接电阻
短路波形分析

CAN-H 线隐性电压约为 1.8 V，正常应约为 0 V，该 1.8 V 电压是由连接电阻引起的。连接电阻越小则隐性电压越大。在没有连接电阻的情况下，该电压值等于蓄电池电压。

9. 故障波形九：CAN-H 线通过连接电阻对地短路

CAN-H 线通过连接电阻对地短路故障的波形如图 3-32 所示。

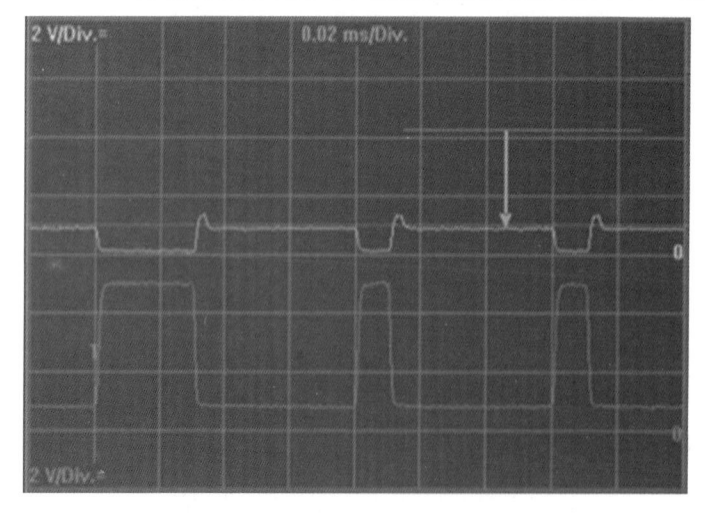

图 3-32　CAN-H 线通过连接电阻对地短路故障的波形

低速 CAN 总线故障波形九：
CAN-H 通过连接电阻对地
短路波形分析

CAN-H 线的显性电压约为 1 V，正常值应约为 4 V，该 1 V 的电压是由连接电阻引起的。连接电阻越小则显性电压越小。在没有连接电阻的情况下（短路），该电压为 0 V。

10. 故障波形十：CAN-L 线对正极通过连接电阻短路

CAN-L 线对正极通过连接电阻短路故障的波形如图 3-33 所示。

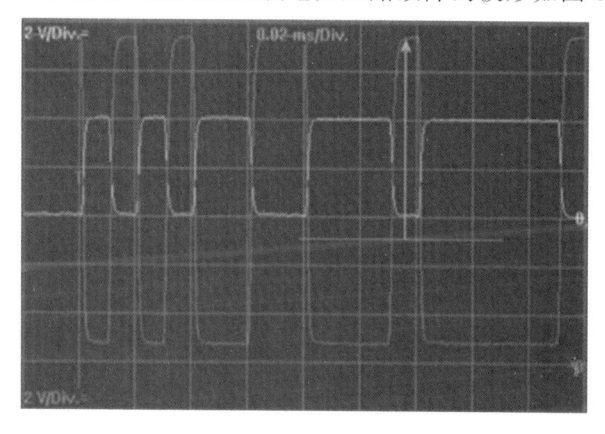

图 3-33 CAN-L 线对正极通过连接电阻短路故障的波形

低速 CAN 总线故障波形十：CAN-L 对正极通过连接电阻短路波形分析

CAN-L 线隐性电压约为 13 V，正常值应约为 5 V，该 13 V 电压是由连接电阻引起的。连接电阻越小则隐性电压越大。在没有连接电阻的情况下，该电压值等于蓄电池电压。

11. 故障波形十一：CAN-L 线通过连接电阻对地短路

CAN-L 线通过连接电阻对地短路故障的波形如图 3-34 所示。

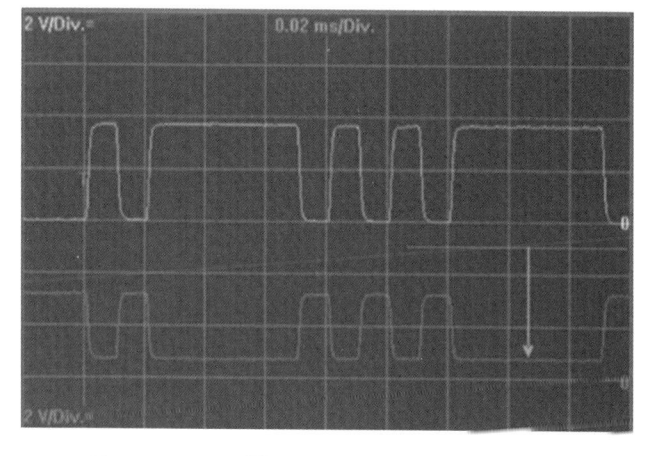

图 3-34 CAN-L 线通过连接电阻对地短路故障的波形

低速 CAN 总线故障波形十一：CAN-L 通过连接电阻对地短路波形分析

CAN-L 线隐性电压约为 3 V，正常值应约为 5 V，该 3 V 电压是由连接电阻引起的。连接电阻越小则隐性电压越小。在没有连接电阻的情况下，该电压值位于 0 V 电压。

12. 故障波形十二：CAN-H 线与 CAN-L 线之间通过连接电阻短路

CAN-H 线与 CAN-L 线之间通过连接电阻短路故障的波形如图 3-35 所示。

图 3-35　CAN-H 线与 CAN-L 线之间通过连接电阻短路故障的波形

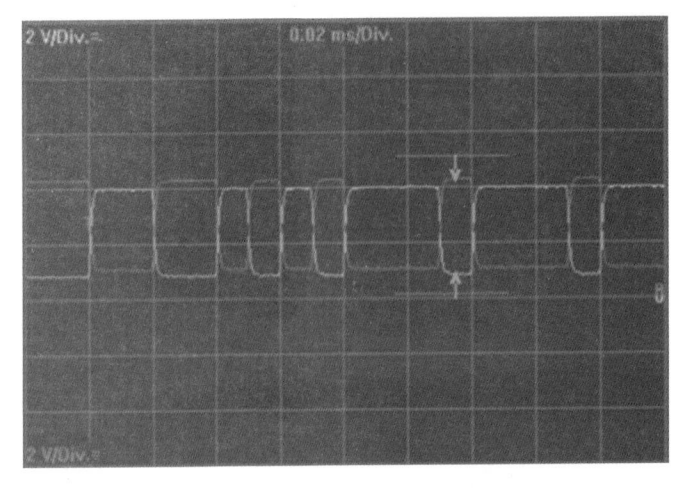

低速 CAN 总线故障波形十二：CAN-H 与 CAN-L 之间通过连接电阻短路波形分析

在短路的情况下，CAN-H 线与 CAN-L 线的隐性电压相互靠近。CAN-H 线的隐性电压约为 1 V，正常值应为 0 V；CAN-L 线的隐性电压大约为 4 V，正常值应为 5 V，CAN-H 线与 CAN-L 线的显性电压均正常。

3.3　LIN 总线

一、LIN 总线构成

LIN 是局域互联网（Local Interconnect Network）的简称，是一个汽车底层网络协议。LIN 总线是一种辅助的串行通信总线网络，多用于不需要 CAN 总线的带宽和多功能的场合。LIN 典型的应用是车上传感器和执行器的联网。LIN 网络结构如图 3-36 所示。从某种意义上来讲，LIN 就是 CAN 的经济版通信网络，它降低了汽车车上电子系统开发、生产、使用和维护的费用，定位于低于 CAN 的通信层，车上各个 LIN 总线系统之间的数据交换是由控制单元通过 CAN 总线实现的。

LIN 总线构成

LIN 通常不能单独组成主网络，要和其他网络共同使用来实现网络通信，比如 LIN 可以和 CAN/VAN 联合使用，由 CAN/VAN 组成主系统，在主网络下设 LIN，实现辅助功能网络。LIN 由一个主模块和一个或多个从模块（或节点）以及一条数据线构成，主模块连接在主网络上，总线上的信息传送由主模块控制。它可以执行主任务也可以执行从任务，而从节点只能执行从任务。为了实现 CAN 与 LIN 之间的通信，在 LIN 主节点内集成有"网关"电路，"网关"电路可将具有 LIN 标志符的数据转换为 CAN 的标志符，然后作为 CAN 数据在 CAN 中传送；反过来，"网关"电路又可将收到的具有 CAN 标志符的数据转换为 LIN 标志符，然后作为 LIN 数据在 LIN 中传送。

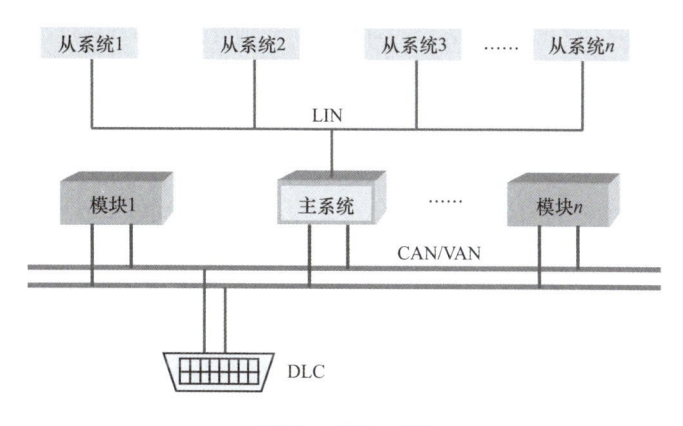

图 3-36　LIN 网络结构

二、LIN 总线数据传送

LIN 总线数据传送采用的是单线传输方式。LIN 的通信总是由主模块的主发送任务发起的,主模块发送一个起始报文,该起始报文由同步断点、同步字节、消息标识符所组成。相应地接收并且滤除消息标识符后,一个从任务被激活并且开始本消息的应答传输。该应答由 2(或 4 和 8)个字节数据和一个校验码所组成,起始报文和应答部分构成一个完整的报文帧。

三、LIN 总线特点

LIN 总线具有以下特征:

(1)单主/多从结构,即单个主控制器/多个从属控制器,不需要总线仲裁机制。

(2)同步广播式发送/接收方式,依靠标志符识别数据报文,共有 64 个标志符。

(3)节点数小于 16 个,总线可以由任意一个节点提供电源。

(4)基于常用的串行通信(USART/SCI)接口硬件,从节点可以由廉价的单片机开发。

(5)系统配置灵活、容易,不需要改变 LIN 节点上的硬件和软件就可以在网络上增加节点。

(6)从属控制器节点可以实现自同步。

(7)保证延时和信号传输的正确性。

(8)单总线数据传输结构,依靠车身公用地线实现信号传输回路。

(9)数据传输速率可以达到 20 Kbit/s。

(10)故障节点的检测功能,数据累加和校验及错误检测功能。

四、LIN 总线信号波形

当传输显性位时,发送控制单元内的收发器将 LIN 总线接地,电压接近 0 V,在隐性状态时,发送到 LIN 总线上的电压值接近电源电压,大约为

12 V。所以通常 LIN 总线的信号电压在 0~12 V 变化。LIN 总线信号波形如图 3-37 所示。

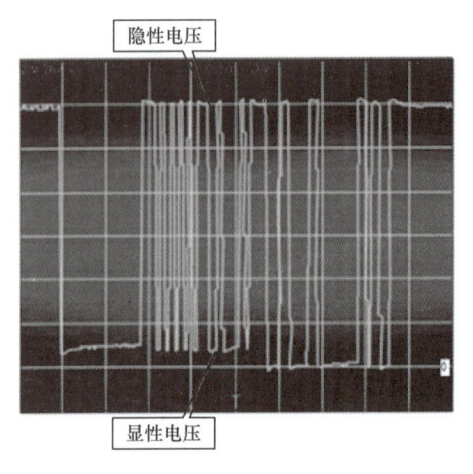

图 3-37　LIN 总线信号波形

3.4　车载 MOST 总线系统

一、MOST 总线概述

MOST 是多媒体定向系统传输（Media Oriented Systems Transport）的简称。MOST 是媒体信息传送的网络标准。MOST 采用塑料光纤作为传输介质，可以将电控单元相互连接起来，带来了极大的便利。MOST 网络支持"即插即用"方式，在网络上可以随时添加或去除设备。MOST 利用一根光纤，最多可以同时传送 15 个频道 CD 质量的非压缩音频数据，在一个局域网上，最多可以连接 64 个节点；从拓扑方式来看，MOST 大多采用环状或星型拓扑结构，这种拓扑结构在增加节点时，不需要手柄及开关，而且光纤没有集中在某特定装置的附近，可以节省光纤。MOST 为多媒体时代的车载电子设备所必需的高速网络、分散系统的构筑方法、遥控操作及集中管理的方法等提出了方案。MOST 具有以下优点：

（1）保证低成本的条件下，可以达到 24.8 Mbit/s 的数据传输速率。

（2）无论是否有主控计算机都可以工作。

（3）使用塑料光纤，不会受到电磁辐射干扰与搭铁环的影响。

（4）支持声音和压缩图像的实时处理。

（5）支持数据的同步和异步传输。

（6）发送/接收器嵌有虚拟网络管理系统。

（7）支持多种网络连接方式，提供 MOST 设备标准，方便、简洁的应用系统界面。

(8)通过采用 MOST,不仅可以减轻连接各部件的线束的质量,降低噪声,还可以减轻系统开发技术人员的负担,最终在用户处实现各种设备的集中控制。

二、MOST 总线的组成

MOST 总线由节点和数据线(光纤)组成。MOST 标准节点结构模型如图 3-38 所示。MOST 网络有集中管理和非集中管理两种管理模式。在集中管理模式中,管理功能由网络上的一个节点实施,当其他节点需要这些服务时,必须向这个节点申请。在非集中管理模式中,网络管理分布在网络上的节点中,不需要中心管理。一个 MOST 网络系统由 MOST 连接机制、MOST 系统服务和 MOST 设备三方面决定。MOST 网络系统启动时,为每一个网上设备分配一个地址,数据传输时,通过同步位流实现各节点的同步。

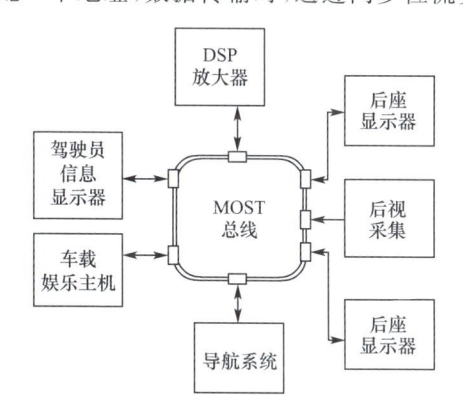

图 3-38 MOST 标准节点结构模型

三、MOST 数据传输

MOST 总线系统的显著特点是它的环型结构,控制单元通过一根光导纤维把数据传送至环型结构中的下一个控制单元,这个过程一直持续到数据返回至最初发出数据的那个控制单元。因此,形成了一个闭环的环路。MOST 利用光纤网络传输三种数据,即同步数据、异步数据和控制数据。同步数据是实时传送音频信号、视频信号等流动型数据,异步数据是传送访问网络及访问数据库等数据包,控制数据是传送控制报文及控制整个网络的数据。MOST 网络上的设备分享不同的数据传输通道。不同类型的数据具有不同的访问机制。

四、MOST 总线在汽车上的应用

MOST 网络非常适应汽车媒体设备应用环境的需求,所以汽车行业已经把 MOST 技术作为将来汽车上多媒体系统的一个标准。汽车生产商采用 MOST 主要是由于其性能可靠、成本低、系统简单、结构灵活、数据兼容性好等。奥迪 A8 使用的 MOST 网络系统如图 3-39 所示。

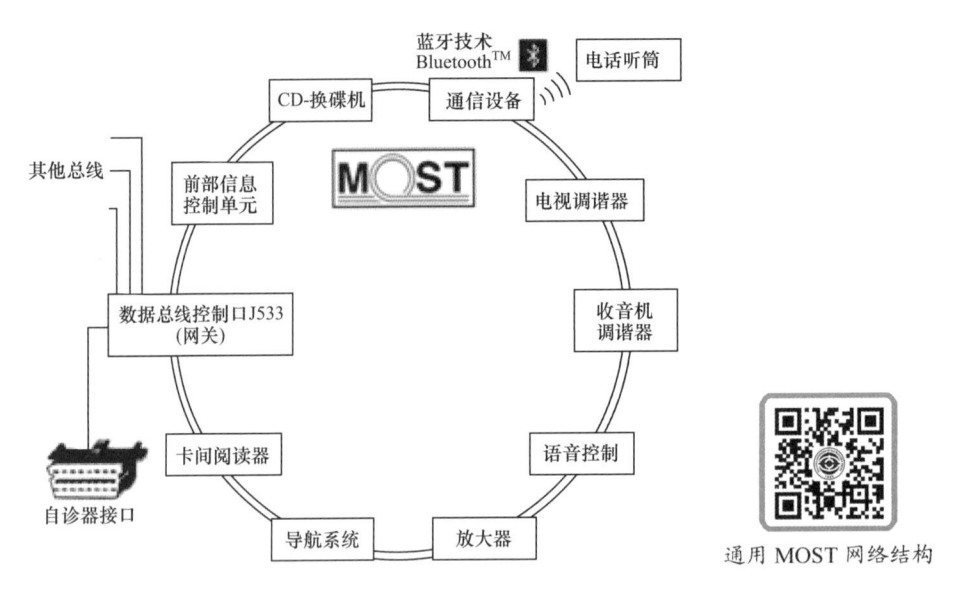

图 3-39 奥迪 A8 使用的 MOST 网络系统

MOST 网络使用光纤,可以减少 250 m 的线缆,减轻 4.5 kg 质量。这种结构为随时加入新媒体设备节点的结构提供了基础,特别适合于车上媒体设备和信息设备的声控技术应用。随着车上信息设备的不断增加,驾驶中使用这些设备的情况越来越多,通过声控系统访问这些设备是最安全和最经济的方式,声控方式被认为是车上设备使用的首选人机接口方式。通过 MOST 网络把人机语音接口与车上媒体设备、通信设备以及其他信息设备连接,是实现这种车上设备语音访问技术的有效方式。

MOST 为多媒体时代的车载电子设备所必需的高速网络、分散系统的构筑方法、遥控操作、集中管理的方法等提出了方案。宝马轿车新 7 系列、戴姆勒-克莱斯勒轿车 E 系列已经采用了 MOST,奥迪轿车的 A8、沃尔沃轿车 XC90 也采用了 MOST,MOST 技术已成为汽车用多媒体设备所不可缺少的技术。

3.5 车载蓝牙系统

一、蓝牙技术概述

蓝牙技术是一种新的开放式短距离无线通信技术标准,使不同厂家生产的便携式设备在没有电线或电缆相互连接的情况下,能在近距离范围内就具有互用、相互操作的性能。汽车系统和蓝牙技术相结合,给汽车的生产和服务带来更大的方便,如果进一步和移动电话甚至 Internet 连接起来,车主在任何时间任何地点都可以了解汽车的状况并给予必要的控制,因此,蓝牙技术虽然出现不久,但已受到汽车界的广泛关注。在车载应用领域,蓝牙无线电装置、电话、信息娱乐和导航系统市场得到了迅速发展,在未来汽车网络控制、故障诊断等领域也将具有很大的发展空间。蓝牙的标志如图3-40所示。

图 3-40　蓝牙的标志

蓝牙系统的特点如下：

(1)蓝牙技术使用全球通用的2.40～2.48 GHz频段的无线电波，属于ISM频段，该频段在世界范围内的工业、科学、医学领域属无须协议或付费频段。

(2)蓝牙装置微型模块化。由于所使用波长特别短，可将天线、控制器、编码器、发送器和接收器均集成在蓝牙微型模块内。

(3)蓝牙设备之间的数据传输无须复杂设定。蓝牙设备在使用前，用一种称为PIN的识别码进行相互"介绍"，"相知"后的蓝牙设备相遇后会自动建立联系。

(4)蓝牙系统中的数据传输速率高，可达1 Mbit/s，有效传输距离为10～100 m。

(5)具有很好的抗干扰能力：工作在ISM频段的无线电设备有很多种，如家用微波炉、医院的理疗设备等，为了很好地抵抗来自这些设备的干扰，蓝牙采用了跳频技术抗干扰。跳频技术是将频带分成若干个跳频信道。在一次连接中，无线电收发器按一定的码序列不断地从一个信道跳到另一个信道，只有收发双方是按这个规律进行通信的，而其他的干扰不可能按同样的规律进行干扰，使干扰可能的影响变成很小。

二、车载蓝牙系统的组成

车载蓝牙系统由蓝牙模块、蓝牙协议、应用系统和无线电波组成，由于蓝牙技术使用的无线电波的波长非常短，因此可将天线、控制装置、编码器、发送器和接收器集成在一个模块上，简称蓝牙模块。蓝牙模块结构非常小巧，可以很方便地将其安装在移动装置内，或集成在适配器(如PC卡、USB等)内。

例如，轮胎中压力传感器的信号也是通过蓝牙模块中的发送器传给固定在车架上的蓝牙模块中的接收器，再经有线通信传给电控单元，监视轮胎内的压力，保证行车安全。

三、数据传输

蓝牙系统内的数据传输采用无线电波的方式，其频率为2.40～2.48 GHz，数据传输速率可达1 Mbit/s，支持一个异步数据通道，或三个并发同步语音通道。蓝牙发射器的有效距离为10 m；如果外加放大器的话，其有效距离可达100 m。此外，用蓝牙系统进行数据的传送不需要进行复杂的设定。

蓝牙模块将数据分成短而灵活的数据包，其长度为625 μs，用一个16位大小的校验和数来检查数据包的完整性，如有干扰，自动再次发送数据包，使用一个稳定的语言编码将语言转换成数字信号。蓝牙模块在每个数据包发送后,会以随机的方式改变发送和接收的频率(每秒 1 600 次),称为跳频。

蓝牙技术非常重视对传送数据的保护,如数据的处理和防窃听。数据是用 128 位长的电码来编制代码的,接收器的真实性也由一个 128 位电码来校验,这时各装置用一个密码来彼此识别。蓝牙技术的有效作用距离比较短,对数据的处理操作也只能在这个范围内进行,这样也提高了数据的安全性。同时,在蓝牙系统中采用的抗干扰措施也能提高保护数据流免受干扰的能力。

此外,生产厂家还可以通过使用更为复杂的编码方式、不同的安全等级、网络协议等来提高数据的安全性。

蓝牙技术在汽车上的应用　　　典型汽车车载网络系统课程

四、蓝牙技术在汽车上的应用

目前在车载应用领域的蓝牙技术主要有蓝牙免提通信装置、汽车蓝牙车载导航装置、汽车蓝牙后视镜和汽车蓝牙防盗系统等。

1. 蓝牙免提通信装置

从汽车制造行业来看,车载蓝牙免提系统的应用已经非常普遍,正逐渐成为中高档轿车的人性化和安全配置之一,奥迪、凌志、林肯、宝马、沃尔沃、本田等汽车厂商都已采用蓝牙技术和相关产品。蓝牙设备之间的无线连接始于一个问询信号。蓝牙发射设备会发出一个信号,要求在其信号覆盖范围内的其他可以兼容的蓝牙设备做出反应。当其信号覆盖范围内确实存在这样的蓝牙设备时,在这两者之间会有一系列的信号传送,直到这两个蓝牙设备建立起有效的连接。两个蓝牙设备建立连接后,它们的信号传送就是同步的,随后新的随机跳频就开始了。因此蓝牙技术使得免提式蜂窝电话成为可能,这也是蓝牙技术在汽车上的初次应用。克莱斯勒公司推出的 2004 款 Pacifica 车型在出厂时就配备了蓝牙免提车载工具包,称为 Uconnect,其他一些克莱斯勒车型也可以在出厂后由经销商加装 Uconnect 通信系统。奥迪公司生产的 2006 款奥迪 A6 和 A8 全部内置蓝牙功能,用户可以通过转向盘上的按键、仪表盘上的多媒体界面或者语音控制来拨打/接听电话以及完成其他任务。除了 A6/A8 以外,2006 款的奥迪 A3/A4 和 S4 也可以通过安装可选的蓝牙配件。2005 年,我国第一款应用蓝牙技术的自主品牌国产轿车"赛豹"下线,该车装配了蓝牙自动识别手机免提车载装置,目前"哈飞赛豹"3 系、5 系、8 系轿车均已安装蓝牙车载免提通信装置。

2. 汽车蓝牙车载导航装置

现在车载 GPS 也具备了蓝牙功能,在为驾驶者提供定位导航的同时还能作为"蓝牙耳机",实现免提接听,极大地方便了驾驶者,也大大加强了行车途中接打电话的安全性。当然,部分带蓝牙功能的车载 GPS 还可传送图片和文件,充分支持蓝牙用户的各种需求。日产汽车公司在2007年5月发布的新车载系统是在原HDD导航系统中增加无线蓝牙音频功能,同时还推出了一款iPod车载蓝牙传送器iPod Bluetooth Transmitter。在国内市场上陆续推出带蓝牙的车载GPS产品(如新科、宇达电通等),这也让车载GPS带蓝牙功能渐渐成为一种趋势,充分让车主们享受自由驾驭的快感,开车路途中可以无须手持电话即可与亲朋好友尽情畅谈。

3. 汽车蓝牙后视镜

LG公司曾经展示了一款支持蓝牙的汽车后视镜,这款汽车后视镜能够通过蓝牙和手机连接,在来电的时候将在镜面中间显示来电号码。除此以外,该后视镜还集成了免提电话功能,可以通过汽车供电,同时也包含一个内置的电池,支持150小时待机和7小时通话,但目前还没有任何关于该产品上市日期的消息。最近,由深圳译迅通科技发展公司生产的功能类似的蓝牙后视镜已经在市场上销售,该蓝牙后视镜内置有扬声器(在后视镜背后)、麦克风(在后视镜下边缘的中央),并且配备有蓝牙耳机。用户可以选择使用免提或者蓝牙耳机两种接听方式,蓝牙耳机不用的时候还可以方便地夹在蓝牙后视镜右侧。蓝牙后视镜最特别的地方应该是来电显示功能,来电号码会在后视镜上的LED显示区域显示,察看起来相当方便。同时这款蓝牙后视镜还支持DSP数字信号处理和噪声/回声抑制,并且支持最后号码重拨、语音拨号、通话切换等功能。

4. 汽车蓝牙防盗系统

汽车电子防盗系统大致经历了四代,早期的普通电子防盗主要靠锁定点火装置来达到汽车防盗的目的,同时具有声音报警功能;第二代电子防盗装置不仅可实现遥控操纵,还能将车辆状态(例如某侧的车门被开启或车窗玻璃被破坏等)信息传递给车主;第三代产品以GPS卫星定位汽车防盗系统为代表,属网络汽车防盗器,它主要靠锁定点火装置达到防盗的目的,同时还可通过GPS卫星定位系统,将报警信息和报警车辆所在位置无声地传送到报警中心;第四代汽车防盗器则采用了蓝牙技术,这种技术的优点在于非接触式。最近英国一家公司则是推出了采用蓝牙防盗的产品,这套名为Auto-txt的系统可以把用户的蓝牙手机(或者其他蓝牙设备)当作汽车的第二把锁。如果蓝牙手机不在车里,一旦汽车被启动,系统就会认定汽车被盗,从而开启报警装置,据报道,这套系统已在2006款Jaguar和陆虎汽车上采用。

5. 汽车蓝牙娱乐系统

福特和微软推出了一款名为Sync的车载通信娱乐系统。这套系统可以让用户通过语音命令控制通话、音乐播放等功能,内置的蓝牙功能不仅可以让拥有蓝牙手机的用户在车内实现免提通话,还可以通过蓝牙直接在汽车音响上播放手机中的音乐(手机需支持蓝牙立体声),甚至可以直接阅读收到的短消息。此外,该系统还拥有一个USB 2.0接口,可以读取并播放各种USB设备(包括大多数USB接口的MP3播放器,例如iPod,以及U盘上的MP3/WMA/AAC音乐文件),并且可以给支持USB充电的MP3播放器充电。在2007年下半年福特公司的2012款新车中开始装备。

3.6 车载 VAN 总线系统和车载 LAN 总线系统

一、VAN 总线系统

1. VAN 总线系列结构

VAN 是车辆局域网（Vehicle Area Network）的简称，由雪铁龙、雷诺汽车公司和标致集团联合开发。VAN 总线作为专门为汽车开发的总线。VAN 总线系统协议的研发是出于连接各个复杂通信系统的目的，同时也是为了使简单元件和支线连接成总线，以保证网络传输的节奏。VAN 总线系统协议是一种只需要中等通信速率的通信协议，反应时间约为 100 ms，适用于车身功能和车辆舒适性功能的管理。可广泛应用于汽车门锁、电动车窗、空调、自动报警以及娱乐控制等系统。VAN 总线作为串行通信网络，与一般总线相比，其数据通信具有突出的可靠性、实时性和灵活性。VAN 总线系统的典型结构如图 3-41 所示。

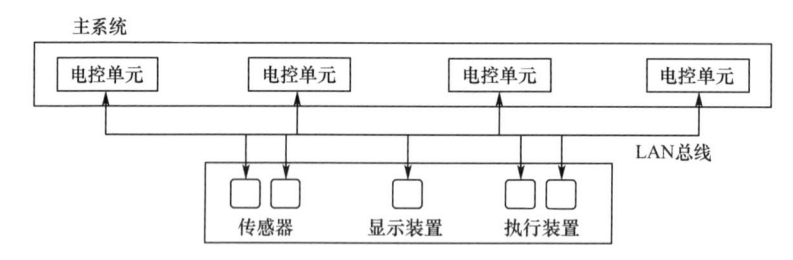

图 3-41 VAN 总线系统的典型结构

VAN 总线系统由电控单元和双绞数据线组成。通常按照总线-树型或者总线-树型-星型的拓扑方式相互连接。如图 3-42 所示。

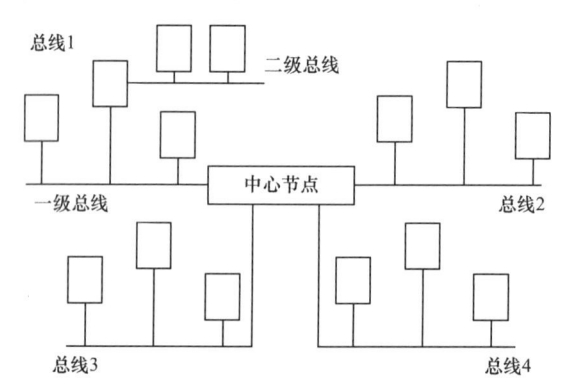

图 3-42 VAN 总线系统的拓扑结构

2. VAN 总线数据传输

VAN 总线采用双绞线和差分信号的形式进行数据传输。VAN 总线的两根数据线被定义为 DATA 和 DATAB,两线的电平总是相反的,DATA 为高电平,DATAB 则为低电平。差分信号为 DATA－DATAB 的值,信号的电压值是统一的。DATA 和 DATAB 的信号如图 3-43 所示。

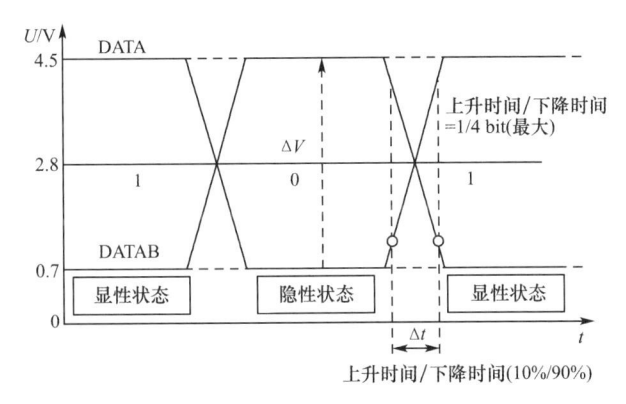

图 3-43　DATA 和 DATAB 的信号

当 VAN 总线的两根数据线中一根断路、短路或接地时,即启动降级模式,另一根数据线保证数据的正常传输,并同时报警,提醒用户车辆出现故障。

VAN 总线的电控单元可以将数据从一个节点(数据制造者)发往多个节点(数据使用者),不在帧内回复;也可以将数据从一个节点(数据制造者)发往一个确切的节点,数据使用者可以在帧内采用签收回复;还可以从一个节点(数据使用者)向另一个节点(数据制造者)发出数据请求,被请求节点数据已具备,随即做出回应,回复所需数据,构成总线上的完整帧。也就是说请求模式的完整帧由请求节点的"数据请求"和被请求节点的"回复数据"两部分"拼凑"而成,与 LIN 总线的数据传递流程类似。

3. VAN 总线系统在汽车上的应用

VAN 总线系统在汽车上的应用形式主要有两种,一种为单一 VAN,另一种为 VAN-CAN 混合网络,其中 VAN 总线为多路传输系统。

(1)单一 VAN

早期开发的车载 VAN 舒适网主要用于汽车舒适性调节,比如空调、报警、导航、CD 机、收放机、组合仪表、多功能显示屏、门锁、车窗、车灯等。主要应用车型有赛纳和毕加索,是纯 VAN 总线的车型。现在应用的 VAN 多路传输系统中,使用智能控制盒,即中央控制计算机对各功能单元进行控制,这样既减少了对驾驶者本身素质的依赖,又提高了驾驶和乘车的舒适性及安全性。

(2)VAN-CAN 混合网络

为了满足市场对更多功能和更高舒适度的高级车辆的需要,市场上又出现了 VAN-CAN 双网并存的轿车,网络结构如图 3-44 所示。CAN 总线为多主系统网络,用于机械功能、发动机控制和底盘等。VAN 舒适网用于组合仪表、CD 机、空调等,为多主控式网络,传输速率为 125 Kbit/s。CAN 和 VAN 这两种网络都具有可靠性、简单性和经济性,其中 CAN 往往用于连接轿车中实时控制的功能控制系统,VAN 多用于连接车身中的功能控制系统。

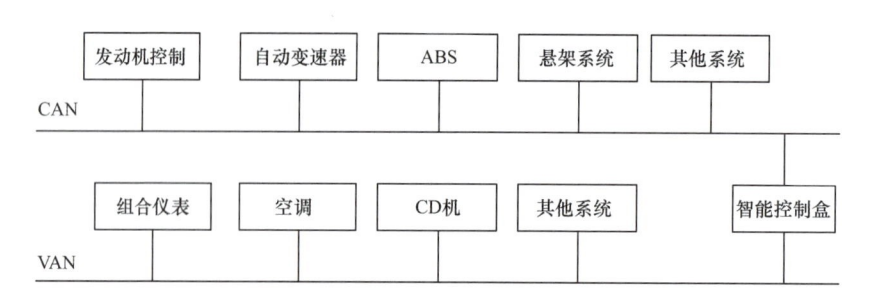

```
         发动机控制    自动变速器    ABS      悬架系统    其他系统
CAN ─────┴───────────┴───────────┴─────────┴──────────┴─────

         组合仪表     空调         CD机     其他系统    智能控制盒
VAN ─────┴───────────┴───────────┴─────────┴──────────┴─────
```

图 3-44　VAN-CAN 混合网络结构

目前,为了满足功能需要,广泛应用的 VAN-CAN 混合网络结构出现了"多网"的趋势,其中 VAN 网络又分为 VAN 舒适网和 VAN 车身网,车身网又分为车身网 VAN1 和车身网 VAN2,适用于安全气囊、前照大灯、车门、车窗、车门玻璃、座椅以及转向盘等,传输速率为 62.5 Kbit/s 的典型速率。

二、LAN 总线系统

1. LAN 总线系统结构

LAN 是局域网(Local Area Network)的简称,可以用于社区、学校、楼宇和家庭的个人计算机联网,也可以用于汽车作为车内局域网。LAN 用于汽车,与 CAN 相似,主要是为了方便车载各电控单元间进行数据交换,以达到对汽车性能的精确、高速控制,减少配线的目的。LAN 总线采用的传输介质有双绞线、同轴电缆、光纤。LAN 的传输速率为 1～20 Mbit/s,足以满足大部分的应用要求,并且允许相当多的设备共享网络。LAN 总线是适用复杂系统的网络,可以采用总线型、星型、树型、环型等拓扑结构,常见的 LAN 的类型是同轴电缆的总线型/树型网络结构。

2. LAN 总线数据传输

当 LAN 总线采用的是双绞线传递数据时,这两条线通常称为 CAN-H 和 CAN-L,并且采用差分电压的形式进行传输数据。在隐性状态时,CAN-H 和 CAN-L 电压都是 2.5 V,在显性状态时,CAN-H 电压会升到 3.6 V,CAN-L 电压会降到 1.4 V,电压差为 2.2 V。

3. LAN 总线在汽车上的的应用

丰田公司在汽车上配置了由 5 个 ECU 组成的 LAN 系统,在 LAN 系统中采用了通信和驱动器/接收器模块,并用一根带屏蔽的双绞线电缆作为通信总线,通信总线在车内布成环型,如图 3-45 所示,将 5 个 ECU 当作节点与其相连接。这些 ECU 分别控制汽车的发动机、悬架等。控制中必需的数据有发动机转速、汽车车速等,这些数据都经由环型总线进行传输。

高速 GM-LAN 通信网络结构和数据传输特点

中速 GM-LAN 通信网络结构和数据传输特点

低速 GM-LAN 通信网络结构和数据传输特点

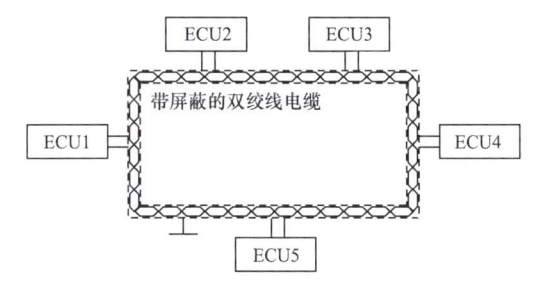

图 3-45　LAN 总线在汽车上的应用

3.7　项目实践：CAN 总线的波形和终端电阻测量方法

一、用示波器测量驱动 CAN 的波形

运用任意一个具有两通道以上的示波器，就可以同时测量 CAN-H 线和 CAN-L 线的波形。在同一界面下同时显示 CAN-H 线和 CAN-L 线的同步波形，能很直观地分析系统出现的问题。测量步骤如下：

(1) 测量时选好示波器的任意两个通道。

(2) 根据车辆技术手册，找到能够测到驱动 CAN-H 线和 CAN-L 线的地方，通常从诊断接口端子可以方便地测出 CAN 总线波形。测量原理如图 3-46 所示。

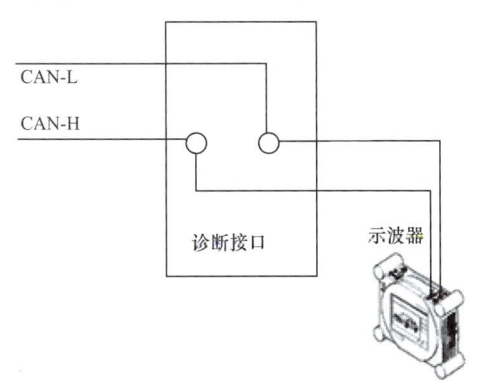

CAN 网络波形拾取与分析

图 3-46　测量原理

(3)将选好的两条通道线与相应的诊断接口的针脚相连。

(4)将示波器的地线与车上蓄电池负极相连。

(5)将点火开关打到 ON 挡位置,准备测量驱动 CAN-H 线和 CAN-L 线的波形。

(6)将示波器调到能观测到双通道波形,设定好两通道示波器的电压和时间单位,电压单位可设定为为 0.5 V/格,波形能够较好地显示,也便于电压值的读取,设定时,这两个通道的电压和时间单位设定应该相同,便于波形的分析、比较。

(7)拾取波形,采集波形。

(8)对波形进行分析,诊断系统。

(9)收好车辆和工具。

本次测试过程中采用的是奇瑞 A3 车型,根据维修手册资料,查得诊断接口的 6 脚和 14 脚能够测到驱动 CAN 波形,其中 6 脚测得的是 CAN-H 线波形,14 脚测得的是 CAN-L 线波形,如图 3-47 所示。在实车上找到诊断接口的安装位置,如图 3-48 所示。并找出诊断接口的 6 脚和 14 脚对应的针脚位置,如图 3-49 所示。将示波器的双通道接到 6 脚和 14 脚位置,测量波形。

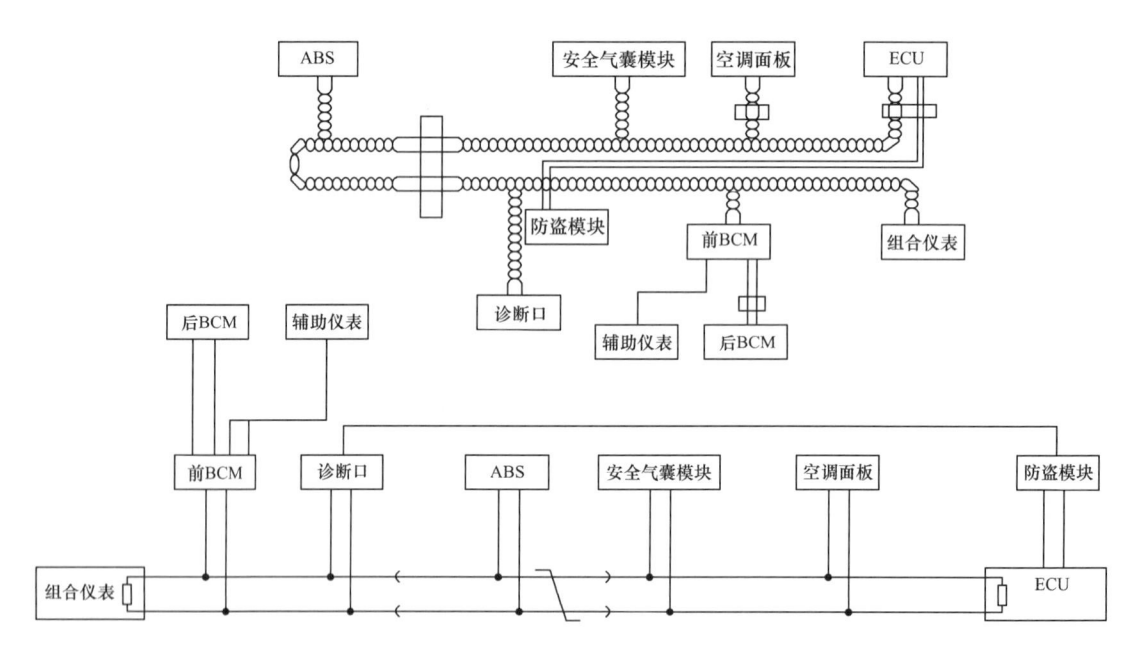

图 3-47 诊断接口测波形的电路

二、分析采集到的波形

如果系统正常,奇瑞 A3 的驱动 CAN-H 线和 CAN-L 线波形信号值隐性值应为 2.5 V,CAN-H 线显性电压值会升高到 3.5 V,CAN-L 线信号值会下降到 1.5 V,如图 3-50 所示。

CAN-H 线和 CAN-L 线隐性电压值基本相同,在显性状态时,CAN-H 线的显性电压相对隐性电压升高多少,CAN-L 线的显性电压相对隐性电压就会降低多少,简单地说,就是

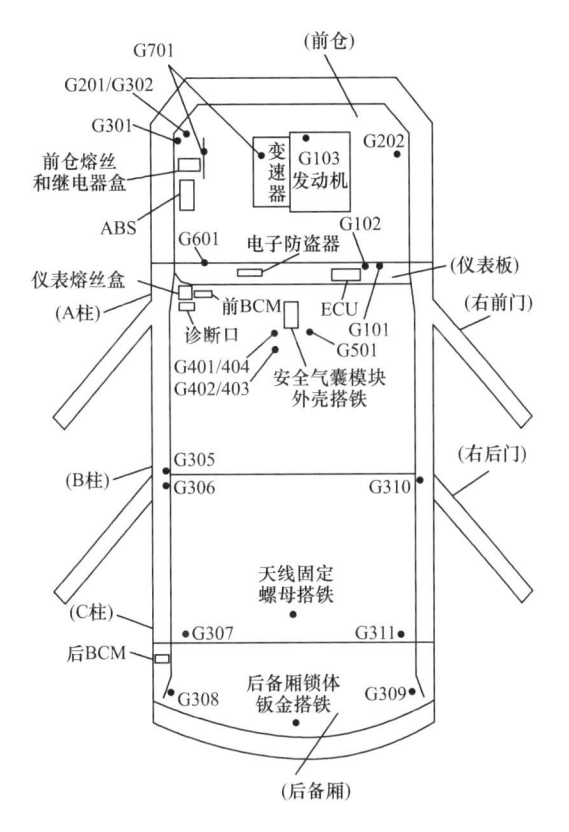

图 3-48 诊断接口的实车位置

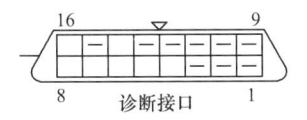

图 3-49 诊断接口的针脚图

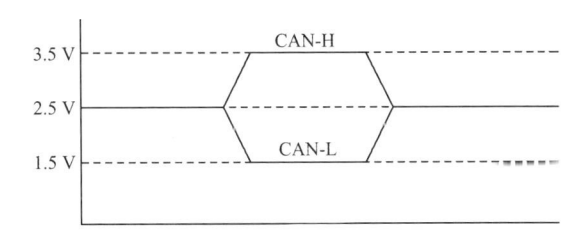

图 3-50 CAN 总线上的差分电压和对应的总线状态

CAN-H 线和 CAN-L 线围绕隐性电压值呈"镜像"变化。用示波器取到的驱动 CAN 波形如图 3-51 所示。经过分析,波形正常。

双通道测量工作模式更易于诊断分析,也可直接利用 DSO 的单通道对驱动 CAN 的电压差进行测量,但是实际意义较小,这里不做叙述。

舒适/信息 CAN 总线和驱动 CAN 总线波形拾取方法相同,这里不再赘述。

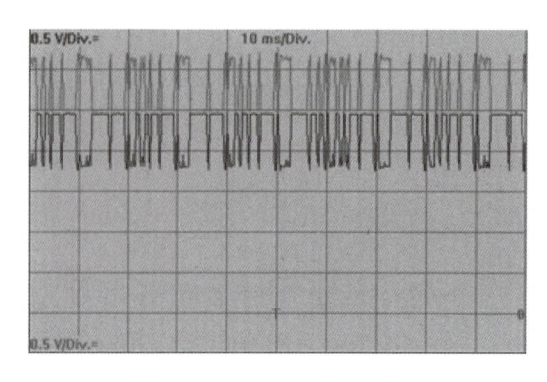

图 3-51　驱动 CAN 总线的波形

三、终端电阻的检测电路

1. 终端电阻的检测电路

终端电阻的检测电路如图 3-52 所示。

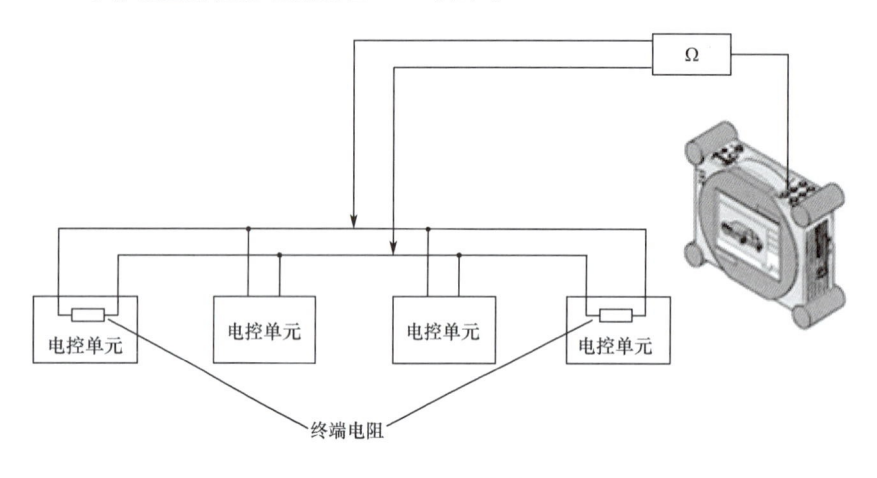

图 3-52　终端电阻的检测电路

网络电阻的测量

2. 终端电阻的测量步骤

(1)将蓄电池的电极线拔下。

(2)等待大约 5 min,直到所有电容器都充分放电。

(3)连接测量仪器并测量总阻值。

(4)将一个带有终端电阻控制单元的插头拔下来。

(5)检测总阻值是否发生变化。

(6)将第一个控制单元(带有终端电阻)的插头连接好,再将第二个控制单元的插头拔下来。

(7)检测总阻值是否发生变化。

(8)分析测量结果。

3. 总电阻的测量值

以奇瑞 A3 车型为例,在组合仪表和 ECU 中都带有终端电阻,且阻值都是 125 Ω。总电阻值可以利用诊断接口的 6 脚和 14 脚测出。测量的结果是总的阻值,约为 63 Ω。通过该测量值可以得出判断,连接电阻是正常的。需要注意的是:终端电阻不一定都约为 120 Ω,相应的阻值依赖于总线的结构,如图 3-53 所示。

图 3-53 总电阻的测量显示

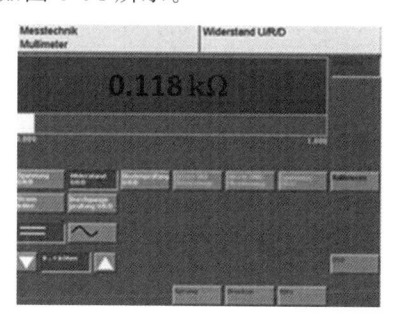

4. 单终端电阻的测量值

单终端电阻的测量显示如图 3-54 所示。

图 3-54 单终端电阻的测量显示

在总的阻值测量完成后,将一个带有终端电阻控制单元的插头拔下,显示的阻值会发生变化,这里测量的是一个控制单元的终端电阻阻值。当拔下一个带有终端电阻控制单元的插头后,若测量的阻值没有发生变化,则说明系统中存在问题,即被拔取的控制单元的终端电阻可能损坏或者是 CAN-BUS 总线出现断路。如果在拔取控制单元后显示的阻值为无穷大,那么可判定为连接中的控制单元终端电阻损坏,或者是到该控制单元的 CAN-BUS 出现故障。

5. 终端电阻的示值读取

总的阻值测量完成后,还需要将一个带有终端电阻控制单元的插头拔下,进行两次单个电阻的测量。若在控制单元被拔取后测量的阻值发生了变化,则说明两个阻值都正常。

需要注意的是,对于不同的车型,其终端电阻的阻值是不同的。例如 A3 1.9TDI 车型的 ESP 控制单元出现了故障,阻值显示为 66 Ω。这说明,仅测量到了带有 66 Ω 的发动机控制单元的阻值。以前该车型装置有两个 120 Ω 的终端电阻,在电阻完好的情况下总的阻值约为 60 Ω,但是将该发动机控制单元拔下后,阻值变为∞。在这种情况下,如果没有进行进一步的复核校验,会认为该车辆是正常的,其实是将 66 Ω 误认为两个 120 Ω 的总阻值。

思考与练习

1. 计算机网络所用的传输媒体有哪些?各自的特点是什么?
2. 思考车载网络系统各部分的作用是什么?
3. 简述 CAN 总线系统防干扰措施及原理。
4. CAN 总线的数据传输形式是什么?
5. CAN 总线的数据类型是怎样的?
6. 高速和低速 CAN 总线各自的特点是什么?
7. LIN 总线系统结构特点是什么?
8. LIN 总线数据传输的特点是什么?
9. MOST 总线系统由哪些部分组成?
10. MOST 总线系统在汽车上是如何应用的?
11. 蓝牙系统的组成是什么?
12. 蓝牙技术在汽车上是怎样应用的?
13. VAN 和 LAN 总线的组成和结构特点是什么?
14. 思考如何用 DSO(数字存储式示波器)对驱动 CAN 获取波形?
15. 驱动系统 CAN 总线中 CAN-H 和 CAN-L 短路现象是什么?怎样维修?
16. 舒适系统 CAN 总线中 CAN-H 和 CAN-L 短路现象是什么?怎样维修?
17. CAN 数据终端电阻通常是多少欧?怎样进行测量?

第 4 单元

典型汽车车载网络系统原理与实例

教学目标

一、知识目标
1. 熟悉大众车系网络组成和特点。
2. 熟悉奥迪 A6 轿车 CAN、LAN 和 MOST 网络组成和特点。
3. 熟悉丰田车系网络组成和特点。
4. 熟悉上通车系网络组成和特点。
5. 掌握车载网络系统故障类型和诊断方法。

二、技能目标
1. 会查找相应的维修资料,会识读车载网络系统电路;
2. 会利用现代诊断工具诊断车载总线系统的故障。

4.1 大众车系 CAN 总线

4.1.1 大众车系 CAN 总线简介

一、大众车系 CAN 组成

1997 年大众在帕萨特轿车的舒适系统上就采用了 CAN 总线,2001 年以前大众帕萨特车的数据传输系统如图 4-1 所示。CAN 总线系统设定为 2 个区域,分别为动力系统和舒适系统 2 个局域网,并且使用了 K 线作为诊断线(K 线现在很少使用,这里不再赘述)。在这个网络中动力系统和

大众车系总线
构成形式

舒适系统是相互独立的。在 2002 年的大众帕萨特车上使用的 CAN 总线系统就将动力系统和舒适系统连接在一起了，使资源能够被更好地共享，其数据传输系统如图 4-2 所示。

图 4-1　2001 年以前大众帕萨特车的数据传输系统

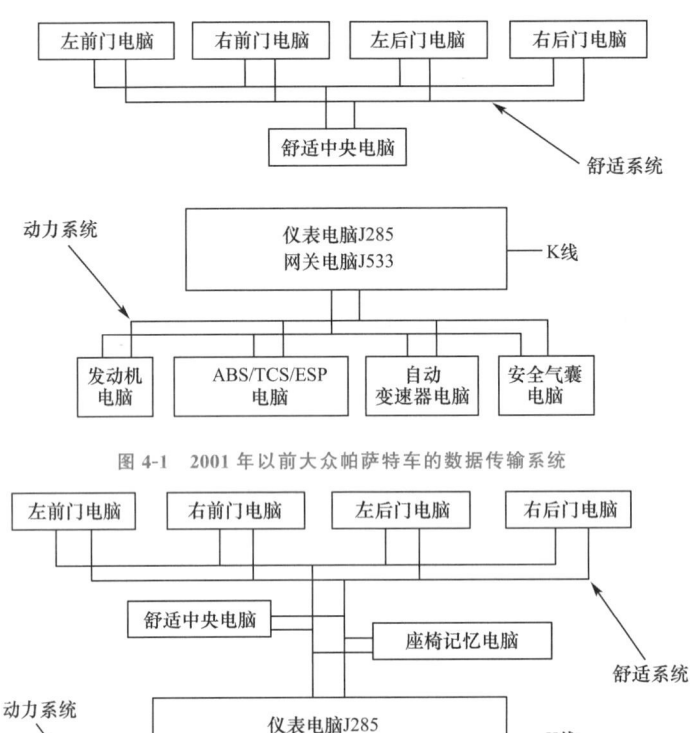

图 4-2　2002 年大众帕萨特车的数据传输系统

现在的大众车基本上采用 CAN 总线和辅助 LIN 总线配合使用的车载网络。CAN 总线系统设定为 5 个不同的区域，分别为动力（驱动）系统、舒适系统、信息系统、仪表系统、诊断系统 5 个局域网，如图 4-3 所示。LIN 总线一般用于座椅、车门及转向盘等模块，其作用是将开关、执行元件和传感器传到 CAN 总线，LIN 总线主要连接在舒适系统 CAN 总线上，通过主控制单元与 CAN 总线相连，由主控制单元进行与之相连的从控制单元的故障自诊断。

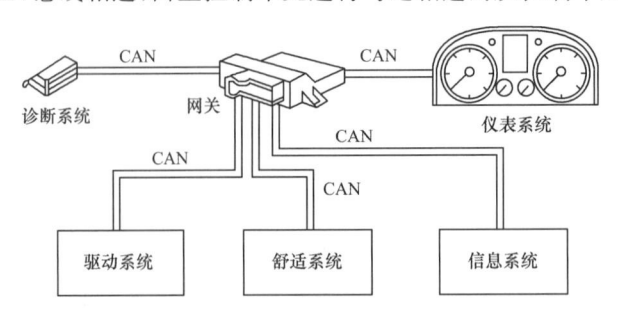

图 4-3　CAN 系统的 5 个子系统

二、几种系统 CAN 总线介绍

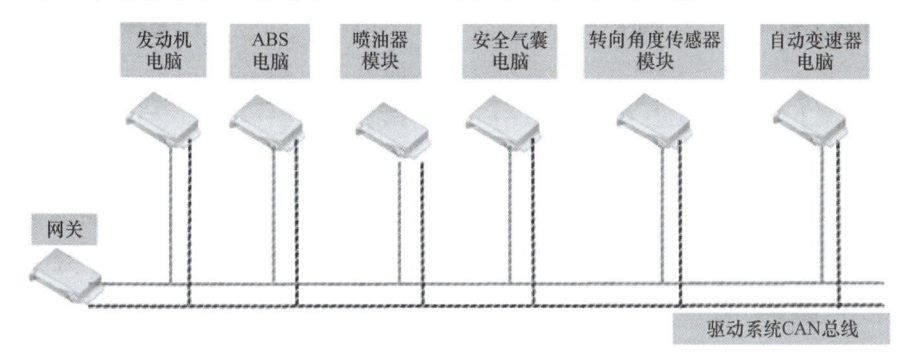

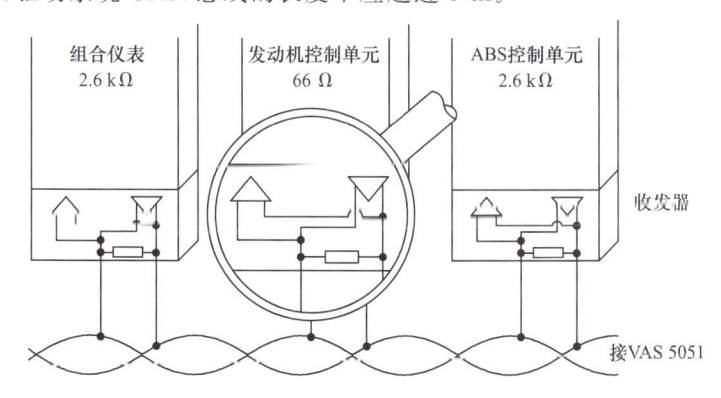

1. 驱动系统 CAN 总线

驱动系统 CAN 总线的组成有发动机电脑、ABS 电脑、喷油器模块、安全气囊电脑、转向角度传感器模块、自动变速器电脑等,如图 4-4 所示。驱动系统 CAN 总线经过点火开关控制由 15 号线激活,采用双绞线式数据总线,传输速率为 500 Kbit/s,是高速 CAN 总线。控制单元通过驱动系统 CAN 总线的 CAN-H 线和 CAN-L 线来进行数据交换,并采用差分电压的形式传递数据。驱动系统 CAN 总线没有单线运行模式。

大众车系驱动 CAN 总线系统组成和数据传输特点

图 4-4 驱动系统 CAN 总线的组成

(1)驱动系统 CAN 总线的负载电阻

最初的 CAN 总线有两个终端电阻,而大众车系使用的是分配式电阻,即发动机控制单元内的"中心电阻"和其他控制单元内的高欧姆电阻,如图 4-5 所示。中心电阻的值为 66 Ω。为了便于测量,驱动系统 CAN 总线的长度不应超过 5 m。

图 4-5 驱动系统 CAN 总线的负载电阻

(2)驱动系统 CAN 总线的信号变化

驱动系统 CAN 总线的双绞线信号在隐性状态时,CAN-H 线和 CAN-L 线电压值基本相同,为 2.5 V;在显性状态时 CAN-H 会上升一个值(≥1 V),升高到 3.5 V 左右,而 CAN-L 会降低相同的值,降到 1.5 V 左右。于是,在差动信号放大器内相减后,隐性电压为 0 V,显性电压为 2 V。

2. 舒适系统 CAN 总线

舒适系统 CAN 总线由门控制单元、空调电脑、转向柱开关等组成，如图 4-6 所示。舒适系统 CAN 总线由 30 号线激活，采用双线式数据总线，通过驱动数据总线的 CAN-H 线和 CAN-L 线来进行数据交换，其传输速率为 100 Kbit/s，是低速 CAN 总线。

大众车系舒适 CAN 总线系统组成和数据传输特点

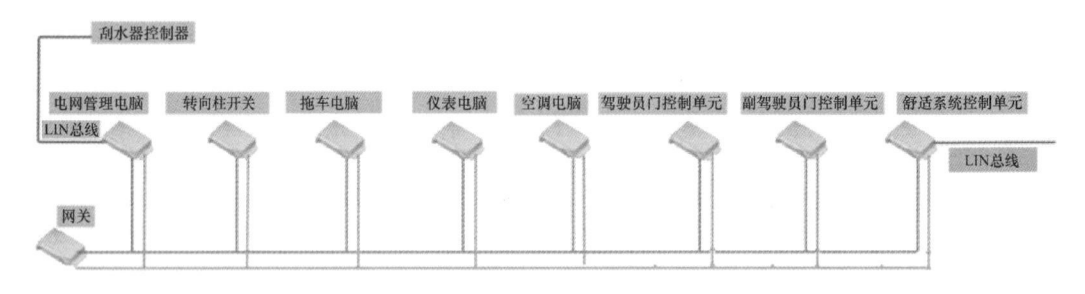

图 4-6 舒适系统 CAN 总线的组成

为了使低速舒适系统 CAN 总线抗干扰性强且电流消耗低，与驱动系统 CAN 总线相比做了一些改动，使用了单独的驱动器（功率放大器）。舒适系统 CAN 总线的 CAN-H 线和 CAN-L 线不是通过电阻相连的，这两个 CAN 信号彼此互不影响，而是独立作为电压源来工作。在隐性状态时，CAN-H 线信号为 0 V，CAN-L 线为 5 V。在显性状态时，CAN-H 线电压≥3.6 V，而 CAN-L 线电压≤1.4 V。于是，在差动信号放大器内相减后，隐性电压为 −5 V，显性电压为 2.2 V。如果其中一条导线出现故障（如某条 CAN 导线断路），那么故障逻辑电路会识别出该故障，从而使用完好的那一条导线进行单线工作模式，一个专用的故障输出信号用于通知控制单元。

3. 诊断系统 CAN 总线

诊断系统 CAN 总线用于诊断仪器和相应控制单元之间的信息交换，它被用来代替原来的 K 线或者 L 线的功能（废气处理控制器除外）。诊断系统 CAN 总线通过网关转接到相应的 CAN-BUS 上，然后再连接相应的控制器进行数据交换。随着诊断系统 CAN 总线的使用，大众集团将逐步淘汰控制器上的 K 线存储器，而采用 CAN 总线作为诊断仪器和控制器之间的信息连接线。诊断系统 CAN 总线供电电源线是 30 号线，传输速率为 500 Kbit/s。

4. 信息系统 CAN 总线

信息系统 CAN 总线由导航系统、DSP、ZAB、车载电话等组成，如图 4-7 所示。信息系统 CAN 总线由 30 号线激活，采用双线式数据总线，通过驱动数据总线的 CAN-H 线和 CAN-L 线来进行数据交换，其传输速率为 100 Kbit/s，是低速 CAN 总线。

信号的传递和舒适系统 CAN 总线类同，这里不再赘述。

大众车系信息 CAN 总线系统组成和数据传输特点

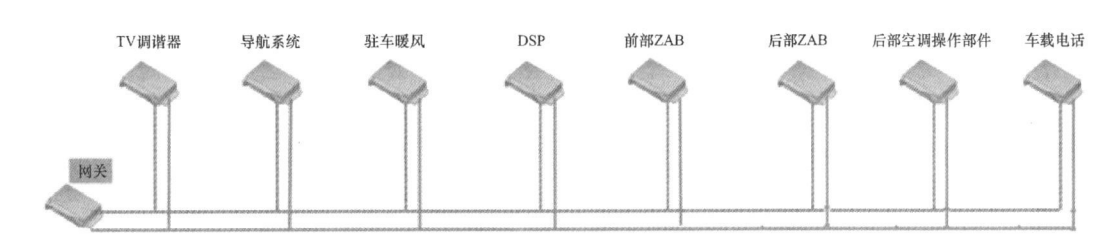

图 4-7 信息系统 CAN 总线组成

5. 电源管理

驱动和仪表系统 CAN 总线通过 15 号端子(点火开关)接通或关闭,在发动机运转时才需要电流。舒适、信息和诊断系统 CAN 总线由 30 号线供电,即一直处于准备被驱动状态。

为了避免电瓶过快放电,有必要进行电源管理。当控制单元之间没有信息交换时,舒适系统 CAN 总线进入睡眠模式(电流节约模式)。在睡眠模式下舒适系统 CAN 总线只取小的电流(几毫安),需要时可通过如中央闭锁、无线远程操作等自动启动。

6. 内部故障管理

控制单元内部有错误计数器,一次发送失败计数加 8,一次接收错误计数加 1。当累计超过 127 时,控制器不再允许发送信息,当累计超过 255 时,控制器自动与总线脱离。但是,控制器发送信息时,若没有收到答复信号,控制器将重复发送,而接收错误将不计数。

7. 上海大众车系 CAN 总线颜色

上海大众车系 CAN 总线颜色比较统一,不同类型总线的颜色如下:

(1)驱动系统 CAN 总线颜色:CAN-H 线为橙色或黑色,CAN-L 线为橙色或棕色。

(2)舒适系统 CAN 总线颜色:CAN-H 线为橙色或绿色,CAN-L 线为橙色或棕色。

(3)信息系统 CAN 总线颜色:CAN-H 线为橙色或紫色,CAN-L 线为橙色或棕色。

(4)仪表系统 CAN 总线颜色:CAN-H 线为橙色或蓝色,CAN-L 线为橙色或棕色。

(5)诊断系统 CAN 总线颜色:CAN-H 线为橙色或红色,CAN-L 线为橙色或棕色。

4.1.2 检修大众车系 CAN 总线故障

舒适系统是车载网络系统的重要组成部分,由于舒适系统分布在车身的多个部位,其数据传输距离较远,且有些元件工作环境或使用条件不佳,导致其发生故障的概率较大。此外,在维修过程中线束及连接器的拔插及元件的更换等操作都有可能导致舒适系统总线出现故障。现在以大众速腾舒适系统 CAN 总线为例,详细介绍大众车系总线诊断方法。

一、速腾舒适系统结构

目前,大众车系广泛采用的是 CAN 总线技术。这种数据总线可以实现各控制单元在一条数据线上传递或取用信号,从而实现资源共享,最大限度地提高资源利用率和系统的效率。图 4-8 所示为速腾舒适系统数据总线的网络拓扑图,舒适系统数据总线由 CAN 总线和 LIN 总线组成。

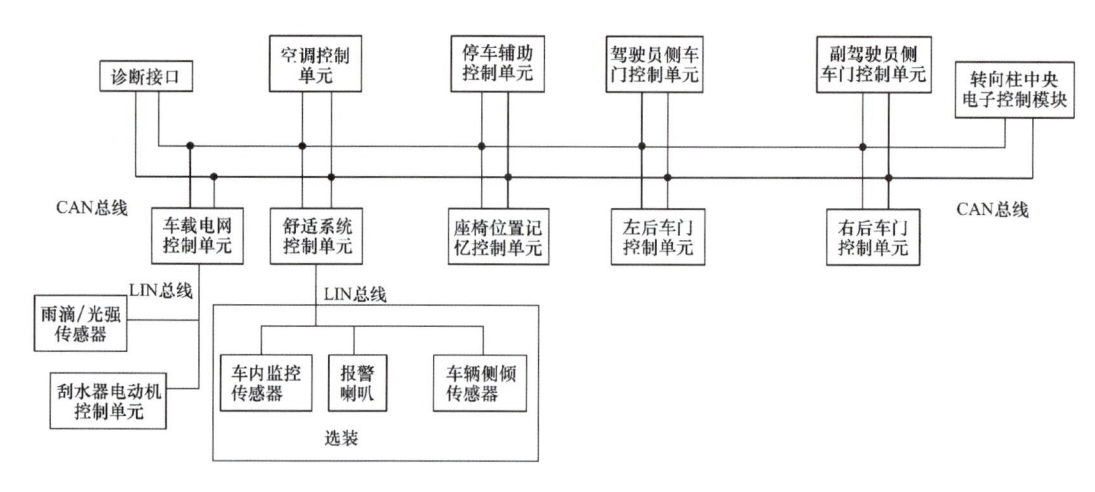

图 4-8 速腾舒适系统数据总线的网络拓扑图

CAN 总线采用双绞线连接舒适系统各主要控制单元，并通过单独的 CAN 驱动器驱动 CAN-H 线和 CAN-L 线来进行数据交换，具有抗干扰性强、电流消耗低等特点。在正常工作模式下，使用 CAN-H 减去 CAN-L 所得信号作为输出电平，可将故障对舒适系统 CAN 总线两条导线的影响降到最低。舒适系统 CAN 总线传输速率为 100 Kbit/s，属于低速总线。LIN 总线一般用于座椅、车门及转向盘等模块，其作用是将开关、执行元件和传感器连接到 CAN 总线。LIN 总线传输速率低于 20 Kbit/s。

LIN 总线
在汽车上的应用

二、速腾舒适系统总线的检测与诊断

1. 总线电阻的测量

与驱动系统总线的测量方法不同，一般大众车系舒适系统的 CAN 总线并未通过 2 个终端电阻相连，因此不能通过直接测 2 条 CAN 总线间的电阻来判定总线的导通情况。如需测量总线的通断情况（包括 LIN 总线），需通过测量单线两节点间的导通性进行判断。而部分大众车型（如波罗轿车等）的舒适系统总线装有终端电阻，如舒适系统中央控制单元的总线电阻为 560 Ω，车门控制单元的总线电阻为 1 kΩ，其他控制单元的总线电阻为 5~6 kΩ。因此，在检测过程应查找资料了解各种车型的特点。

2. 读取故障码和数据流

初步判断舒适系统总线是否存在故障。可以利用 VAS 5051/5052 进入"19-004"数据总线诊断接口，读取 CAN 总线的故障码。由于 CAN 总线系统一般均采用节点监控，每个节点都被网络中的其他节点监控，按系统使用的逻辑环要求，网络范围内的任何节点都必须能够将感测信息发送到所有其他节点，并能从其他节点接收信息。因此，若某个节点（控制单元）出现故障，不能发送或接收相应的感测信息时，除控制单元本身能检测到总线相关故障码（也有可能不能进入该控制单元），系统内其他控制单元也会有指向该控制单元信息传输不良的故障码。LIN 总线故障则由相应的主控制单元进行自诊断。

为进一步确定舒适系统各控制单元的总线状况，可以利用 VAS 5051/5052 进入"19-8"

或"引导功能"进入测量数据块读取总线测量数据。表 4-1 是舒适总线的测量数据块的含义,读取的数据表示 CAN 的通信状态,若 CAN 通信状态为 1,则表明在测的控制单元正在接收指定控制单元的信息;若 CAN 通信状态为 0,则表示不能正常接收和传输信号。而每个测量数据组一般都由 4 个数据区排列组成,每个数据区分别代表了不同的内容,若该车型没有相应的控制单元,数据就不会显示。

表 4-1　　舒适总线的测量数据块的含义

测量数据组号	数据区 1 的含义	数据区 2 的含义	数据区 3 的含义	数据区 4 的含义
130	双线模式	车载电网控制单元	舒适系统控制单元	驾驶员侧车门控制单元
131	副驾驶侧车门控制单元	左后车门控制单元	右后车门控制单元	驾驶员侧座椅记忆控制单元
132	轮胎压力监控控制单元	转向柱控制单元	空调控制单元	停车辅助控制单元
133	辅助加热控制单元	折叠顶棚控制单元	挂车控制单元	副驾驶员侧座椅控制单元

3. 检测总线波形

舒适系统的 CAN 总线波形,应利用双通道示波器进行检测,以便于确定 CAN 总线的"单线工作"故障。图 4-9 所示为大众车系舒适系统 CAN 总线的波形,在双线工作模式下,舒适系统 CAN 总线在显性状态时,CAN-H 线对地电压为 3.8 V(一般要求大于 3.6 V),CAN-L 线对地电压为 1.16 V(正常为 1 V 左右),显性电压(电压差)为 2.6 V 左右,隐性状态时 CAN-H 线电压是 0 V,CAN-L 线电压是 5 V,隐性电压为 −5 V。

检测 CAN 总线波形

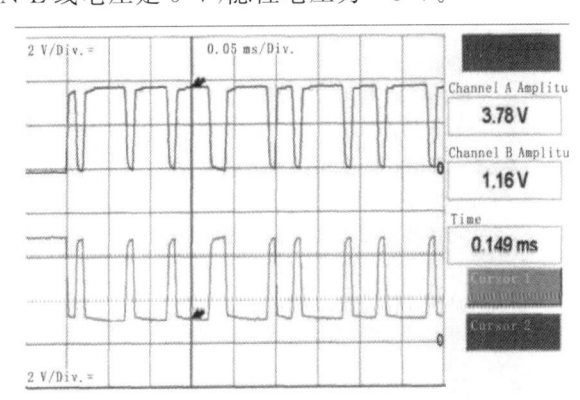

图 4-9　大众车系舒适系统 CAN 总线的数据信号波形

LIN 以数字信号通过总线传递,如图 4-10 所示为 LIN 总线信号波形。当无信息发送或发送一个隐性信号时,数据在总线上的电压是蓄电池电压。当传输显性信号时,协议控制单元内的 LIN 收发器将总线搭铁,形成低电平信号。因为不同的控制单元内的 LIN 收发器型号不一致,所以表现出来的显性电压不一样,要确保各控制单元在有干扰情况下仍能收到有效信号,可通过预先设定信号公差值,将接收的允许信号电压稍调高些来保证数据传输的稳定性。

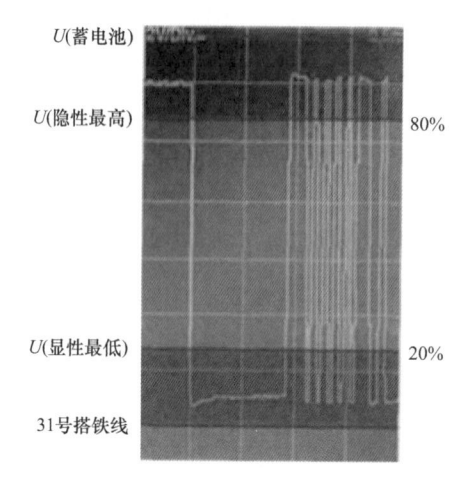

图 4-10　LIN 总线信号波形

利用示波器进行汽车总线信号检测,能直观对总线工作状况是否异常进行判定,是总线故障诊断的有效手段。

4.1.3　故障诊断案例

故障现象:一辆 2006 年 3 月生产的速腾轿车,行驶里程为 5 800 km。该车因右后门发生碰撞事故而进厂维修。维修人员对车辆进行了钣金修复,同时更换了右后车门控制单元,但出现了整车的电动车窗不能正常升降的故障现象。

故障诊断:用 VAS 5052A 进入"1000-读取网关安装列表"进行车载网络自诊断,发现所有舒适系统的控制单元都不能与总线诊断接口进行通信,而其他动力系统总线和信息系统总线均能正常进入。但仍有不少控制单元显示"故障"状态。于是断开点火开关,断开蓄电池负极约十几秒后装复,驾驶人侧车窗控制开关不能控制其他车窗的升降,但其他车门自身的车窗控制开关能够控制车窗升降约数秒后即不能控制。故障状态恢复到全部车窗均不能升降的状态。

初步分析故障是由舒适系统控制单元或相关线束接触不良造成的。首先对诊断总线接口与舒适系统控制单元之间线路的导通情况进行检查,正常。拆下数据总线诊断接口(J533)的导线连接器,检查端子 5(CAN-L)和端子 15(CAN-H),没有接触不良的迹象,再检查熔丝盒内各熔丝的情况,均正常。然后检查右后车门因碰撞导致内部线束是否存在异常,也正常,而且导线连接器无松脱和扯断包扎等现象。接着测量 J533 的导线连接器端子 15(CAN-H)及端子 5(CAN-L)与右后车门控制单元(J389)的 T18C 导线连接器的端子 11 和端子 12 之间的导通情况,也正常,说明 J389 的传输总线是正常的。将 J533 的导线连接器装复,在端子 5 和端子 15 后端引出转接线,测量其相关总线信号波形,发现 CAN-H 线电压为 12 V 且长时间不变化,CAN-L 线的信号混乱,电压在 0～15 V 变化说明确实存在异常。

为了确定故障原因,决定将与舒适系统控制单元相关的各控制单元逐个拆下并观察总线信号的变化。考虑到该车是事故车辆,更换过右后车门控制单元,因此先拆除 J389。此时发现舒适系统总线信号及输出电平恢复正常,总线显性电压为 2～4 V,CAN-H 线电压为 3～

8 V,CAN-L 线电压为 1～4 V；总线隐性电压为 −5 V,CAN-H 线电压为 0 V,CAN-L 线电压为 5 V。这时除右后车门外其他车窗均能正常控制。

将新、旧 J389 进行比较,发现其零件编号后缀最后一个字母存在差异,旧 J389 的是 B,而新的是 G。查阅相关资料后得知,后缀最后一个字母表示该控制单元的生产时间和运行环境,后缀为 B 的 J389 应用在 2006 年 7 月 31 日前生产的车辆上,并适用于 CAN 总线。后缀为 G 的 J389 应用在 2006 年 8 月 1 日至 2007 年 12 月 3 日期间生产的车辆上,适用于 LIN 总线。还有一种后缀是 L 的 J389,应用在 2007 年 12 月 3 日之后的车辆上,也适用于 LIN 总线,且同时能替换后缀为 G 的 J389。由此可知,该故障是由于没有注意配件型号导致的。新装上的 J389 使用了 LIN 总线,而之前的 J389 仍然使用 CAN 总线,因此在信号传输时会存在很大差异。信号差别较大,工作时产生了冲突和信号混乱,使舒适系统控制单元自我保护并停止了系统信号的传输功能,导致多个功能受损,车窗不能正常升降。两种控制单元总线端子状态见表 4-2。重新更换一个编号为 L1K5839402B 的 J389 后,故障排除。

表 4-2　　　　　速腾轿车 J389 总线端子状态分析

零件编号	总线形式	T18C 端子 11 功能	T18C 端子 11 电压范围	T18C 端子 12 功能	T18C 端子 12 电压范围
L1K5839402B	CAN	CAN-H	0 V/3～8 V	CAN-L	5 V/1～4 V
L1K5839402G	LIN	电源	12 V	LIN	0～12 V

根据舒适系统总线的故障诊断经验可知,各总线系统的故障诊断和排除方法是类似的。当出现总线传输信号方面的故障时,应弄清其总线的构造及工作过程,并细致分析系统故障码和数据流,结合示波器等设备监测其信号工作状态,通过断开和接入相关节点的方法,能有效检查各控制单元和执行器等节点的工作情况,缩小故障排查范围,再检查相关电路电源和线路导通情况,就能较快诊断出故障部位及原因。

4.2 奥迪车系车载网络系统

4.2.1 奥迪 A6 轿车车载网络系统简介

一、奥迪 A6 数据传输特点

奥迪 A6 轿车同大众轿车一样,采用的是 CAN 和 LIN 辅助网络组成,网络拓扑结构如图 4-11 所示。但是奥迪 A6 轿车在多媒体网络上采用了 MOST 总线和蓝牙通信(Bluetooth)技术。动力 CAN 总线和舒适 CAN 总线的结构特点与大众轿车一般车型的这部分结构基本相同,这里不再赘述。下面仅介绍其多媒体系统数据交换总线——MOST 总线。其组成结构如图 4-12 所示。

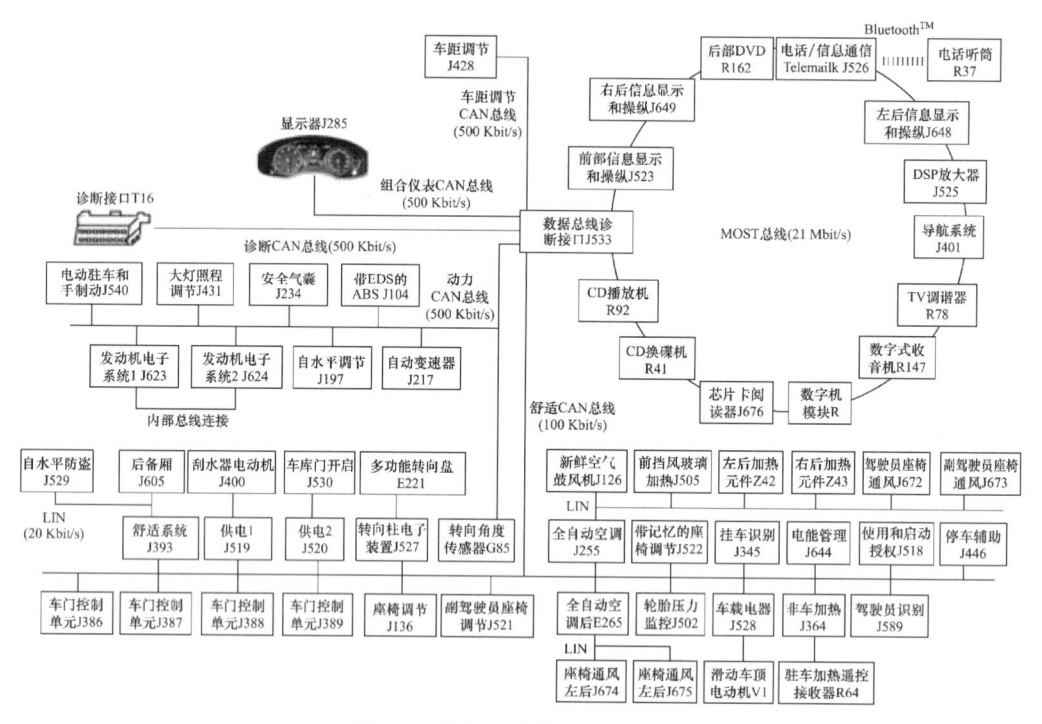

图 4-11 奥迪 A6 轿车网络拓扑结构

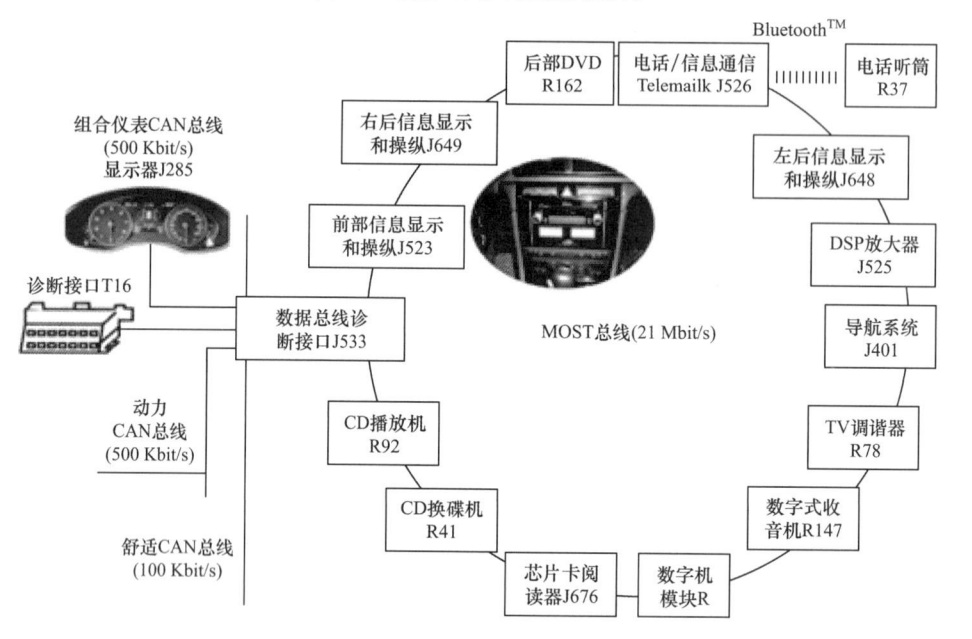

图 4-12 奥迪 A6 轿车多媒体系统数据交换总线的组成结构

在光纤环路系统中,前部信息显示和操纵 J523、TV 调谐器 R78、数字机模块 R、DSP 放大器 J525、电话听筒 R37、CD 换碟机 R41、导航系统 J401、芯片阅读器 J676 等与数据总线诊断接口 J533 通过光纤组成了一个封闭的环型结构,各个控制单元通过光纤以相同的方向在环路中发送数据到相邻的下一个控制单元;具有传输速度高,传输数据量大,信号衰减小,不容易受外界干扰,耐腐蚀及灵敏度高等优点。

二、奥迪 A6 轿车 MOST 总线系统的工作模式

奥迪 A6 轿车 MOST 总线系统有三种工作模式：睡眠模式、待命模式和工作模式。这三种模式的切换如图 4-13 所示。

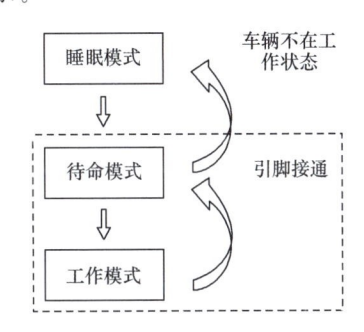

图 4-13 MOST 总线系统工作模式的切换

1. 睡眠模式

睡眠模式也称休眠模式，MOST 总线系统的睡眠模式，车辆处于不工作状态，这时 MOST 总线内没有数据交换，所有设置处于待命状态，静态电流被降至最小值。睡眠模式的唤醒只能由系统管理器发出的光启动脉冲来激活。在满足下述 3 个条件下，MOST 总线系统进入睡眠模式。

(1) 总线上的所有控制单元都处于准备进入睡眠模式，如视音频设备处于"关"的状态。

(2) 其他总线系统不经过网关向 MOST 提出要求。

(3) 诊断不被激活。

2. 待命模式

待命模式也称备用模式，MOST 总线系统的待命模式，这时无法为用户提供任何服务。MOST 总线系统在后台运行，但所有的输出介质（如显示屏等）都不工作或不发声，这种模式在启动及系统持续运行时被激活。待命模式的前提条件如下：

(1) 由其他数据总线经由网关得以激活，比如驾驶座位旁车门打开或关闭时，点火开关接通等。

(2) 可以由总线上的一个控制单元得以激活，比如一个要接听的电话。

3. 工作模式

工作模式也称通电模式，MOST 总线系统的控制单元完全接通，MOST 总线上有数据交换，用户可使用所有功能。工作模式的前提条件如下：

(1) MOST 总线处在待命模式。

(2) 由其他数据总线得以激活，如显示屏工作等。

(3) 用户通过操纵多媒体操纵盘激活 MOST 总线，如打开收音机等。

三、MOST 总线数据传输特点

MOST 总线系统用于传输奥迪 A6 车辆中的多媒体数据。各控制单元之间通过环型总线进行连接,由于总线只向一个方向传输数据,故各个控制单元都有两根光缆,一根用于发送数据,另一根用于接收数据。另外,由于各个控制单元中都采用了光缆进行连接,MOST 总线网络通常使用绿色光缆。

四、奥迪 A6 轿车蓝牙系统

蓝牙技术首先用在奥迪 A6 轿车上,实现电话听筒 R37 与电话/信息通信 J526 的无线联系,如图 4-12 所示。

五、奥迪 A6 轿车车载网络系统的控制和管理

1. 网关和管理模式

奥迪 A6 轿车车载网络系统的网关在数据总线诊断接口 J533 内,也就是说数据总线诊断接口 J533 具有网关功能。

网络管理工作模式有睡眠和唤醒两种。在关闭点火开关后,除保持必要的总线通信功能(如防盗电控单元),其他电控单元通过关断通信进行静电流的限制,进入睡眠模式;当车辆还处于锁车状态,在有需求的前提下启动通信,进入唤醒模式。所有控制单元必须一起进入睡眠准备状态。正常情况车辆关闭大约 15 min,发出睡眠准备信号,总线将进入睡眠模式(总线静止)。电控单元睡眠模式在车辆关闭 2 h 后主处理器不再供电。同时,由于功能分配,所有电控单元必须同时唤醒,总线唤醒功能是作为对总线指令或传感器的反应来实现的。

2. 电能管理系统

在奥迪 A6 轿车上,电能管理控制单元 J644 位于后备厢内的蓄电池旁。在显示屏上显示的不是蓄电池的充电状态,而是蓄电池的实际工作状态。此外,还可以使用诊断仪读出历史数据(关于过去供电状态的数据)。蓄电池状态表示的是蓄电池的工作能力,这个能力是根据蓄电池充电状态和启动能力估算出来的。

六、MOST 数据总线检修

MOST 总线系统的诊断是借助于数据总线的诊断接口和诊断 CAN 进行的。

1. 诊断管理器 MOST 总线系统的故障诊断

除系统管理器外,MOST 总线还有一个诊断管理器(奥迪 A6L 上是数据总线诊断接口 J533)。该诊断管理器执行环型中断诊断,并会将 MOST 总线上的控制单元诊断数据传给诊断控制单元。

2. 系统故障

由于采用了环型结构,MOST总线上某一位置处数据传送的中断就被称为环型结构中断。引起环型结构中断的可能原因有:

(1)光导纤维中断。

(2)发射机或接收机控制单元的电源发生故障。

(3)发射机或接收机控制单元发生故障。

3. 环型结构的故障诊断

由于环型结构中断,就不能在MOST总线中进行数据传送,所以要借助诊断导线来执行环型结构的故障诊断,如图4-14所示。环型结构中的中断位置必须执行环型结构的故障诊断来确定,环型结构的故障诊断是诊断管理器执行的最终控制诊断的一部分。

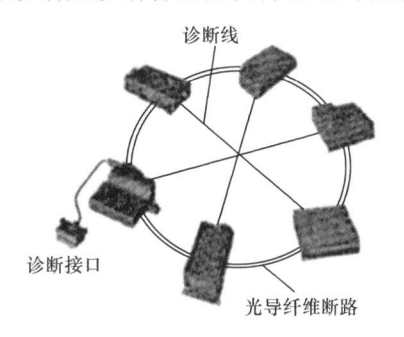

图 4-14 借助诊断导线进行 MOST 故障诊断

诊断线通过中央导线连接器与MOST总线上的各个控制单元相连。环型中断诊断是诊断管理器执行元件诊断内容的一部分。环型中断诊断开始后,诊断管理器通过诊断线向各控制单元发送一个脉冲,这个脉冲使得所有控制单元发射单元发出光信号。在此过程中,所有控制单元检查两方面功能:一是自身的供电及其内部的电控功能;二是从环型总线上的前一个控制单元接收光信号。MOST总线上的控制单元在一定的时间内会有应答,这个时间的长短由控制单元的软件来确定。环型中断诊断开始后到控制单元做出应答有一定的时间间隔,诊断管理器根据这段时间的长短就可做出应答的控制单元状况。环型中断诊断开始,MOST总线上的控制单元会发出以下两种信息:若控制单元的电控功能(如供电等)正常,则发出控制单元电气方面正常信息;若控制单元的光电二极管接收到环型总线上位于其前面的控制单元发出的光信号,则发出控制单元光学方面正常信息。诊断管理器根据以上信息,便可识别两类故障情况:一是系统是否有电气故障以及电气故障发生的控制单元;二是数据传递是否中断以及中断发生在哪两个控制单元之间。

4. 衰减增大的环型中断诊断

对于增大的信号衰减,诊断管理器的执行元件通过减小光功率来进行环型中断诊断。其诊断过程与环型中断诊断基本相同,不同之处是控制单元接通光导发射器内的发光二极管时会有3 dB的衰减。

如果光导纤维信号衰减增大,那么到达接收器的光信号就非常微弱,接收器会报告"光学故障",诊断管理器就可识别出故障点,最终向外接的检测仪器输出故障信息,如图4-15所示。

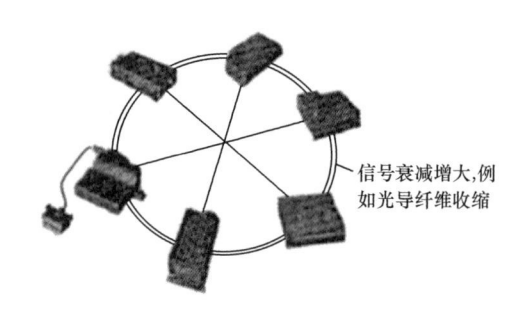

图 4-15　信号衰减增大的环型中断诊断

六、车载网络 CAN 系统故障的自诊断方法

奥迪 A6 轿车自诊断插头,位于驾驶室内仪表盘下部。在对奥迪 A6 轿车总线控制系统的实际维修工作中,如采用大众公司规定设备 VA.G1552/1551 故障诊断仪来诊断奥迪 A6 轿车 CAN 系统故障时,VA.G1552/1551 故障诊断仪与自诊断插头之间的连接方法相同,不再重述。

如果重换 ASR 电子控制单元(与 ABS 电子控制单元组合在一起)或控制单元内存储了编码错误信息,CAN 总线中没有来自变速器控制单元的信号,则应按发动机和变速器的型号为 ABS/ASR 电子控制单元进行编码,表 4-3 列出了五位数的编号代码,编码操作时具体方法如下:

表 4-3　　　　　　　　　　控制单元编码表

发动机型号	变速器型号	数据传递途径	备件号	索引号	编码
2.4 L 六缸 5 气门	手动 012	CAN	8E0614111	AHAL	00032
	自动 01V	CAN	8E0614111	AHAL	00031
2.8 L 六缸 5 气门	手动 012	CAN	8E0614111	AHAL	00032
	自动 01V	CAN	8E0614111	AHAL	00031
1.8 L 四缸 5 气门	手动 012	单独线	8E0614111	B;F	不可编码

4.2.2　奥迪 A6 轿车网络故障维修实例

一辆奥迪 A6 2.4L 轿车,该车 ASR 与 ABS 报警灯均会点亮,且 ABS 报警灯常亮,ABS 功能也失效,曾去一维修部修理更换过 ABS 泵总成。

首先进行故障分析。该轿车设置有 ABS 与 ASR 控制功能,采用 CAN 总线控制方式。根据用户介绍的情况来看,估计是由 ABS 与 ASR 控制功能均有联系的电路异常引起的。检修时,可先调出 ABS、ASR 系统中的故障码,以确定故障的可能原因或部位。

本例故障可采用以下方法与步骤来进行检修。采用 VA.G1551 故障诊断仪读取故障码,调出的故障码有 00285、18262、18263 三个,其含义分别为:00285——右前轮转速传感器 G45 损坏;18262——CAN 控制器局域网络总线有故障;18263——CAN 总线软件监控信号消失(监控信号丢失)。考虑到该车检测到了三个故障码,三处同时出问题的可能性不大,很可能是它们的公用部分引起的。考虑到该车的 ABS 泵总成已重换过,由此怀疑有关线路或搭铁部分有问题。先检查 ABS 泵线路未发现有断路、短路或接触不良现象。再检查 CAN 总线的有关连线,结果发现 CAN 总线在 ABS 控制单元靠近车身大梁处有断路。

对上述查出的断路处进行修整,并进行良好的绝缘处理后,再用故障诊断仪进入 ABS 进行检查,CAN 总线故障排除,但 ABS 失效故障仍存在。进一步对 ABS 进行检查,结果发现重换上的这只 ABS 泵与该车不配套。仔细检查其零件号,该泵仅适用于发动机排量为 1.8 L 的奥迪 A6 的轿车上(装备手动变速器且无 ASR)使用,而该车为自动变速器且具有 ASR 功能,故重换一只与该车配套的 ABS 泵总成,清除所有的故障码后进行路试。结果发现 ABS 报警灯仍不会熄灭,由此说明 ABS 仍有隐患元件存在。考虑到上述调出的故障码 00285 指明右前轮转速传感器 G45 损坏,故进一步又对该传感器进行检查,结果发现其线圈不通。重换新件后,故障全部排除。

4.3 丰田车系车载网络系统

4.3.1 丰田车系车载网络系统简介

一、丰田轿车车载网络系统的组成

丰田车系采用多路传输通信系统 MPX(Multiplex Communication System),丰田车系在网关 ECU 内置了三种通信电路,即 CAN、BEAN 和 AVC-LAN。

CAN 总线通常用于动力系统的通信,其通信协议在汽车电控系统中得到更广泛的应用,具有高度灵活性、简单的扩展性、优良的抗干扰性和纠错能力,采用两条双绞线进行通信,传输速率是 500 Kbit/s,数据字节长度为 1~8 可变。

BEAN(Body Electronic Area Network)用于车身电子局域网络,是丰田汽车专利的双向通信网络。采用单线进行通信,传输速率是 10 Kbit/s,数据字节长度为 1~11 可变。

AVC-LAN(Audio Visual Communication-Local Area Network)用于音响视听局域网络,主要用于音频和视频设备中的通信网络。采用双绞线进行通信,传输速率是 17.8 Kbit/s,数据字节长度为 0~32 可变。

各个网络通信协议不同,传输速率不同,翻译工作由网关来完成。网关内置 CPU 从不同的总线接收数据,对数据进行处理,再按照各通信协议把该数据发送到总线上。网关负责来自仪表板总线、车门和转向柱总线、CAN 总线和 AVC-LAN 总线数据信息的接收、转化和传输,并将相关信息存储。其中 DLC3 用于故障自诊断,网关的结构如图 4-16 所示。网关的安装位置位于副驾驶前,如图 4-17 所示。

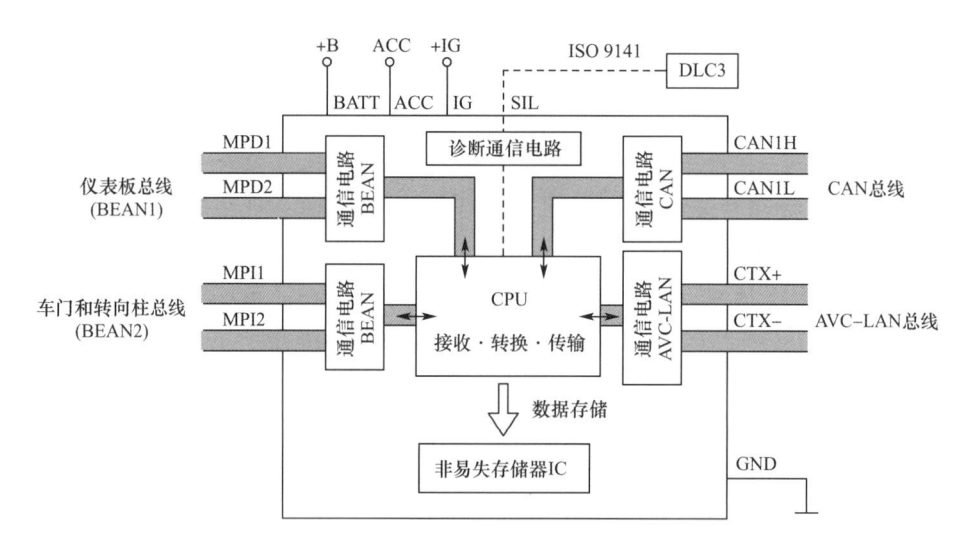

图 4-16 网关的结构

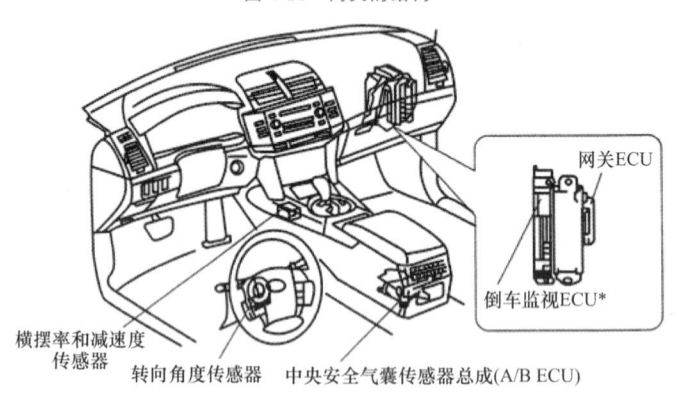

图 4-17 网关的安装位置

二、丰田轿车车载网络系统的特点

1. CAN 通信网络

CAN 通信网络的组成如图 4-18 所示。CAN 通信网络由发动机 ECU、防滑控制 ECU、动力转向 ECU、倒车监视 ECU、中央安全气囊传感器总成（A/B ECU）、横摆率和减速度传感器、转向角度传感器等电控单元组成，各控制单元模块和相关 ECU 跨接于总线上。总线采用双绞线传输，其 CAN-H 线称为主线，CAN-L 线称为副线。

2. 车身电子局域网络 BEAN

仪表板多路通信局域网络 BEAN 是一种多总线车身电子局域网络，由仪表 ECU、空调 ECU 和 AFS ECU 等组成，如图 4-19 所示。BEAN 通信一般采用单线传输（由公用地线构成回路）。波形如图 4-20 所示。隐形电压是 0 V，显性电压为 10 V 左右，最后一个脉冲的电平是 12 V。

第4单元　典型汽车车载网络系统原理与实例

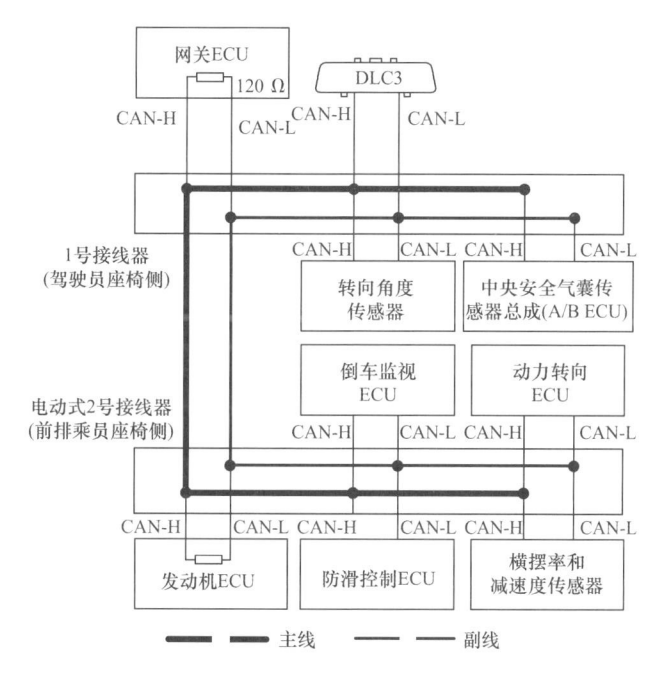

图 4-18　CAN 通信网络的组成

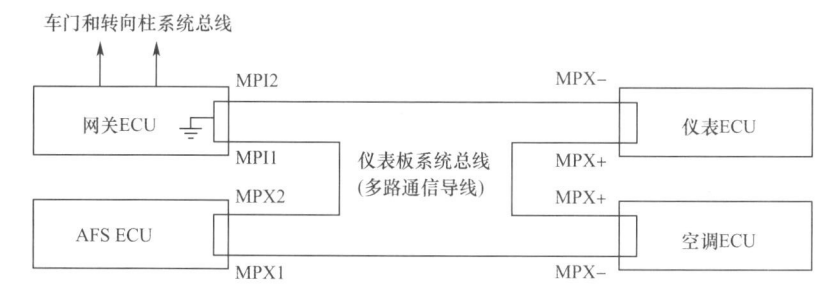

图 4-19　仪表板多路通信局域网络 BEAN

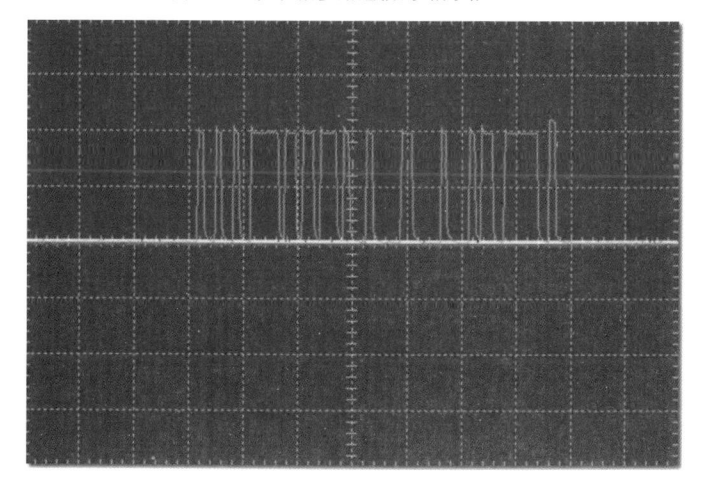

图 4-20　BEAN 总线的波形

3. 音响视听局域网络 AVC-LAN

音响视听局域网络 AVC-LAN 主要用于音频和视频设备中的通信网络。采用双绞线进行通信,传输波形如图 4-21 所示。在逻辑"0"时,传输的两条线的电压差值大于或等于 120 mV,在逻辑"1"时,传输的两条线的电压差值小于或等于 20 mV。

图 4-21 AVC-LAN 总线波形

4.3.2 雷克萨斯轿车网络系统

一、雷克萨斯轿车网络系统的组成

雷克萨斯 LS430 轿车全车电控单元以网关为中心,设置了几个总线系统,包括:仪表板总线、车门总线、转向柱总线、后备总线(控制转向信号灯、尾灯、制动灯和后雾灯)、AVC-LAN,其车身网络通信系统如图 4-22 所示,GS430/300 车身网络控制系统如图 4-23 所示,各总线控制 ECU 见表 4-4。

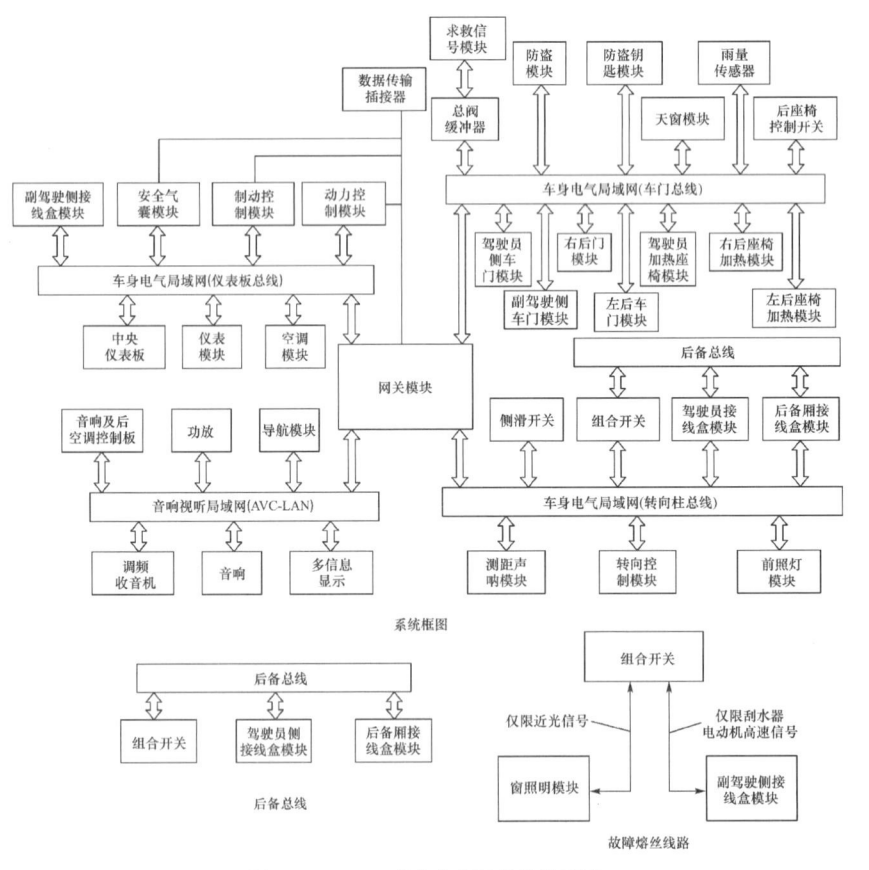

图 4-22 LS430 轿车车身网络通信系统

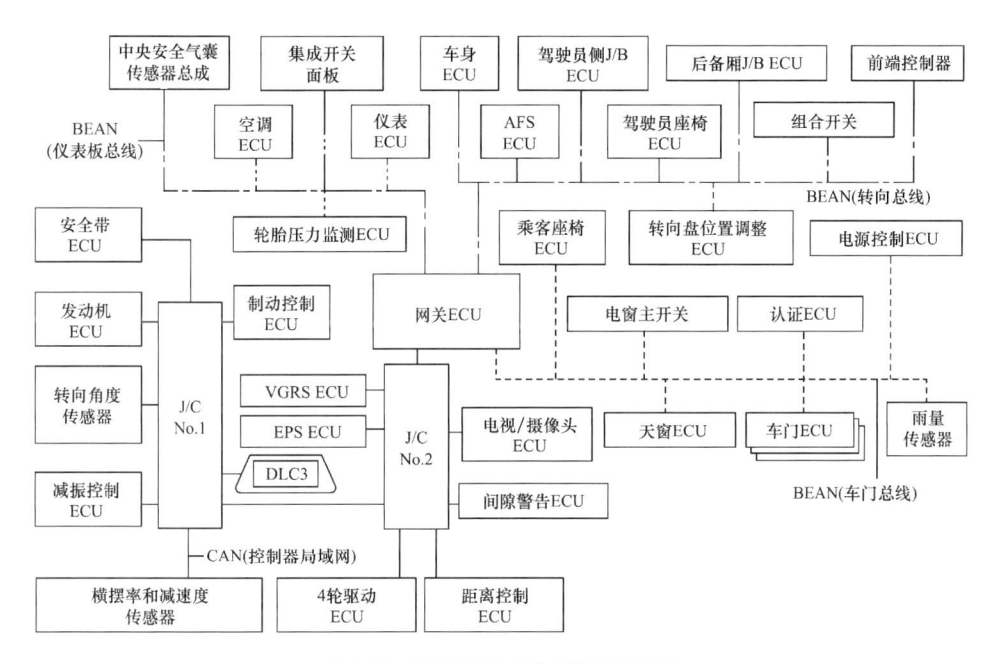

图 4-23　GS430/300 车身网络控制系统

表 4-4　　　　　　　　　　　　各总线控制 ECU

	总线类型	ECU	
网关 ECU	J/C No.1 带终端电路	发动机 ECU(ECM)	安全带 ECU
		减振控制 ECU	制动控制 ECU
		横摆率和减速度传感器	
		转向角度传感器	DLC3
	J/C No.2 带终端电路	EPS ECU	VGRS ECU
		距离控制 ECU	4 轮驱动 ECU
		电视/摄像头 ECU	间隙警告 ECU
	仪表板总线	仪表 ECU	空调 ECU
		集成开关面板	轮胎压力监测 ECU
		中央安全气囊传感器总成	
	转向总线	车身 ECU	驾驶员侧 J/B ECU
		后备厢 J/B ECU	AFS(弯道辅助照明系统)ECU
		驾驶员座椅 ECU	转向盘位置调整 ECU
		前端控制器	组合开关
	车门总线	车门 ECU	
		认证 ECU	电源控制 ECU
		天窗 ECU	电窗主开关
		雨量传感器	
	车门总线	导航 ECU	音响控制单元 ECU
		多功能显示 ECU	

141

二、雷克萨斯轿车总线网络系统的特点

整车 CAN 总线用主 BUS 线路和辅助 BUS 线路连接各传感器和控制单元,如图 4-24 所示。主 BUS 线的终端有一个 120 Ω 的电阻,防止信号反射,使提供信号更稳定。雷克萨斯 RX330 轿车的 CAN 线路连接了防滑控制 ECU、转向角度传感器、横摆率和减速度传感器以及 DLC3(3 号诊断连接器)。通过 DLC3 使用诊断仪可以检测 CAN 通信的故障码,DLC3 通过 CAN-H 和 CAN-L 传输故障信息。

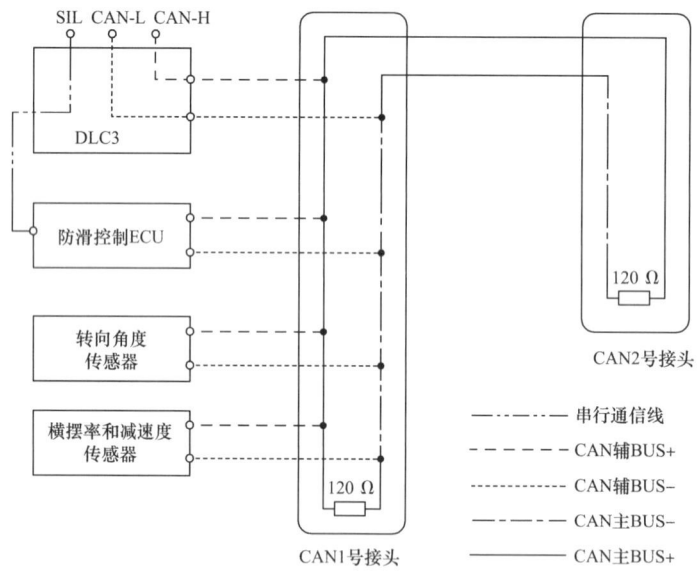

图 4-24 CAN 接线

1. CAN 元件布置

雷克萨斯 RX330 车型中,CAN 包含 CAN1 号接头、CAN2 号接头、防滑控制 ECU、转向角度传感器、横摆率和减速度传感器、DLC3 等元件,位置分布如图 4-25 所示。

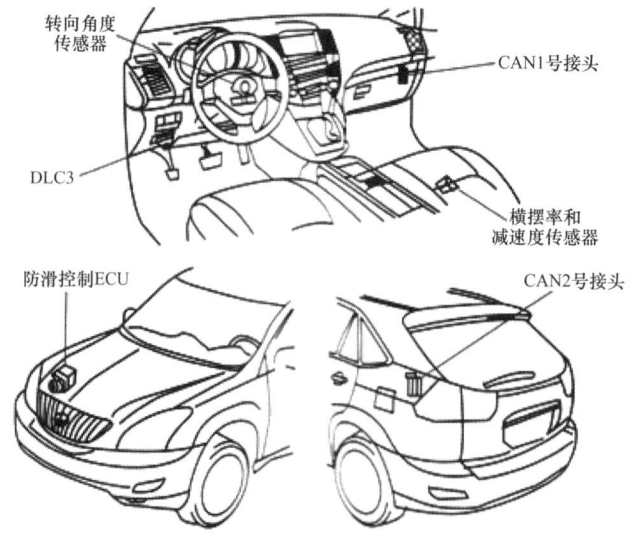

图 4-25 CAN 元件位置分布

2. 通信线

CAN 和 AVC-LAN 通信采用双线传输，BEAN 通信一般采用单线传输。同前，这里不再赘述。

4.3.3 丰田凯美瑞轿车网络系统

新型凯美瑞轿车 CAN 总线系统，具有两种不同通信速率的 CAN 总线，分别是高速 CAN 总线（HS-CAN，500 Kbit/s）和中速 CAN 总线（MS-CAN，250 Kbit/s），如图 4-26 所示。其中 HS-CAN 由 1 号 CAN 总线和 2 号 CAN 总线组成。1 号 CAN 总线的终接电阻置于发动机 ECU 和仪表 ECU 中，2 号 CAN 总线的终接电阻置于 CAN 网关 ECU 和接线器（前 LH）中。MS-CAN 由 MS 总线的终接电阻置于主体 ECU 和认证 ECU 中。对于无智能进入和启动系统的车型，终接电阻器置于接线器 RHⅡ中。带有网关功能的 ECU 用于总线之间传输数据。CAN 网关 ECU 用于 1 号 CAN 总线和 2 号 CAN 总线之间的数据传输；主体 ECU 用于 1 号 CAN 总线和 MS 总线之间的数据传输。总线之间的数据传输如图 4-27 所示。

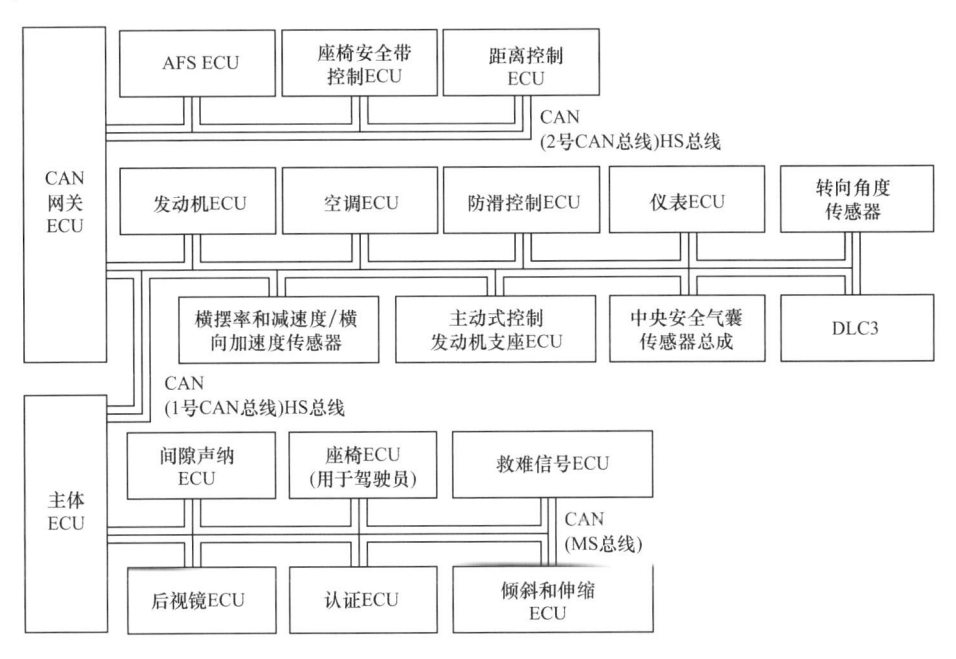

图 4-26　丰田凯美瑞轿车多路通信系统

4.3.4 丰田锐志轿车车身网络系统

丰田锐志轿车也是采用了多路通信系统 MPX，动力系统的通信采用 CAN 总线，音响视听局域网络采用 AVC-LAN 总线，车身电子局域网络采用 BEAN 总线，BEAN 由多个子系统组成，包括巡航控制系统、导航系统、倒车监视系统、中央控制门锁系统、无线遥控系统、防盗系统等系统，下面介绍基本控制原理。

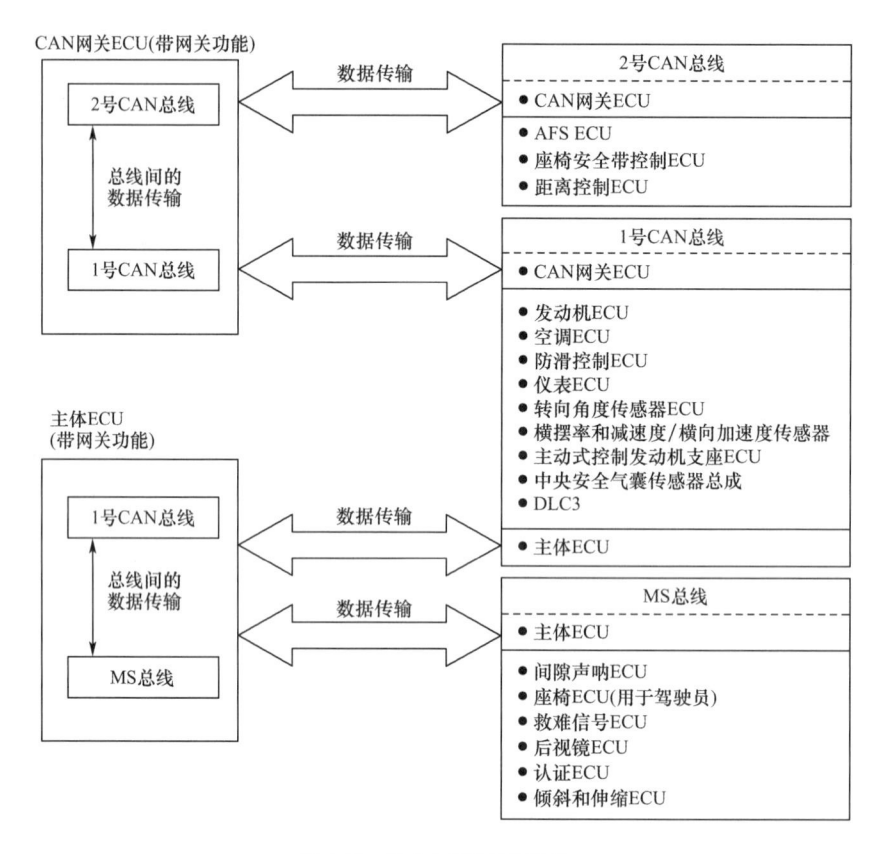

图 4-27　总线之间的数据传输

一、巡航控制系统

发动机 ECU 提供以下功能：减速控制、加速控制、取消巡航控制、计算车速、电动机输出控制、超速挡控制等，内置的电脑可输入各种来自不同开关和传感器的信号，根据记忆中存储的程序对这些信号进行加工，并控制节气门控制电动机。此外，可以用组合仪表内的 CRUISE 启动/警告指示灯进行系统故障诊断。锐志轿车巡航系统电路控制如图 4-28 所示。

二、导航系统

锐志轿车可视语音导航系统工作过程如图 4-29 所示。汽车导航系统由 GPS 接收器、陀螺传感器、导航 ECU 和多功能显示屏等组成。导航仪接收卫星的定位信号，确定当前的位置（经纬度），与地图上的经纬度比较显示出当前的位置。导航时，输入起点和终点，导航 ECU 自动在导航电子地图中搜索，查找出最佳路径。在汽车行驶过程中不断把定位信息与路径的信息比对，从而起到导航的作用。导航 ECU 通过 GPS 接收器得到检测本车的位置信号，通过组合仪表测出车速信号，通过陀螺传感器判断出前进方向信号，然后将汽车行驶位置显示在多功能显示屏上，同时将提示语音信号输出到左前扬声器。

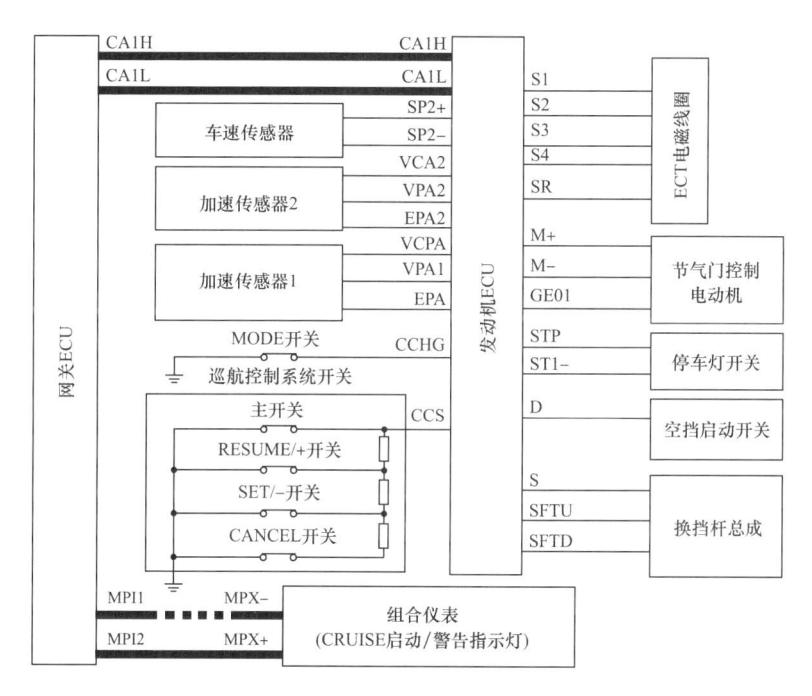

图 4-28 锐志轿车巡航系统电路控制

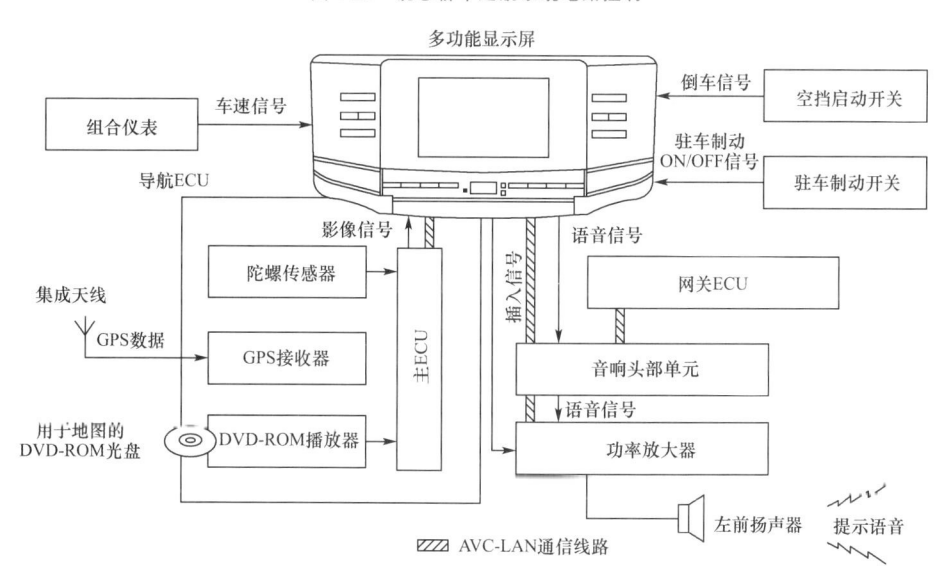

图 4-29 锐志轿车可视语音导航系统工作过程

三、倒车监视系统

透过多功能显示屏的画面显示来辅助停车操作,倒车监视器 ECU 是利用安装在车辆后部的倒车监视器摄像机的图像,利用 CAN 通信输入的转向角度传感器等接收的车辆状态参数进行计算,得出各导向路线信息,并将该信息传入多功能可视系统上。倒车监视器 ECU 发出的信号通过内置的主 ECU 控制,在多功能显示屏上显示倒车监视器画面。锐志轿车倒车监视器系统功能如图 4-30 所示。

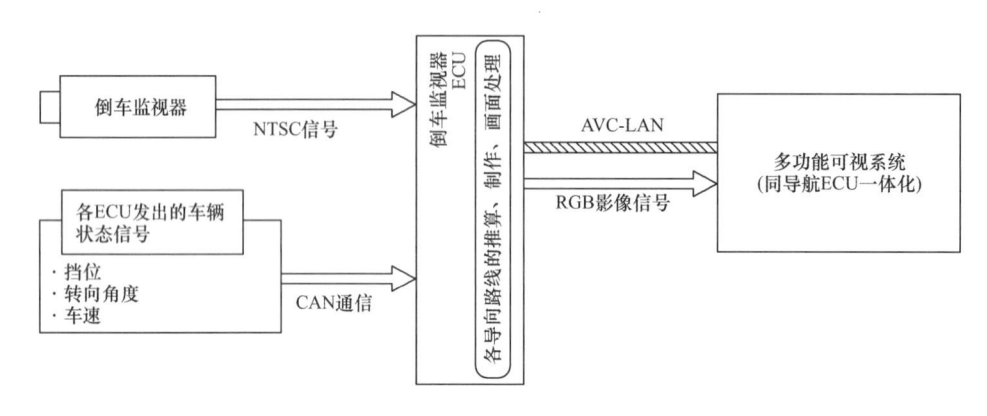

图 4-30 锐志轿车倒车监视系统功能

四、中央控制门锁系统

丰田锐志轿车中央控制门锁系统配备"车门钥匙联动门锁",具备钥匙锁止功能以及碰撞感应车门锁解除功能,门锁采用了保护器一体式外壳,驾驶员座位车门钥匙筒和门锁总成直接耦合以及和车门内侧手柄的拉索式连接,增强了车辆的防盗性能。中央控制门锁电路控制如图 4-31 所示。

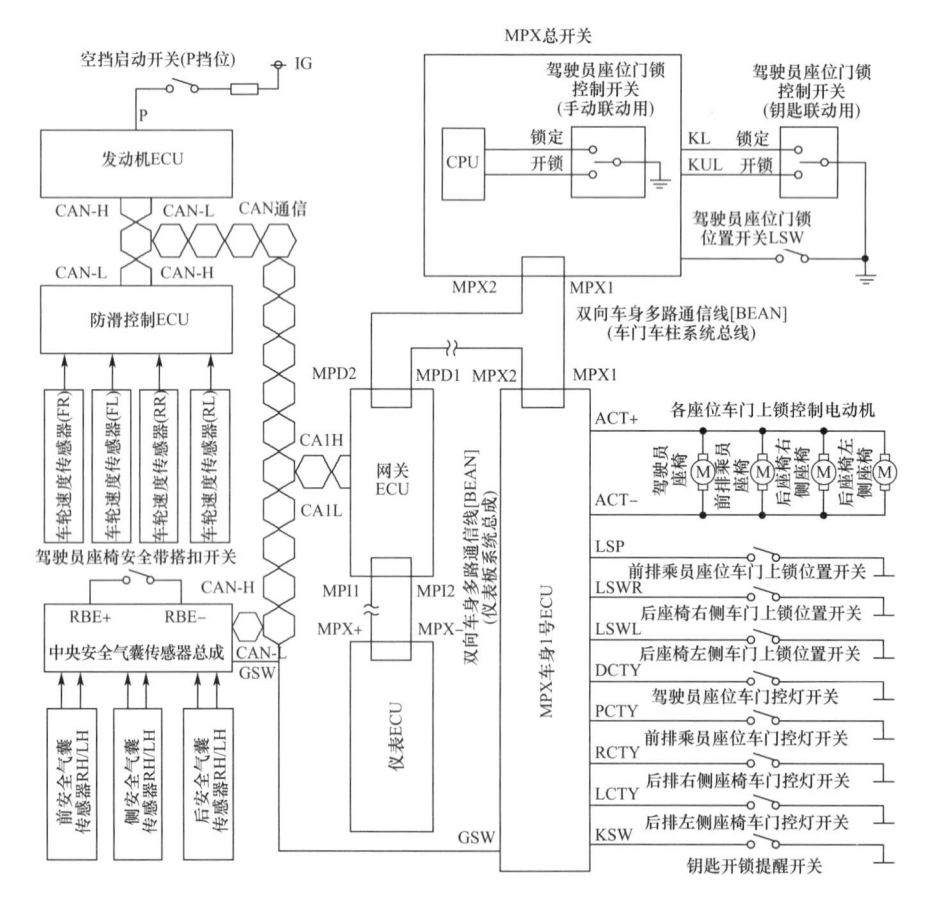

图 4-31 中央控制门锁系统电路控制

五、无线遥控系统

无线遥控系统电路控制如图 4-32 所示。ECU 通过 MPX 总开关信号来控制系统工作。ECU 和 MPX 之间采用 BEAN 总线通信数据。

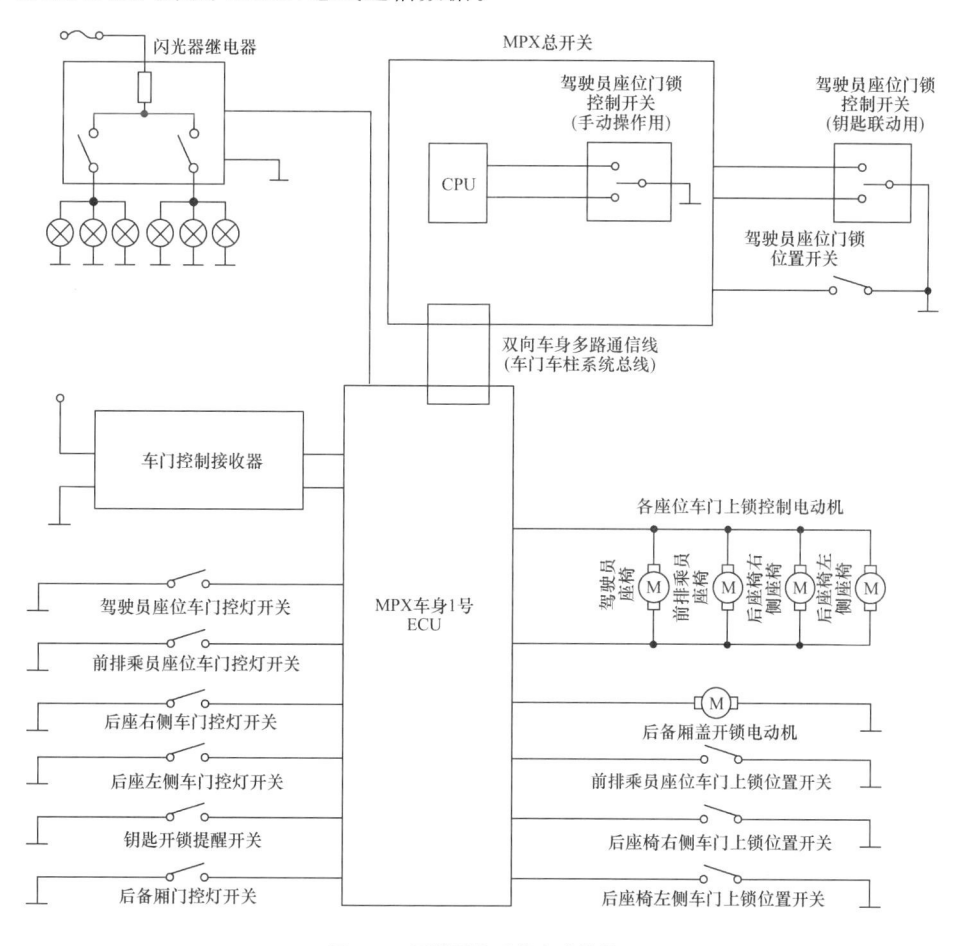

图 4-32 无线遥控系统电路控制

六、防盗系统

防盗系统包括门锁控制系统和无线门锁遥控系统,当有人企图强行进入车内,打开发动机盖或后备厢门时,或当蓄电池端子被断开又重新接上时,防盗系统启动。防盗系统控制原理如图 4-33 所示。

4.3.5 丰田凯美瑞 CAN 网络通信故障实例

故障现象:一辆行驶里程仅有 6 000 km,发动机号为 5AR-HO39807 的丰田凯美瑞轿车。启动该车发动机,怠速运转时 VSC(车身稳定控制系统)、ABS(防抱死制动系统)、EPS(车身电子稳定系统)以及驻车系统指示灯亮起,无法熄灭,发动机转速在 0~500 r/min 来回波动。

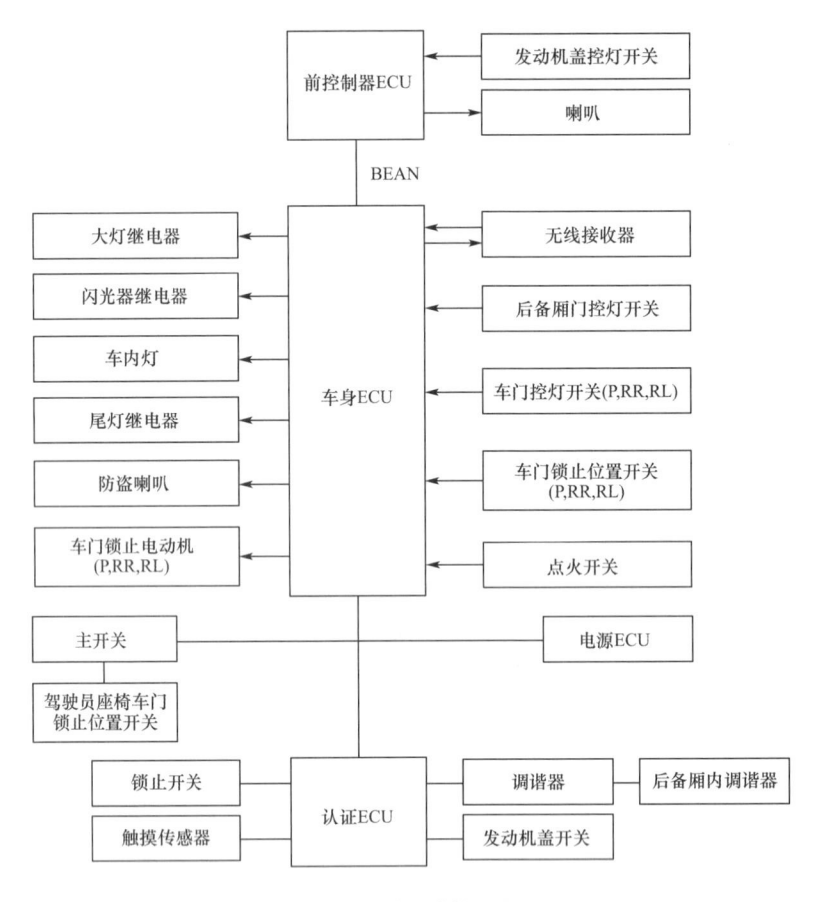

图 4-33 防盗系统控制原理

故障诊断:连接 GTS 诊断仪,选择自动连接模式,无法通信,GTS 诊断仪无法进入系统。通过手动模式选择"ASV"车型进入,依然无法建立通信连接,通过手动模式选择"KEYREGIST"进入,检测到的系统为:智能进入和启动系统,但其电子控制单元(ECU)状态显示为未知,即当前 ECU 通信存在,但通信不稳定。而诊断仪中,组合仪表检测有时会出现,但背景色为黄色,说明组合仪表有时会建立通信,但 GTS 当前未通信。根据以上现象及确认结果,分析可能故障原因为:①CAN(控制器区域网络)总线主线存在短路或开路故障;②CAN 通信系统连接的各相关 ECU 或传感器故障;③CAN 总线终端电阻器故障;④CAN 通信信号干扰,导致通信错误;⑤CAN 总线支线存在短路开路故障;⑥其他相关故障。

从故障现象来看,如发动机转速在 0~500 r/min 来回波动等现象,可以进一步推断是信号干扰带来的结果。车主最近在一家汽车美容店加装了数字电视,可能与故障有关。

先用万用表检测两个终端电阻值,检查主总线是否断开,总线中是否存在短路。当总线良好时,在 DLC3 的 6 号、14 号端子之间测量电阻,诊断接口如图 4-34 所示。电阻值应该略小于终端电阻的一半(因为在母线上还并联了其他的电控模块,各电控模块的收发电路电阻很大)。断开蓄电池负极端子或将点火开关转到 OFF,检查 DLC3 诊断接口 6 号和 14 号脚之间的电阻为 65.3 Ω(标准值为 54~69 Ω),正常。

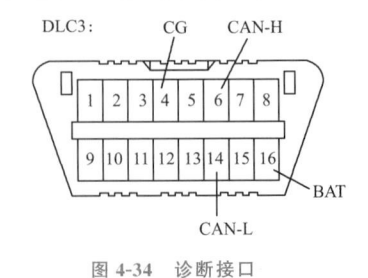

图 4-34 诊断接口

用示波器测量6号端子和14号端子波形看是否正常,来判断CAN通信故障。检测结果CAN-H线实测值约为2.6 V,CAN-L线实测值约为2.4 V,正常(高线的电压应高于2.5 V,低线的电压应低于2.5 V)。然后用电压表检查CAN-H和CAN-L线是否对搭铁短路,测6号端子和4号端子电压值为12 V,14号端子对4号端子的电压值应接近12 V,检查正常。然后检查CAN-H和CAN-L线是否对电源短路,用电阻挡检查DLC3诊断接口6号和16号脚之间的电阻大于6 kΩ,14号和16号脚之间的电阻大于6 kΩ,6号端子与16号端子电压值为0.1 V,14号端子对4号端子的电压值应接近0 V,说明总线不存在对电源和搭铁短路的故障,电压也在正常范围内。检查发动机ECU和组合仪表总成之间是否有故障,将万用表调到电阻挡位,测量发动机插脚到组合仪表插脚、发动机插脚到组合仪表插脚之间导通良好,说明CAN总线线路没有故障。如果发动机ECU没有得到电源或搭铁,那么CAN通信系统不会工作,于是检查发动机ECU有没有得到电源或搭铁。用电压表检查,结果正常。由以上检查可知主总线不存在开路、短路及对电源短路或对地短路的现象,即CAN主总线正常时,其故障的原因为其支线可能出现开路现象。检查支线是否出现开路故障,由于DLC3检查已无异常,且组合仪表在诊断仪"CAN BUS Check"屏幕上反复出现和消失,并参考维修手册支线出现开路的可能原因为:ECM、主车身ECU及其线路、SRS ECU及其线路、空调放大器及其线路、转向助力ECU及其线路、收音机和显示屏接收器及其线路、网关ECU及其线路、认证ECU及其线路、转向角度传感器及其线路、ABS ECU及其线路、AFS ECU及其线路、间隙警告ECU及其线路存在故障。当拆下导航机时,发现其中接入了一个CAN网络编译器,车主加装了数字电视,故障点如图4-35所示,将其断开,其他部件装车复原,试车,故障排除,故障灯熄灭,发动机转速表工作恢复正常。

由此可知故障的原因是加装非原厂数字电视引起了原车车载网络通信失效。

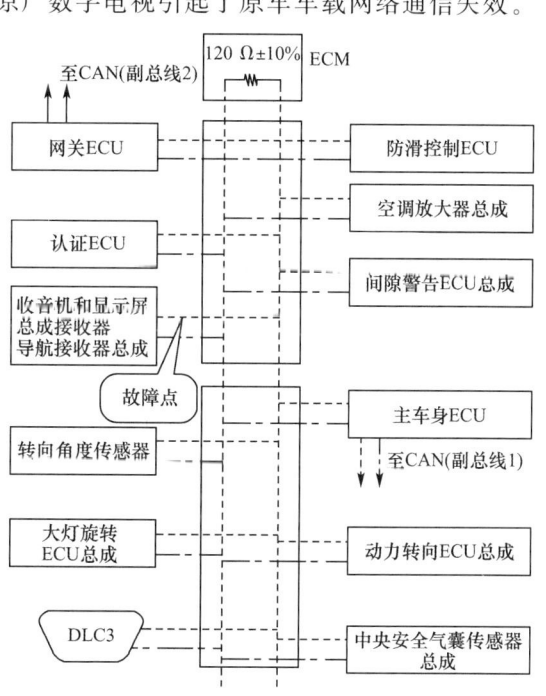

图 4-35 网络通信及故障点

4.4 通用车系车载网络系统

目前通用公司车载网络系统采用的总线包括 UART、Class-2 和 LAN 三种形式。

4.4.1 通用车系车载网络系统简介

一、UART 串行通信网络

UART 是异步收发串行通信系统,这个网络中有一个控制串行数据总线通信的主控模块,在大多数情况下,车身控制模块就是 UART 总线的主控模块。它采用单线制线路,传输速率为 8.192 kbit/s。UART 通信采用 5 V 单线数据线,其静态电压为 5 V,数据通信时电压是 0 V,可见 UART 是通过下拉电压进行通信的。UART 采用相同脉宽进行数据通信,它的串行通信波形如图 4-36 所示。

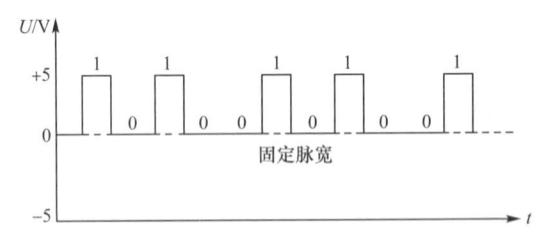

图 4-36 UART 串行通信波形

二、Class-2 串行通信网络

Class-2 串行数据总线是通用的第二代串行数据传输总线,它也采用单线制线路,传输速率为 10.4 Kbit/s。Class-2 串行数据线的静态电压为 0 V,传递数据电压为 7 V,系统传送数据采用的是可变脉宽,每一位信息都可能有两种长度,或长或短。各模块间定期收发 Class-2 串行数据通信包括操作信息和指令,各模块根据它们来判断数据的来源和种类,以获得数据值并监测网络安全。Class-2 串行通信波形如图 4-37 所示。

三、LAN 串行通信网络

LAN 是一种基于控制器区域网络通信(CAN)协议的通信总线,LAN 和 CAN 的主要区别在于数据传输的结构不同。LAN 串行通信网络有两条发送串行数据的线路,这两条线路通常称为 CAN-H 和 CAN-L。LAN 总线采用的是一种高速网络,通信速率是 500 Kbit/s,采用差分电压的形式传递数据。LAN 串行通信波形如图 4-38 所示。在隐性(逻辑 1)状态,CAN-H 和 CAN-L 电压相同,均为 2.5 V,不存在差分电压。在显性(逻辑 0)状态,CAN-H 电压是 3.6 V,CAN-L 电压为 1.4 V,电压差是 2.2 V。

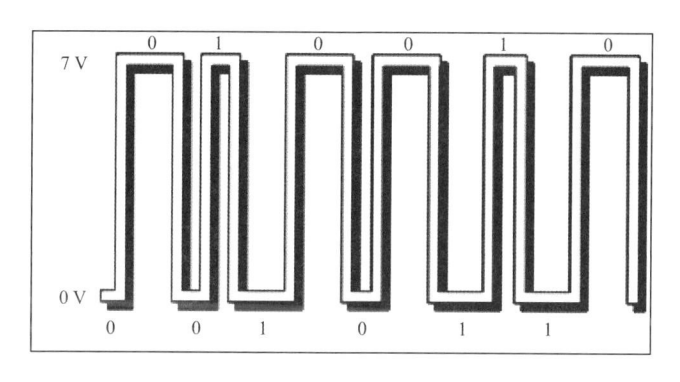

图 4-37　Class-2 串行通信波形

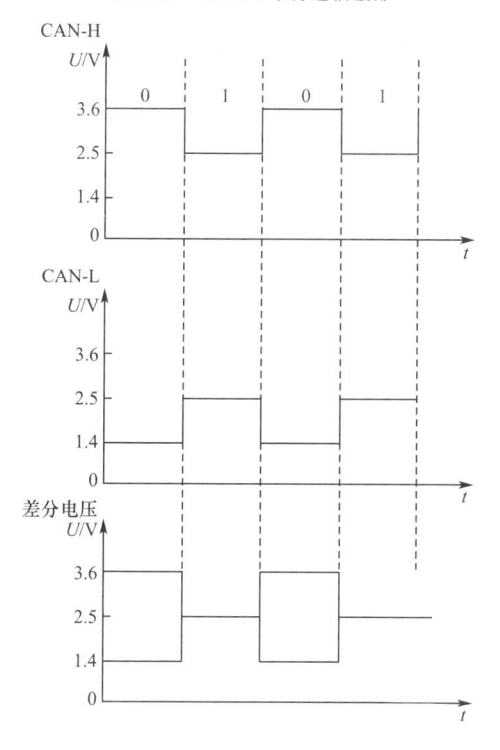

图 4-38　LAN 串行通信波形

4.4.2　别克君威 Class-2 串行通信网络

别克君威轿车采用 Class-2——"二级数据总线"(第二代数据总线)串行通信网络,由一条数据线将不同的电子控制模块相连,数据传输速率是 10.4 Kbit/s。

总线控制的模块包括车身控制模块(BCM)、电子制动控制模块(EBCM)、暖风通风与空调控制模块(Regal 3.0GS)、安全气囊传感器和诊断模块(SDM)、组合仪表(IP)、动力系统控制模块 PCM(Regal 2.5GL、3.0GS)、发动机控制模块 ECM(Regal 2.0G)、防盗钥匙确认系统(PK-3)模块。不同的控制模块接在一条串行数据总线上,称为二级数据总线,这些控制模块之间的通信和它们与检测工具 TECH2 之间的通信都通过这条数据总线进行。另外,Class-2 串行数据总线允许故障诊断和测试。网络连接如图 4-39 所示。数据系统隐性状态时电压为 0 V(接地),显性状态时电压为 7 V。

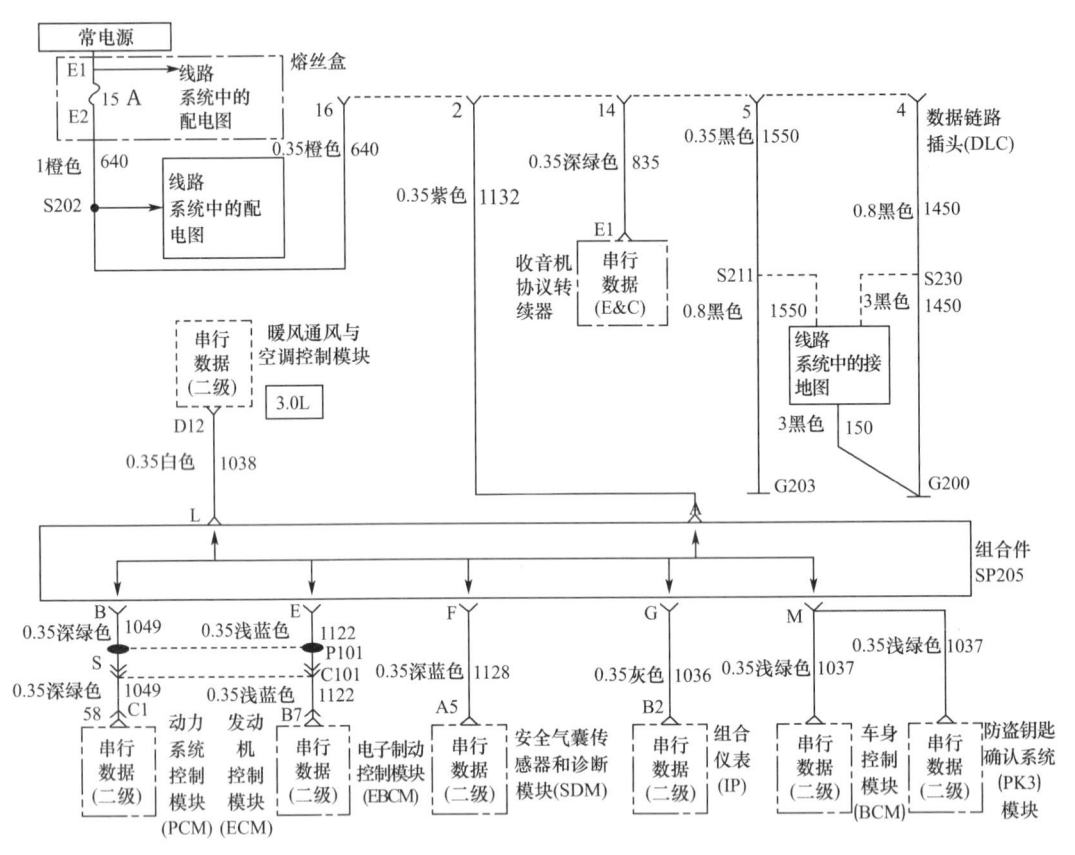

图 4-39 Class-2 网络连接

在通信时,采用对等控制方式。它是建立开放体系结构数据通信的基础。因为没有主控节点,所以当检测到总线上有空闲时,任何一个节点都有相同的机会开始一个数据发送。然而,并非所有节点的地位都是相同的,帧优先是存在的,优先级最高的帧总是能够先完成,这也就是说这种帧不会发生数据丢失现象。对等控制方式的两个缺点是:除优先级最高的帧外,无法保证数据的延时;总线的利用极限难以估计。别克君威采用标准的 16 端子诊断插座(DLC),如图 4-40 所示,别克君威轿车诊断插座(DLC)的 2 脚与 Class-2 数据总线相连,可通过总线访问不同的控制单元。

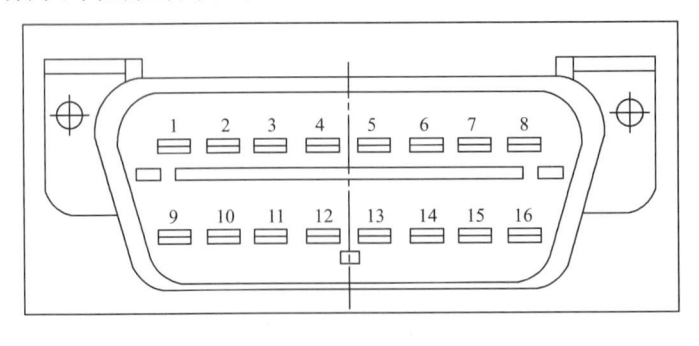

图 4-40 诊断插座的外形

4.4.3 别克荣御轿车车载网络系统

一、别克荣御轿车车载网络系统结构

上海别克荣御轿车的车载网络系统包括 UART、Class-2 和 LAN 三种形式，结构框图如图 4-41 所示。发动机控制模块(ECM)、变速器控制模块(TCM)和防抱死制动系统-牵引力控制单元(ABS-TCS)利用 GM LAN 通信协议在串行数据总线上进行通信，车身控制模块(BCM)则利用通用异步收发(UART)通信协议与组合仪表、音响主机(AHU)和乘员保护系统(传感和诊断)模块(SDM)进行通信。GM LAN 总线是一个双线线路，UART 通信采用单线线路。由于 GM LAN 和 UART 协议不兼容，因此在串行数据通信系统中采用了动力系统接口模块(PIM)，以便在两种不同的协议之间实现通信。在动力系统接口模块和发动机控制模块中各有 120 Ω 的数据终端电阻，防止当数据传输到 LAN 总线末端时反射回去。LAN 通信采用的是双绞线系统，一个是褐色/黑色导线(CAN-H)，另一个是褐色导线(CAN-L)。在隐性(逻辑 1)状态，CAN-H 和 CAN-L 电压相等，均为 2.5 V，不存在差分电压。在显性(逻辑 0)状态，CAN-H 电压为 3.6 V，CAN-L 电压为 1.4 V，电压差是 2.2 V。

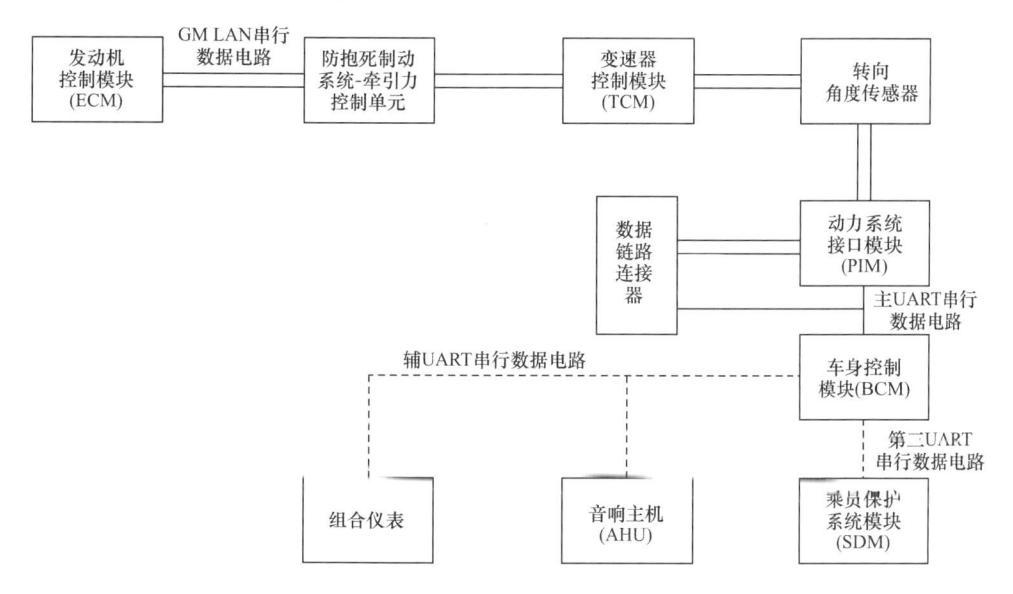

图 4-41 上海别克荣御轿车的车载网络系统结构框图

别克荣御轿车的 UART 网络由第一(主)UART、第二(辅)UART 和第三 UART 组成。具体的网络连接如图 4-42 所示。

(1)第一(主)UART 串行数据电路 800(红/黑)，从车身控制模块(A15)连接到诊断插座 X40 的端子 9 和动力系统接口模块(A5)的端子 X1-10。

(2)第二(辅)UART 串行数据电路 1061(绿/白)，从车身控制模块(A15)连接到以下模块：温度控制模块(A14)、组合仪表(P3)、远程通信模块(A158)、记忆座椅(A21)、高级音频放大器(N7)、轮胎气压监测器(A157)、收音机(A133)、音频接口模块(A156)等。

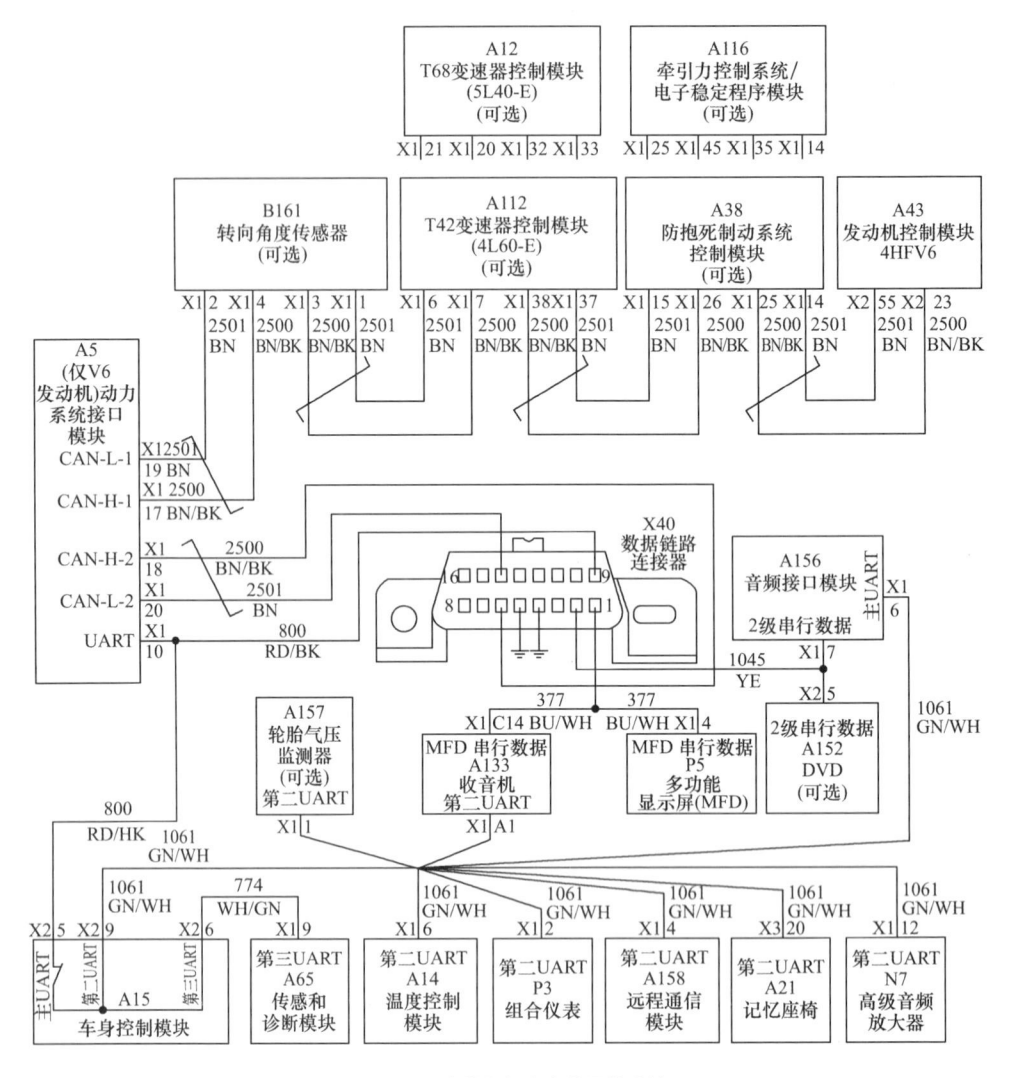

图 4-42 别克荣御轿车车载网络连接

（3）第三 UART 串行数据电路 774（白/绿），从车身控制模块（A15）连接到传感和诊断模块（A65）。其中，第二和第三 UART 串行数据电路，都是通过串行数据总线隔离器连接到主串行数据线路上的。收音机（A133）和多功能显示屏（P5）是通过第二 UART 串行数据通信的，并连接到诊断插座的 1 脚。

（4）采用 GM LAN 通信的控制模块有 5 个，分别为发动机控制模块（A43）、T42 变速器控制模块（A112）、防抱死制动系统控制模块（A38）、牵引力控制系统/电子稳定程序模块（A116）、转向角度传感器（B161）、动力系统接口模块（A5）。

（5）电路 2500（棕/黑）是 CAN-H-2 线，接诊断插座 X40 的端子 6 脚。电路 2501（棕）是 CAN-L-2 线，接诊断插座 X40 的端子 14 脚。

（6）音频接口模块（A156）与 DVD（A152）之间采用 Class-2 串行数据总线连接，同时将 Class-2 通过电路 1045 连接到 X40 诊断接口的 2 脚，可直接进行自诊断。

另外，温度控制模块（A14）与多功能显示屏（P5）间采用的是 GM LAN 通信，电路如图 4-43 所示。

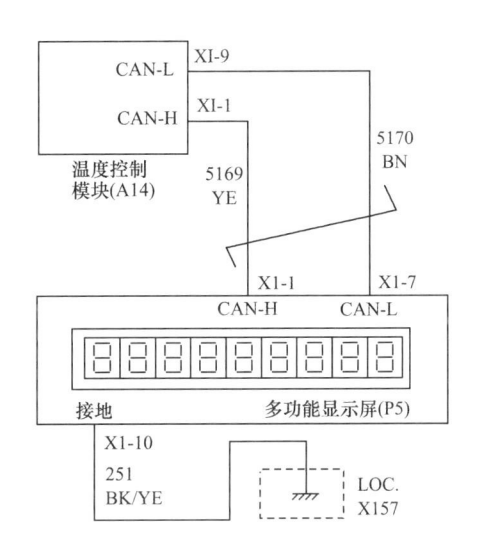

图 4-43 温度控制模块与多功能显示屏通信电路

采用车载网络通信系统可以将各操作开关的信号传递给相近的控制模块,再由此模块通过网络传递到需要此控制信号的模块。例如,传递到网关模块(PIM)、巡航控制开关、牵引力控制开关、电子稳定程序控制开关、自动变速器模式开关及主动选挡开关等。这些控制信号在 PIM 内转换为串行数据在网络上传送。

另外,在发动机控制模块(ECM)验证网关模块(PIM)之前,网关模块(PIM)负责验证车身控制模块(BCM),以确定启动钥匙是否合法。如有任何验证过程未通过,不启动。

由以上介绍可知,在诊断过程中如果用万用表检测车载网络通信线路,只能检查通信线路是否对电源/地短路或断路,无法用测量电压的方法判断其工作是否正常。如果怀疑车载网络通信线路故障,可用示波器通过测量线路上的波形来大致判断通信系统工作是否正常。另外,对于别克荣御轿车 GM LAN 车载网络通信系统,在网络两个终端模块(网关模块 PIM 和发动机控制模块 ECM)中分别接有 2 个 120 Ω 的终端电阻,因此在断电状态,用万用表欧姆挡测量诊断插座的端子 6 和 14 之间时,应有 60 Ω 的阻值。

二、别克荣御轿车故障自诊断

(1) 别克荣御轿车网关模块又称动力系统接口模块,相当于一个透明双向译码装置,允许数据在采用 GM LAN 协议的模块和采用 UART 协议的模块之间传输。当需要在发动机控制模块和变速器模块之间通信时,发动机控制模块有时也会设置一个变速器控制模块,也能检测到故障码。

(2) 车身控制模块作为"总线主控",定期查询(或检测)串行数据总线上的每个装置(包括车身控制模块自身)。

(3) 车身控制模块每隔 300 ms 查询每个装置一次,以获取状态报告,但发动机控制模块、变速器控制模块和音响主机是每隔 150 ms 就被查询一次。虽然还有其他模块和装置被连至串行数据总线,但它们仅监测总线上是否有影响其功能性的相关数据。这些模块和装置有:音频接口模块(AIM)、数字视频光盘播放机(DVD)、高级音频放大器(PSA)、座椅和后视镜位置记忆模块(MSM)、多功能显示屏(MH)(经由音响主机)、轮胎气压监测器(TPMS)。

(4)常见串行数据传输故障码见表 4-5。

表 4-5　　　　　　　　　常见的串行数据传输故障码

故障码	故障码说明	故障模块
U1064	串行数据通信错误	轮胎气压监测器
U1128	无音频接口模块串行数据	数字视频光盘播放机
U1300	Class-2 串行数据电路电压过低	数字视频光盘播放机
U1301	Class-2 串行数据电路电压过高	数字视频光盘播放机
U1304	与 UART 系统失去通信	动力系统接口模块
U2100	与 CAN 总线(高速)无通信	动力系统接口模块
U2105	发电机故障或 CAN 总线上 CIM 信息范围/性能不良	动力系统接口模块
U2106	CAN 总线不能与发动机控制模块通信	动力系统接口模块
U2108	CAN 总线不能与 ABS-TCS 电子控制单元通信	动力系统接口模块
U0001	控制器局域网总线通信	发动机控制模块
U0100	发动机控制模块与变速器控制模块之间的 GM LAN 总线错误	变速器控制模块
U0101	控制器局域网与变速器控制模块之间失去通信	发动机控制模块
U0121	控制器局域网动力系统接口模块超时	发动机控制模块
U0155	控制器局域网动力系统接口模块超时	发动机控制模块
U0402	来自变速器控制模块的信号无效	发动机控制模块
U0415	来自牵引力控制系统的控制器局域网信号无效	发动机控制模块
U0423	控制器局域网接口网关、来自动力系统接口模块的信号无效	发动机控制模块

4.4.4　别克轿车故障实例

故障现象：一辆 2003 年款别克君威 2.0 轿车，行驶里程为 3×10^4 km。打开点火开关，仪表自检完毕后燃油表回归零位，燃油警告指示灯点亮，蜂鸣器发出警告声。启动发动机，发动机没有任何反应。

故障分析：燃油液位信号在由液位传感器传送到动力系统控制模块 PCM 后，经过 Class-2 总线传送给仪表。当故障出现时，燃油表回归零位，燃油警告指示灯点亮，蜂鸣器发出警告声，这些现象说明燃油信号没有到达仪表，可能的原因是 Class-2 总线无法与 PCM 通信，应重点检查 Class-2 总线、PCM、PCM 的电源线和搭铁线等线路。

通用车系网络故障实例

检修过程：使用 TECH2 检查各控制单元，PCM 内部存有故障码 U1000（二级串行数据丢失）、U1016（与 PCM 失去对话）、U1064（与 BCM 失去对话），这些故障码说明 Class-2 总线无法与 PCM 通信的分析是正确的。

参考发动机控制系统电路（图 4-39），拆下 PCM 上的线束插头，用试灯探测 C1 插头中的 20 号针脚，试灯点亮。打开点火开关，用试灯探测 C2 插头中的 24 号针脚，试灯点亮，探测 C1 插头中的 19 号针脚，试灯点亮。当点火钥匙处于起动挡时，用试灯探测 C2 插头中的 23 号针脚，试灯点亮。断开蓄电池的负极接线，用万用表的电阻挡检查 C1 插头中的 56 号针脚、57号针脚、60号针脚以及16号针脚对地电阻,均符合标准。检查Class-2总线的组合件SP205线束插头的B脚到PCM线束C1插头中的58号针脚之间的电阻,符合标准,且未见插头有接触不良的地方。从以上的检查可以看出,PCM内部出故障的可能性比较大,于是更换PCM后试车,但故障并未排除。直接用跨接线将组合件SP205的B脚与PCM线束插头C1中的58号针脚连接,试车故障仍未排除,但这样做可以排除问题出在Class-2总线上的可能性。那么故障点只剩下PCM的电源线和搭铁线,或者是前面的测量方法或数据不正确。这时发现用于测试的试灯是二极管式的试灯,这种试灯为无负载式试灯,只要驱动电压大于2 V时试灯就会点亮,这种试灯不能用于测试在线路中带有熔丝的电源线。

用带负载的有源试灯测量PCM上的线束插头C1中的19号针脚,试灯不亮,这与先前的检测结果不同。检查仪表板右侧的A7~A8熔丝没有损坏,拆下发动舱内熔丝盒检查线束插头的针脚,发现C2插头中的A7针脚的插孔变大。修理线束插孔后,试车故障排除。

由于PCM上的线束插头C1中的19号针脚电源线断路,导致PCM无法与Class-2总线通信,最终导致该车故障的发生,使用了不合适的试灯也使检修工作走了一些弯路。

4.5 汽车车载网络常见故障及诊断

汽车车载网络常见故障有汽车电源系统故障、节点故障和链路故障三类故障。

4.5.1 汽车电源系统故障机理及实例

一、汽车电源系统故障机理

车载网络传输系统的核心部分是含有通信IC芯片的电控模块ECM。电控模块ECM的正常工作电压要求在10.5~15.0 V范围内,如果汽车电源系统提供的工作电压低于该值,则会造成一些对工作电压要求高的电控模块出现短暂的停滞工作故障,从而使整个车载网络传输系统在短时间内无法通信。

二、汽车电源系统故障实例

1. 故障现象

一辆上海别克轿车,在车辆行驶过程中,时常出现转速表、里程表、燃油表和冷却液温度表指示为零的现象。

2. 故障检测

用TECH2扫描工具(故障诊断仪)读取故障码,发现各个电控模块均没有当前故障码,而在历史故障码中出现多个故障码。其中:SDM(安全气囊传感器和诊断模块)中出现

U1040——失去与 ABS 控制模块的对话，U1000——二级功能失效，U1064——失去多重对话，U1016——失去与 PCM 的对话；IPC（仪表控制模块）中出现 U1016——失去与 PCM 的对话；BCM（车身控制模块）中出现 U1000——二级功能失效。

3. 故障分析与排除

经过读取故障码可以知道，该车的多路信息传输系统存在故障，因为 OBD-Ⅱ规定 U 字头的故障码为车载网络传输系统的故障码。通过查阅上海别克轿车的电源系统电路，由图 4-44 可知，上面的多个电控模块共用一根电源线，并且通过前围板。由于故障码为间歇性的，因此可能是这根电源线发生间歇性的断路故障。经检查发现，这根电源线由于磨损导致接触不良，经过处理后故障排除。

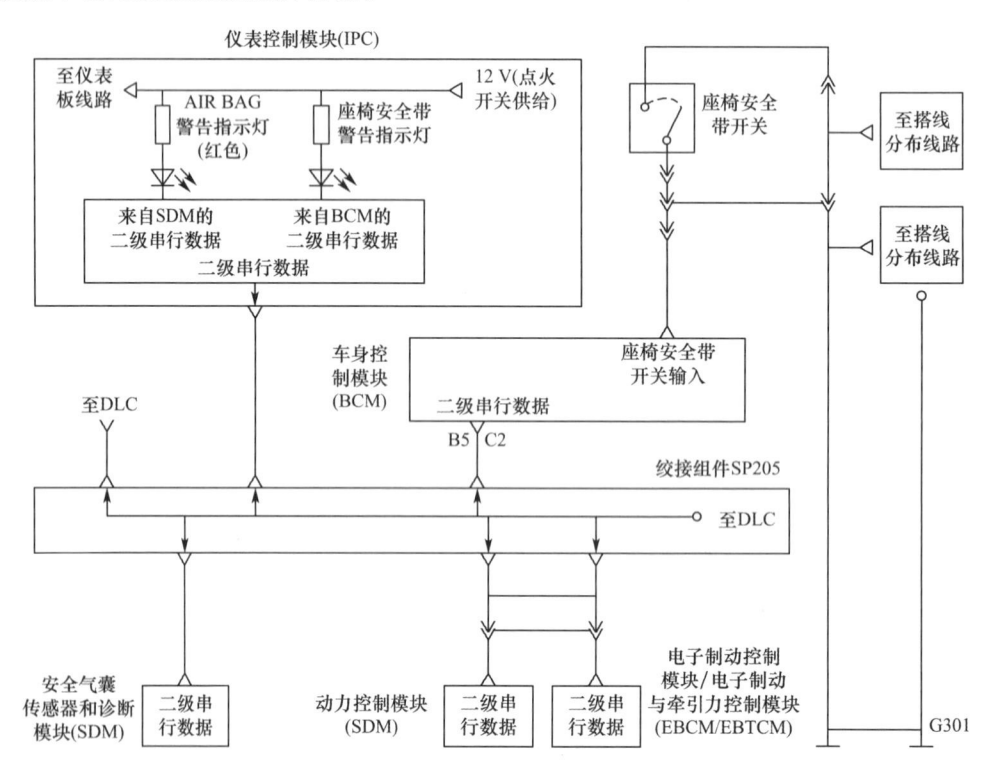

图 4-44 上海别克轿车的多路传输电路

4.5.2 节点故障机理及实例

一、节点故障机理

节点是车载网络传输系统中的电控模块，因此节点故障就是电控模块 ECM 的故障。它包括软件故障和硬件故障。软件故障即传输协议或软件程序有缺陷或冲突，从而使车载网络传输系统通信出现混乱或无法工作，这种故障一般成批出现，且无法维修。硬件故障一般是由于通信芯片或集成电路发生故障，从而造成车载网络传输系统无法正常工作。对于采用低版本点对点通信传输协议的车载网络传输系统,如果有节点故障,将导致整个车载网络传输系统无法工作。

二、节点故障实例

1. 故障现象

一辆上海帕萨特 B5 轿车,在使用中出现机油压力报警灯与安全气囊故障指示灯报警,发动机转速表不能运行等故障。

2. 故障检测

用 VAG 1552 故障阅读仪读取仪表系统的故障码为:01314049——发动机控制单元无通信;01321049——安全气囊控制单元无通信。

3. 故障分析与排除

通过读取故障码,我们可以初步判断故障在于车载网络传输系统。通过对汽车电气线路进行分析,电源系统引起故障的概率很小,故障很可能存在于节点或链路。对安全气囊控制单元尝试使用替换法后,故障排除。

4.5.3 链路故障及实例

一、链路故障机理

当车载网络传输系统的链路(或通信线路)出现故障时,如通信线路的短路、断路以及线路物理性质引起的通信信号衰减失真,都会引起多个电控单元无法工作或电控系统错误动作。判断是否为链路故障时,一般采用示波器或汽车专用光纤诊断仪来观察通信数据信号是否与标准通信数据信号相符。

链路故障机理

二、故障实例

1. 故障现象

一辆奥迪 100 轿车,在自动空调系统开关接通的情况下,鼓风机能工作,但是空调系统却不制冷。

2. 故障检测

通过观察,发现空调压缩机的电磁离合器不能吸合,但发动机工作正常。检查电磁离合器线路的电阻值,电阻值符合规定值;检查空调控制单元的数据端,没有数据信号。此时用 VAG 1552 故障阅读仪读取发动机控制系统和空调控制系统的故障码,均无故障码,读取空调控制单元的数据流,发动机转速数据为零。由于发动机工作正常,发动机控制单元接收的发动机转速信号应该正常,检查发动机控制单元和空调控制单元之间的通信线路,发现两者之间的转速通信线的接脚变形而造成链路断路,修复接插件后故障排除。

4.5.4 车载网络传输系统的基本诊断步骤和检测方法

一、基本诊断步骤

通过对以上三种车载网络传输系统故障的分析,可以总结出诊断步骤如下:

(1)了解车型的车载网络传输系统特点(传输介质、几种子网及车载网络传输系统的机构形式等)。

(2)了解车载网络传输系统的功能。如:有无唤醒功能和休眠功能等。

(3)检查汽车电源系统是否存在故障。如:交流发电机的输出波形是否正常(若不正常将导致信号干扰等故障)等。

(4)检查车载网络传输系统的链路是否存在故障,采用替换法或跨线法进行检测。

(5)如果是节点故障,则只能采用替换法进行检测。

二、双线式车载网络传输系统的检测方法

在检查车载网络传输系统前,需保证所有与车载网络传输系统相连的控制单元无功能故障。功能故障指不会直接影响车载网络传输系统,但会影响某一系统的功能流程的故障。例如:传感器损坏,其结果就是传感器信号不能通过车载网络传输系统进行传递。这种功能故障对车载网络传输系统有间接影响,即影响需要该传感器信号的控制单元的通信。若存在功能故障,则应先排除该故障,记下该故障并消除所有控制单元的故障码。排除所有功能故障后,如果控制单元之间的数据传递仍不正常,就应检查车载网络传输系统。检查车载网络传输系统时,需区分以下两种可能的情况。

1. 两个控制单元组成的双线式车载网络传输系统的检测

检测时,关闭点火开关,断开两个控制单元,如图 4-45 所示。检查车载网络传输系统是否断路、短路或对正极/地短路。如果车载网络传输系统无故障,则更换较易拆下(或较便宜)的一个控制单元再试一下。如果车载网络传输系统仍不能正常工作,则更换另一个控制单元。

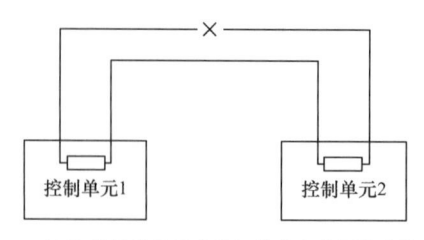

图 4-45 两个控制单元组成的双线式车载网络传输系统

2. 三个或更多控制单元组成的双线式车载网络传输系统的检测

检测时,先读取控制单元内的故障码。如图 4-46 所示,如果控制单元 1 与控制单元 2 及控制单元 3 之间无通信,则关闭点火开关,断开与车载网络传输系统相连的控制单元,检查车载网络传输系统是否断路。如果车载网络传输系统无故障,则更换控制单元 1。如果所有控制单元均不能发送或接收信号(故障存储器存储"硬件故障"),则关闭点火开关,断开与车载网络传输系统相连的控制单元,检测车载网络传输系统是否短路,是否对正极/地短路。

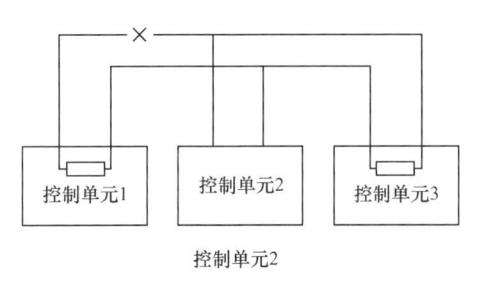

图 4-46 三个控制单元组成的双线式车载网络传输系统

如果在车载网络传输系统中查不出引起硬件损坏的原因,那么检查是否由某一控制单元引起的故障。断开所有通过 CAN 车载网络传输系统传递数据的控制单元,关闭点火开关,接上其中一个控制单元,连接 VAG 1551 或 VAG 1552,打开点火开关,清除刚接上的控制单元的故障码。用功能 06 来结束输出,关闭并再打开点火开关,10 s 后用故障阅读仪读出刚接上的控制单元故障存储器内的内容。若显示"硬件损坏",则更换刚接上的控制单元;若未显示"硬件损坏",则接上下一个控制单元,重复上述过程。

4.6 项目实践:上海别克 GL 轿车 ABS 报警灯亮故障

1. 故障现象

一辆上海别克 GL 轿车,该车事故修复后,ABS 报警灯点亮,使用通用公司的专用扫描工具 TECH2 进行检测,发现电子控制制动系统不能被访问。用 TECH2 检测车身控制模块 BCM 的故障码,结果显示为"U1040"(与电子制动控制模块没有通信)。

2. 故障诊断与排除

上海别克 GL 轿车采用的是 Class-2 网络系统,数据总线电路如图 4-47 所示。数据系统静止时电压为 0 V(接地),启用时电压为 7 V。

在车辆正常工作时,操作信息和指令通过数据总线在各模块间相互交换,这些模块在车辆的正常操作中用于监视串行数据通信。当某模块未被检测到有关信息时,其他能通信的模块将设置不能通信模块的故障码。

由以上分析可知,产生故障码 U1040 的原因可能为两部分:一是电子制动控制模块

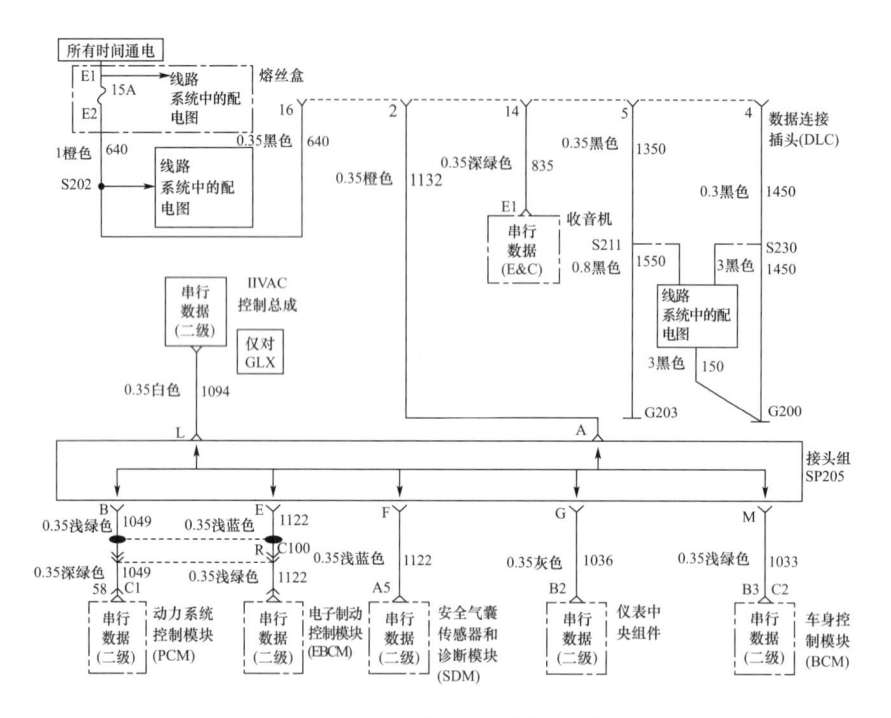

图 4-47 上海别克轿车二级数据总线电路

(EBCM)工作不正常;二是 EBCM 工作正常,但是它的信息不能通过数据总线传递给其他模块。

如图 4-48 所示,电子制动控制模块(EBCM)的 B7 端子是数据线端,拔下 EBCM 的接线插头,测量插座中 B7 端子与诊断插头(DLC)端子 2 之间的阻值为 0 Ω,正常,说明串行数据线良好。A、B 端子为正极供电端,C、D 端子为接地端,接通点火开关,测量 EBCM 插座端子 A、B 与车体间的电压为 12 V,也为正常值。根据测量结果,说明 EBCM 没有工作。

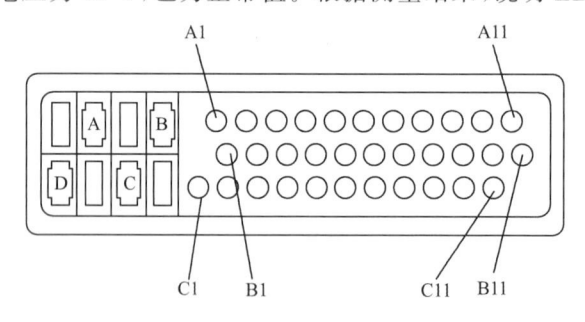

图 4-48 电子制动控制模块端子

为慎重起见,接着测量了 EBCM 插座端子 A(或 B)与 C(或 D)之间的电压值,结果是 0 V,再测量 C、D 端子与车体间的电阻值为无穷大,这说明故障原因是制动控制模块供电搭铁不良。如图 4-49 所示,该搭铁线并不是经过其他线束内的搭铁线,而是一根专门的搭铁线,位于空气滤清器壳体及 PCM 旁的车架上。拆掉空气滤清器壳,拧下此搭铁线,发现车架经重新喷漆后,搭铁点被漆覆盖,重新清理此搭铁点后装复搭铁线,然后试车,此时 ABS 灯熄灭,再用 TECH2 消除故障,故障排除。

1.大众车系总线的组成和结构特点是什么?

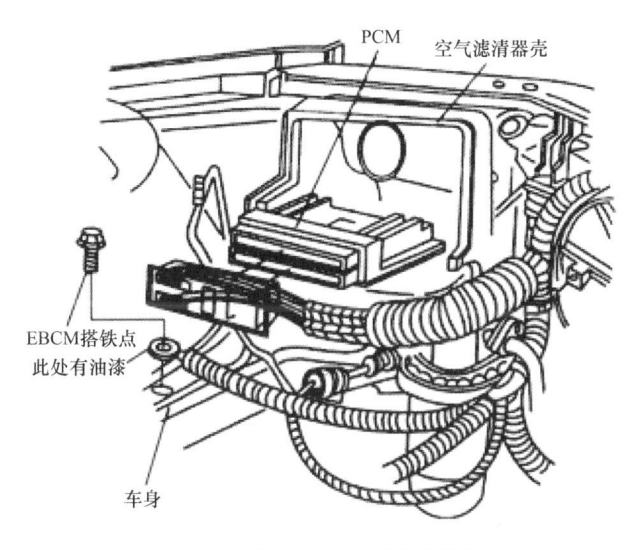

图 4-49　电子制动控制模块搭铁点

思考与练习

2. 奥迪 A6 车载网络结构的组成和结构特点是什么？
3. 丰田车系总线的组成和结构特点是什么？
4. 通用轿车车载网络的组成和结构特点是什么？
5. 汽车车载网络系统的故障分为几种情况？分别是什么？
6. 试举例说明车载网络故障的诊断方法。
7. 试说明上海别克 GL 轿车总线控制系统故障的诊断方法。

参考文献

[1] 黄鹏.汽车单片机应用技术[M].2版.北京:机械工业出版社,2019.
[2] 潘新民,王燕芳.微型计算机控制技术[M].2版.北京:电子工业出版社,2014.
[3] 吴海东.汽车车载网络技术与检修[M].北京:北京理工大学出版社,2010.
[4] 廖向阳.车载网络系统检修[M].北京:人民交通出版社,2011.
[5] 刘鸿健.汽车单片机与车载网络技术[M].北京:化学工业出版社,2011.
[6] 尹力会.汽车总线系统原理与检修[M].2版.北京:机械工业出版社,2019.
[7] 李晓艳.汽车单片机应用技术[M].北京:机械工业出版社,2021.
[8] 方文.汽车单片机及局域网技术[M].2版.北京:人民交通出版社,2018.